O TARÓ DA DEUSA TRÍPLICE

Isha Lerner

O TARÔ DA DEUSA TRÍPLICE

Uma Jornada de Autoconhecimento Através dos Arcanos Maiores, dos Chakras e do Poder do Sagrado Feminino

Ilustrações
Mara Friedman

Prefácio
Vicki Noble

Tradução
Carmen Fischer

Editora
Pensamento
SÃO PAULO

Título do original: *The Triple Goddess Tarot*.

Copyright © 2002 Isha Lerner e Mara Friedman.

Publicado pela primeira vez nos EUA por Park Street Press, uma divisão da Inner Traditions International, Rochester, Vermont.

Publicado mediante acordo com a Inner Traditions International.

Copyright da edição brasileira © 2005, 2021 Editora Pensamento-Cultrix Ltda.

2ª edição 2021.

Obs.: Publicado anteriormente com o subtítulo *O Poder dos Arcanos Maiores, dos Chakras e do Feminino Divino*.

Todos os direitos reservados. Nenhuma parte deste livro pode ser reproduzida ou usada de qualquer forma ou por qualquer meio, eletrônico ou mecânico, inclusive fotocópias, gravações ou sistema de armazenamento em banco de dados, sem permissão por escrito, exceto nos casos de trechos curtos citados em resenhas críticas ou artigos de revista.

A Editora Pensamento não se responsabiliza por eventuais mudanças ocorridas nos endereços convencionais ou eletrônicos citados neste livro.

Editor: Adilson Silva Ramachandra
Gerente editorial: Roseli de S. Ferraz
Preparação de originais: Ana Lúcia Gonçalves
Gerente de produção editorial: Indiara Faria Kayo
Editoração eletrônica: Join Bureau
Revisão: Luciana Soares da Silva

Dados Internacionais de Catalogação na Publicação (CIP)
(Câmara Brasileira do Livro, SP, Brasil)

Lerner, Isha
  O tarô da deusa tríplice: uma jornada de autoconhecimento através dos Arcanos maiores, dos chakras e do poder do sagrado feminino / Isha Lerner; ilustrações Mara Friedman; prefácio Vicki Noble; tradução Carmen Fischer. – 2. ed. – São Paulo: Editora Pensamento Cultrix, 2021.

  Título original: The triple goddess tarot
  ISBN 978-65-87236-93-3

  1. Artes divinatórias 2. Cartomancia 3. Ciências ocultas 4. Tarô 5. Tarô – Cartas I. Friedman, Mara. II. Noble, Vicki. III. Título.

21-59129   CDD-133.32424

Índices para catálogo sistemático:
  1. Tarô : Artes divinatórias: Ciências ocultas   133.32424
        Maria Alice Ferreira – Bibliotecária – CRB-8/7964

Direitos de tradução para a língua portuguesa adquiridos com exclusividade pela
EDITORA PENSAMENTO-CULTRIX LTDA., que se reserva a
propriedade literária desta tradução.
Rua Dr. Mário Vicente, 368 – 04270-000 – São Paulo – SP – Fone: (11) 2066-9000
http://www.editorapensamento.com.br
E-mail: atendimento@editorapensamento.com.br
Foi feito o depósito legal.

"No instante em que damos total liberdade a todos os que nos cercam, quando deixamos de desejar prender e cercear as pessoas, quando deixamos de esperar qualquer coisa delas, quando tudo o que pensamos é em dar e dar mais e nunca em tomar, então descobrimos que estamos totalmente livres do mundo. As cadeias que nos prendiam caem por terra, as correntes se rompem e, pela primeira vez na vida, sabemos o que é a experiência inédita da liberdade total; livres de todas as restrições humanas, seremos, com disposição e alegria, servos apenas do nosso Eu Superior."

DR. EDWARD BACH, criador das essências "Florais de Bach"
(Em discurso pronunciado na Inglaterra em 1931)

Eu gostaria de dedicar este livro às minhas três filhas –
Gabrielle, Katya e Sophia.
I. L.

Para a minha avó Yetta, a luz que me ilumina!
O legado de amor incondicional, humanidade e sabedoria que você deixou é uma dádiva preciosa e uma fonte de inspiração na qual eu bebo todos os dias. E para Bob Latif, meu parceiro em tudo! Com gratidão por acreditar em mim, estimular-me, apoiar-me, ancorar-me, ensinar-me e estar comigo neste sonho maravilhoso que criamos juntos.
M. F.

Para a Deusa Tríplice, em toda a sua gloria multifacetada.
T. M.

Sumário

Agradecimentos. 9

Prefácio
    de Vicki Noble, Cocriadora do *Motherpeace Tarot* 11

Nota da Ilustradora. 15

Introdução
    O Tarô da Deusa Tríplice: *Minha Odisseia Pessoal*
    com a Mitologia da Deusa 19

Capítulo 1
    A Mitologia da Deusa Tríplice Através dos Tempos 29

Capítulo 2
    Escolas de Mistérios, Peregrinação a Lugares Sagrados, Alquimia e Iniciação 49

Capítulo 3
    Integração do Feminino Divino no Novo Milênio 69

Capítulo 4
    Como Usar o Tarô da Deusa Tríplice no dia a dia: Modos de Dispor as Cartas e o Jogo Sagrado 79

Capítulo 5
    As Cartas do Baralho Alquímico: O Caminho Régio da Sabedoria 103

Capítulo 6
    As Cartas do Baralho dos Chakras Sintonia com o Corpo e a Terra por meio dos Sete Chakras Sagrados 265

Epílogo
    O que a Deusa Faria nesta Situação? por Tara McKinney, Ph.D. 305

Bibliografia 309

Agradecimentos

Eu gostaria de expressar meu reconhecimento e minha gratidão para com: Mara Friedman, por ter criado os belos desenhos que ilustram *O Tarô da Deusa Tríplice*; Tara McKinney, editora e escritora, por dispor de horas de seu tempo e sua energia para se dedicar com amor e entusiasmo a este projeto; todos os meus clientes que diariamente me transmitem sabedoria, coragem e força; Michael Wolf, por sua enorme capacidade de expressar humor e generosidade enquanto eu continuo explorando as virtudes da confiança, do amor e do fortalecimento pessoal; Jeanie Levitan, Rob Meadows, Jon Graham bem como todos da Inner Traditions International/Bear & Company por acreditarem neste projeto; e, finalmente, mas não menos importante, Nancy Yeilding, por seu esmerado trabalho editorial. O amor cura tudo.

I. L.

Sou imensamente grata pela oportunidade de participar deste projeto e agradeço a todos que ajudaram a transformar *O Tarô da Deusa Tríplice* em realidade. Quero agradecer especialmente a: Isha Lerner, por seguir sua visão e me convencer de como seria gratificante a colaboração entre nós; Jeanie e Peri da Inner Traditions International, por facilitarem o trabalho em conjunto e por me guiarem através de um território desconhecido; Inner Traditions International/Bear & Company, por nos terem dado a oportunidade de expressar a nossa visão; minha querida irmã Karen, por seu amor e seu olhar perspicaz; minha querida família – Jeff, Josh, Nick, Mica, Eli, Tony e Crystal – pelo amor e pela diversão que oferecem a esta artista doida; meus amigos e grupos de mulheres que tão generosamente me deram estímulo e espaço para desabrochar; minhas colegas da STREAM (Sisters Together Rejoicing in Expressive Arts and Magic), pela oportunidade que me deram de dividir minha paixão e por me mostrarem o caminho; minha mãe, Frances, e meu pai, David, por terem implantado profundamente em mim a noção do quanto é importante realizar os próprios sonhos, quaisquer que sejam, como também do papel da família na vida da gente; e, finalmente, minha enorme gratidão para... todos os Guias, cujas bênçãos de amor e sabedoria inspiram e iluminam o caminho.

M. F.

Agradecimentos especiais a Anne Kenny, John Garby, Dolores Whelan e Michael Slavin por terem ajudado a rasgar o véu que separa este mundo do reino das fadas. Uma enorme gratidão também para com minhas irmãs, Renee Miller e Teresa Fellows; minha mãe, Patricia Currigan; e meu cunhado, Mike Miller. A ajuda que vocês me deram é de valor inestimável.

T. M.

Prefácio

O *Tarô da Deusa Tríplice* – este novo e belo conjunto oracular – é um projeto concebido e realizado por três mulheres extremamente criativas e que resultou, em seu conjunto, numa obra de arte que satisfaz o corpo, a mente e o espírito. Unindo o tarô, o conhecimento dos chakras e a iniciação alquímica, este fascinante oráculo baseado no amor feminino é, ao mesmo tempo, simples e complexo – simples, por não sobrecarregar o leitor com referências acadêmicas, e complexo, por oferecer muitas possibilidades de usar o baralho.

O Tarô da Deusa Tríplice foi concebido por Isha Lerner como um instrumento "para viver cada dia como se eu fosse a Deusa". As ilustrações de Mara Friedman causam um efeito formidável sobre as cartas do baralho, que – apesar de se manterem por si mesmas – se tornam eficientes instrumentos divinatórios neste projeto coletivo que também inclui a participação da editora e escritora Tara McKinney. O respeito estimulante que essas três mulheres sem dúvida nutrem umas pelas outras perpassa naturalmente pelo conteúdo e pela essência deste projeto como um todo.

Conhecimentos abrangentes de história, pré-história, mitologia e espiritualidade da Deusa dão consistência ao livro sem tornar sua leitura pesada, pois a experiência pessoal de Isha Lerner com tarô, alquimia, astrologia, numerologia, fitoterapia e lugares sagrados ilumina cada uma de suas páginas. Seu método tem mais a ver com a arte de contar histórias do que com o academicismo, mas seu propósito é claramente o do professor que gosta tanto de seus alunos quanto de sua matéria. Autorreveladora e sincera, sua disposição para expor seu próprio processo de crescimento por meio de toda uma vida dedicada a amar a Deusa e a trilhar o caminho da espiritualidade feminina é também uma ferramenta importante, que proporciona ao leitor um modelo autêntico, apesar de não convencional.

O projeto é organizado em torno dos 22 Arcanos Maiores já conhecidos dos usuários do tarô tradicional, aqui chamados em seu conjunto de "Baralho Alquímico", com inovações feministas sobre as versões tradicionais. Por exemplo, o Louco vira a Fada Rainha, e o Sumo Sacerdote, a Mulher Sábia. O baralho envolve uma síntese de arquétipos budistas, hinduístas, célticos, maias e outros, entrelaçados numa espécie de mistura "tântrica" que pode ser usada tanto para a aquisição de autoconhecimento quanto para a experiência do despertar. As colaboradoras acrescentaram quatro cartas ao Baralho Alquímico original, representando "estágios de evolução a serem concretizados", além de um conjunto de sete cartas, simbolizando o Baralho dos Chakras, que podem ser usadas tanto em conjunto com as outras cartas do baralho quanto como um oráculo à parte.

Aconselha-se aos consulentes que relaxem e deixem que o oráculo se revele naturalmente com a prática e com o tempo. Conceitos esotéricos profundos são transmitidos com simplicidade. Cada figura primorosamente trabalhada tem uma mensagem divinatória que é transmitida com carinho para ajudar o consulente a atravessar sua vida cotidiana com a meta máxima de criar as bases para o surgimento de "um novo amor pela Deusa Tríplice no mundo". Nestes tempos difíceis e conturbados, não consigo imaginar nada mais útil do que esta versão ímpar de um antigo modo de vida que ficou totalmente esquecido.

Abençoado seja.

VICKI NOBLE
Cocriadora do *Motherpeace Tarot*
Equinócio de Primavera, 2002

Nota da Ilustradora

A semente deste projeto foi plantada três anos atrás quando minha amiga Isha Lerner encontrava-se por acaso na ilha de Kauai ao mesmo tempo que eu, a apenas algumas portas de distância na mesma praia! Foi boiando juntas no útero fértil daquele mar de águas cálidas que concebemos *O Tarô da Deusa Tríplice*.

Grande parte do trabalho que resultaria neste baralho já estava pronta. Com seu domínio do tarô, Isha pegou as minhas ilustrações e formou com elas o Baralho Alquímico (os Arcanos Maiores) – a expressão máxima de dez anos de trabalho que haviam me levado ao fundo de mim mesma, extraindo do vazio imagens que expressavam a minha jornada pessoal enquanto mulher "em crescimento".

A imagem que deu origem ao livro *O Tarô da Deusa Tríplice* foi uma pintura que eu havia feito em 1997 denominada *Trinity* (Trindade). Quando, então, terminei de pintar o quadro, tive uma sensação tal de plenitude que me perguntei se teria necessidade de continuar pintando.

Trinity é uma imagem na qual todos os elementos parecem estar em perfeita harmonia, satisfazendo meu anseio de expressar o Sagrado Feminino. Mas existem muitas imagens que eu ainda quero dar à luz. E *Trinity* desabrochou para dar forma a este oráculo, que apresenta o tarô da perspectiva do Feminino Divino.

A maior parte do trabalho que tive de fazer para este projeto foi criar uma série de ilustrações dos sete chakras. Senti-me tanto fascinada quanto intimidada por esse desafio, diante da perspectiva de conceber uma série de figuras que, por serem tão arquetípicas, constituíam uma enorme responsabilidade. Essas cartas representando os chakras foram criadas em um período de cinco meses, do final do verão de 2001 até o início do inverno de 2002. Os acontecimentos perturbadores de 11 de Setembro exerceram um profundo efeito sobre minha psique que, por sua vez, repercutiram nesse trabalho. Depois de ter enfrentado as primeiras ondas de medo que me dominaram, acabei chegando a um lugar mais profundo de tranquilidade. Continuo com um sentimento de mais clareza, coragem e confiança resultante das recentes mudanças globais.

Nesse tempo, também "devorei" inúmeros livros maravilhosos sobre os chakras, fiz muitas anotações, trabalhei para transformar uma grande quantidade de esboços em arte final e continuei pintando quadros a óleo. Começando pelo Chakra da Base em vermelho, fui subindo pelas cores do arco-íris até o violeta do Chakra da Coroa. Meu sonho e minha esperança eram condensar numa única forma bidimensional a essência energética de cada chakra conforme sentida e entendida por mim. Quando estava perto de acabar, eu me vi rodopiando feito um dervixe, dando voltas e mais voltas no meu estúdio, indo da imagem de um chakra a outro... aperfeiçoando, intensificando, polindo.

Foi uma árdua jornada que resultou, no momento em que dava as últimas pinceladas, numa enorme sensação de alívio. Atravessei uma outra porta ao realizar esse projeto, uma porta que vai levar à maravilhosa sabedoria contida no arco-íris – o sistema energético dos sete chakras que nos liga à Terra e ao Céu. Esse projeto levou-me a expandir o foco do meu trabalho, para abranger o respeito pelo Sagrado Feminino e transmitir um conhecimento ainda mais profundo dos chakras por meio do ensino e da arte.

A Cor Cura! Que despertemos para o sonho de Amor, Harmonia e Beleza!

MARA FRIEDMAN
Kauai, Havaí
4 de abril de 2002

Para saber sobre pinturas originais, impressos e cartões de anotações, bem como obter informações sobre a escola de Mara, a STREAM (Sisters Together Rejoicing in Expressive Arts and Magic), acesse o site www.newmoonvisions.com

Introdução

O Tarô da Deusa Tríplice: Minha Odisseia Pessoal com a Mitologia da Deusa

Muitos anos atrás eu me fiz a seguinte pergunta: "Como seria minha vida se vivesse cada dia como se eu fosse a Deusa?" Ansiosa por entender e integrar a essência da Deusa na vida cotidiana, eu observava meu comportamento e minhas respostas à vida com um desejo sincero de erguer-me acima do medo e da autonegação, bem como de encontrar o amor incondicional em meu interior. Por meio desse processo, eu assumi o compromisso com o despertar, caminho que me levaria implacável e carinhosamente a viver uma vida honesta. Considerei a possibilidade de, no caso de eu *ser realmente* a Deusa, qualquer situação que me fosse apresentada ser um espelho divino de meu próprio destino e, consequentemente, nenhuma partícula de minha experiência ficaria fora da esfera de minhas escolhas e de minha consciência. A ideia de que "o problema nunca é o outro" foi se tornando cada vez mais real para mim. Toda oportunidade de crescimento era encarada com a pergunta "O que a Deusa faria nesta situação?". Comecei a dar cada vez mais atenção à voz do meu eu superior, descobrindo que o compromisso de viver uma vida consciente não exclui as aflições e os sofrimentos causados pela confusão emocional comum aos seres humanos. Eu aprendi que as agruras da vida fazem parte do enorme esforço da Deusa para libertar-me.

Entrelaçada no próprio tecido de minha jornada pessoal em busca de integridade, eu vivia a experiência de criar minhas três filhas. O arquétipo da Grande Mãe intensificava o meu desejo de compreender as virtudes do Feminino Divino na vida cotidiana e de aplicá-las à minha situação pessoal. Ser mãe deu a mim – uma pessoa de natureza impetuosa e determinada – o privilégio de inúmeras oportunidades para ir além de mim mesma. Juntas, minhas filhas e eu fizemos umas das outras as pessoas que somos hoje, e eu aprendi que cada mulher tem seu próprio espelho arquetípico para ajudá-la a realizar plenamente o seu ser.

Muitas e muitas vezes, eu me perguntei "O que a Deusa faria nesta situação?" e, a cada vez, eu procurava a resposta no nível mais profundo possível. O que permaneceu constante durante todo esse processo foi o meu esforço determinado para romper as algemas do autoengano com seus mecanismos inconscientes. Como muitas outras mulheres em nosso mundo moderno, eu me entreguei de corpo e alma a tarefas hercúleas, mirando alto mesmo quando as coisas iam mal, fazendo exercícios, ensinando as crianças a jogarem *softball* e promovendo jantares sofisticados para os amigos e familiares, além de tentar ser a amante e a companheira perfeita em dois casamentos fracassados.

Nem quando as coisas iam realmente mal eu parava. Eu achava que não tinha condições de dar-me a esse luxo. Eu estava determinada a não falhar na tarefa de dar ao mundo uma mulher de coragem – uma mulher que se recusava a ser derrotada. Só mais tarde é que pude reconhecer o quanto é lastimável nos deixarmos privar da oportunidade de saudar os ritmos naturais da luz e das trevas em nosso cotidiano, pela nossa pressa em abrir caminho de forma totalmente obstinada e voluntariosa.

Enquanto concebia e escrevia *Inner Child Cards*, publicado pela primeira vez em 1993, eu procurava resgatar a magia da colcha de retalhos da infância, criava minhas filhas e encontrava conforto no estudo de contos de fadas e do tarô. Com o passar do tempo, meu profundo respeito pelas flores e seus poderes curativos inspirou o baralho de cartas que fiz a seguir, *The Power of Flowers*, publicado em 1999. Esse projeto – que combinava o potencial divino da consciência arquetípica com as propriedades terapêuticas das flores – efetuou uma cura profunda em mim.

Desse novo lugar de bem-estar, comecei a retomar a questão de anos antes: "Como seria a vida se eu vivesse como se fosse a Deusa?". Será que eu acreditaria que posso ser amada em todos os momentos? Eu acariciaria o meu corpo com olhares de aprovação, apreciando o movimento de meus quadris? Eu jamais voltaria a duvidar do meu valor? A conclusão a que eu muitas vezes chegava era "Não totalmente".

Ao retomar o Feminino Divino numa curva situada num nível mais alto da espiral evolutiva, comecei a integrar os vários estágios arquetípicos que a totalidade do mistério da Deusa abrange. Cheguei a conhecê-la enquanto fonte de amor incondicional presente nas trevas, na luz e nas cores do arco-íris. Ela surge como Madona Negra, Mãe Maria, Ísis, Kali e a Fada Rainha do folclore céltico, para me referir apenas a algumas de suas manifestações. Na mitologia dos contos de fadas, ela aparece sob a máscara da Madrasta Malvada e, também contrariamente, como Branca de Neve, Bela Adormecida ou Cinderela. Ela é a Deusa Tríplice, a Divina Sofia, representando a renovação da vida e os ciclos de nascimento, morte e renascimento. Ela é nossa mãe, irmã, filha, uma tia querida ou a melhor amiga. Ela vive tanto nas mulheres como nos homens. Ela habita a imaginação fantasiosa de nosso coração e as cavernas subterrâneas de nossos anseios mais profundos. Ela é o próprio ar que respiramos.

Sua imagem pode ser tão resplandecente quanto a de um pôr do sol alaranjado ou tão apagada quanto a de uma flor murcha. Ela toma a forma da aferroada da fome e do olhar desolado de uma alma perdida e solitária. Ela está em todos os lugares e em todos os aspectos da vida, todos os dias. Ela se aproxima e se afasta, como as marés do oceano e as fases crescente e minguante da Lua, aparecendo onde se faz necessária, retirando-se quando é hora de darmos conta do recado. Ela observa nossos erros sem julgar. Celebra nossos triunfos e abençoa nossas conquistas. Ela protege cada ser humano com seus olhos vigilantes, pois sua ecologia, biologia, psicologia e cosmologia nos envolvem com a constância tranquilizadora das leis da natureza.

Ao tentar viver minha vida como se fosse a Deusa e procurar resolver minha angústia e meu sofrimento dentro do contexto de uma visão inspirada nela, eu pude me reconciliar com seu mistério na vida cotidiana. Como mulher madura de quarenta e tantos anos, eu me comprometi com o processo constante de evolução para poder viver minha vida de acordo com a sabedoria do Feminino Divino. Sou grata pela oportunidade de encontrar meu próprio caminho no mundo e compartilhar minhas paixões com outros que procuram alcançar as mesmas metas. *O Tarô da Deusa Tríplice* nasceu dessa semente de esperança e inspiração. Em consequência disso, três questões importantes – articuladas no livro *The Golden Age of Chartres* – ganharam vida em meu interior; a saber: (1) De que maneira a humanidade, em comunhão com o espírito, pode curar a alma? (2) De que maneira nós, trabalhando aqui na Terra, podemos curar nosso planeta? (3) De que maneira nós, em comunhão com o espírito, podemos curar o corpo social? Essas perguntas tomaram, em certos sentidos, o lugar da minha primeira pergunta: "O que a Deusa faria nesta situação?". Na verdade, eu as vejo todas agora como sendo, em essência, a mesma pergunta.

Em minha eterna busca da verdade dela, eu aprendi que o medo, a raiva, o conflito e o sofrimento são tanto parte da vida da Deusa quanto a alegria, a abundância, o perdão e o amor. Eu agora percebo que minha procura incessante de uma vida ideal, de um parceiro ideal, de um corpo ideal, de uma renda ideal, e assim por diante, era uma tentativa desequilibrada de incorporar sua essência destituída dos erros e imperfeições da condição humana. Eu descobri que meu corpo é a expressão sagrada da verdade divina dela e que, portanto, negar a dádiva do corpo humano é negar a Ela o direito de viver dentro de mim. À medida que fui me aprofundando nas diferentes lições e iniciações que o Feminino Divino está sempre me apresentando, eu descobri que posso manter meu chão mesmo quando estou triste. Posso manter-me entre os outros com a cabeça erguida mesmo quando me sinto frágil e assustada. Nas palavras de Rumi:

Como conhecer as dificuldades da condição humana
se você está sempre escapando para a perfeição absoluta?
Onde você vai plantar as sementes da sua tristeza?
Precisamos de terra para cavar e revolver, não de céu e desejos indefinidos.

O Tarô da Deusa Tríplice é um convite tanto a homens quanto a mulheres para empreenderem uma viagem ao útero luminoso da Grande Deusa, a mergulharem no âmago da sabedoria e do amor de sua essência. Esse conjunto divinatório de livro e baralho une a essência mística do tarô – os 22 Arcanos Maiores ou "Segredos Maiores" – à força vital do Sagrado Feminino, por meio da imagem primitiva e extremamente potente da Trindade Divina. Aqui, é importante notar que as tríades do Sagrado Feminino existiram desde o instante do nascimento de nosso universo, muito antes da vinda de Cristo e da articulação da versão cristã da Santíssima Trindade. Referências a essas versões femininas da Trindade podem ser encontradas em muitos textos mitológicos, alquímicos e esotéricos antigos, bem como nas tradições orais de povos indígenas e diferentes correntes religiosas.

Os exemplos são abundantes. Nas tradições tântrica e xamânica de todo o mundo, o triângulo apontado para baixo é entendido como símbolo da região pubiana do corpo feminino. Por extensão, ele simboliza no contexto do xamanismo a descida necessária do espírito ao grande laboratório da encarnação física que chamamos vida, com todas as suas lições concomitantes e oportunidades dramáticas de crescimento. Contrariamente, o triângulo apontado para cima representa a aliança vertical do espírito com o plano espiritual da existência. Quando esses dois triângulos aparecem sobrepostos, formando uma estrela de seis pontas – como nas iconografias hinduísta, budista e judaica –, ocorre o casamento alquímico das dimensões material e espiritual da realidade.

De maneira semelhante, na tradição hinduísta do yoga, o triângulo com um ponto ou *bindu* no centro representa a "centelha da vida" – a energia vital e a força da mulher. No Egito Antigo, considerava-se que o cálice místico, ou útero da Deusa Ísis, guardava os conteúdos da criação do universo: o Sol, a Lua e a Terra. Finalmente, na tradição esotérica do tarô, o número 3 é associado com as artes e o conhecimento superior e é o regente numérico da Imperatriz – a Deusa Tríplice – nos Arcanos Maiores.

Os 22 arquétipos dos Arcanos Maiores do tarô ajustam-se perfeitamente ao contexto do simbolismo da Trindade. O triângulo tem sete cartas em cada um dos seus três lados, representando o passado, o presente e o futuro, assim como o corpo, a alma e o espírito. A carta número 0, o Louco, colocada no meio, é a centelha de vida nova despontando.

As 26 cartas alquímicas

O oráculo da sabedoria, conhecido como tarô, consiste em 78 cartas: 40 cartas numéricas (10 em cada naipe), 16 cartas representando figuras – valete, dama, rei – (4 em cada naipe) e 22 cartas Arcanos Maiores, conhecidas como "cartas da alma" ou "grandes mistérios". Ao nosso livro *O Tarô da Deusa Tríplice* foram acrescentadas quatro novas cartas às tradicionais dos 22 Arcanos Maiores, formando um total de 26 cartas. As cartas acrescentadas não negam a totalidade e a integridade dos 22 Arcanos Maiores originais, mas servem como uma Trindade que elucida e completa as cartas originais. Essas novas cartas representam os possíveis estágios de evolução a serem concretizados pelo aspirante ou iniciado desperto. Na realidade, o triângulo consiste de quatro cartas. Essas cartas, conhecidas como *Bem-Aventurança Infinita*, *Verdade Infinita* e *Potencial Infinito*, formam a tríade, e a carta número 26, a quarta carta, a centelha no centro, simboliza a *Última Matriz Galáctica*, ou o Útero do Mundo, aqui chamado Trindade.

Nós demos a essas 26 cartas o nome de "Baralho Alquímico", porque, na alquimia, a esperança máxima é extrair da matéria bruta o "ouro filosófico", a "panaceia" ou a "pedra maravilhosa". O objetivo último do alquimista é promover a evolução da humanidade, elevando a consciência do indivíduo e, com isso, libertando sua alma. Essa mudança ou transformação química pode resultar numa relação mais profunda entre a mente, o corpo e o espírito. Portanto, *O Tarô da Deusa Tríplice* – com suas 26 cartas de iniciação – é essencialmente uma dádiva de "magia espiritual" para todos aqueles que escolherem envolver-se com seus conteúdos.

As sete cartas do Baralho dos Chakras

A essas 26 cartas do Baralho Alquímico, foram acrescentadas as sete cartas do Baralho dos Chakras, perfazendo, portanto, *O Tarô da Deusa Tríplice* um total de 33 cartas. Trinta e três é o número da Trindade Divina, um número superior, considerado como sendo o da idade de Cristo por ocasião da sua ascensão. Essas cartas representam os sete centros energéticos do corpo que suprem o ser humano de energia vital. Esses sete campos energéticos em forma de espiral restauram a nossa vitalidade, clareza e criatividade. Quando ativados e em equilíbrio, eles nos possibilitam viver em harmonia, liberdade e integridade e nos permitem ser receptivos às diferentes modalidades de terapias energéticas, como as essências florais, a homeopatia, as terapias de sons e cores, além de outras formas de medicina energética.

As cartas referentes aos sete chakras formam um pequeno baralho à parte dentro do conjunto de *O Tarô da Deusa Tríplice*. Com belas ilustrações das qualidades energéticas que emanam dos chakras, Mara Friedman deu ao mundo uma visão radiante do "corpo espiritual". Essas cartas oferecem ao iniciado um meio de relacionar os aspectos do crescimento espiritual com o corpo humano.

A Integração Corpo e Alma

Em nossa cultura, o tarô é mais comumente usado como guia para ajudar alguém a refletir sobre as circunstâncias de sua vida aplicando enfoques novos, criativos e provocativos. *O Tarô da Deusa Tríplice* dá um passo importante além dessa proposta tradicional, ensinando e inspirando a pessoa a integrar os arquétipos espirituais na vida cotidiana por meio de uma profunda consciência do corpo que resulta da contemplação do sistema dos chakras.

É de importância vital – neste momento em que o planeta se encontra num processo acelerado de progresso – que comecemos a alinhar o corpo físico com os arquétipos e energias espirituais mais elevados. Com isso, permitimos a cura e a remoção dos bloqueios internos que restringem a possibilidade de vivermos com saúde, liberdade e felicidade. *O Tarô da Deusa Tríplice* tem como propósito ajudar a humanidade a aprimorar sua conexão com o corpo e o espírito por meio das 26 cartas do Baralho Alquímico – correspondendo às oitavas espirituais mais sutis da consciência arquetípica e às sete cartas do Baralho dos Chakras –, representando a energia do corpo físico e o templo da encarnação humana. As diversas formas de dispor as cartas dizem respeito tanto ao Baralho Alquímico quanto ao Baralho dos Chakras. Pode-se, portanto, usar cada baralho separadamente.

Deusas Tríplices

Em 1998, Mara Friedman e eu discutimos a possibilidade de criar um baralho voltado para a cura e cujo foco seria o Feminino Divino. Em 1999, aconteceu de estarmos ambas no Havaí na mesma ocasião, a apenas duas casas de distância uma da outra. Marcamos um encontro lá – no útero do paraíso – para estabelecer as bases e os objetivos de nossa parceria. Numa praia maravilhosa da ilha de Kauai, nós "batizamos" esse projeto nas cálidas águas sagradas do Pacífico da costa havaiana, que nós duas tanto apreciamos. Era um dia lindo e nós ficamos nos agitando entre as ondas calmas enquanto falávamos de nossa visão a respeito de *O Tarô da Deusa Tríplice*. Durante os dois anos seguintes, o projeto sofreu os fluxos e refluxos das marés de nossa própria vida. Nós nos mantivemos em contato, demos uma a outra todo o espaço necessário e desenvolvemos uma relação de amizade. Com a notícia maravilhosa de que (as editoras) Inner Traditions International/Bear & Company publicariam o nosso projeto, nosso sonho estava a caminho de tornar-se realidade.

À medida que o projeto foi amadurecendo e tomando sua forma definitiva, Tara McKinney – excelente editora de meus livros anteriores e também autora de livros – veio juntar-se ao projeto. Sua ajuda e capacidade inesgotável de concatenar de maneira clara as palavras e ideias certas constituem uma verdadeira bênção.

Sou grata tanto à beleza da arte visual de Mara quanto à elegância da arte de escrever de Tara. Nós três nos juntamos, à maneira da Deusa Tríplice, para personificar a visão de *O Tarô da Deusa Tríplice*. É nosso desejo mais profundo que este trabalho faça com que você se apaixone pela Deusa Tríplice em suas inúmeras manifestações. Que você possa descansar em seu Grande Útero Primordial e conhecê-la como o seu próprio eu verdadeiro.

Capítulo 1

A Mitologia da Deusa Tríplice Através dos Tempos

Ela aparece na forma que for a mais apropriada aos devotos, exatamente como a Lua Cheia faz surgir diferentes imagens de acordo com o tamanho e a forma do seu refletor.
ANNE C. KLEIN

A Deusa Tríplice na Cosmologia Feminina

Antes do princípio só existia O Grande Útero Primordial, descansando em profundo êxtase, pleno e completo em si mesmo. Não havia absolutamente nenhum movimento, mas ainda assim ele continha todas as possibilidades de vida, num estado de gestação profunda. Então, em algum ponto indefinível de seu eterno devaneio, ocorreu o mais leve sinal de movimento. A primeira e elementar onda minúscula ergueu-se espontaneamente e, em seguida, desfez-se na superfície das "águas calmas das profundezas". Nesse momento, a Deusa começou a despertar e o processo de dar-se à luz ou de vir ao mundo das formas teve início. Movimentos pulsantes e ondulantes de energia deram início à dança miraculosa da partenogênese divina, culminando na explosão flamejante que fez surgir este universo que tanto amamos. Galáxias em forma de espiral e nas cores do arco-íris, de energia exuberante e jubilosa, cuja essência é o puro amor incondicional, entraram em movimento fluido em múltiplos de sete, dando existência a todos os seres.

A primeira e principal Trindade Divina – a Deusa Tríplice na sua expressão mais primordial – surgiu desse parto orgástico. A equação original da Trindade foi, portanto, a do Útero do puro espírito luminoso e imóvel, combinado com a dinâmica do nascimento e os ritmos da morte do mundo recém-nascido. Como um oceano incandescente, a Divindade Feminina permanece totalmente imóvel em Suas profundezas, enquanto na superfície a vida manifesta-se com seus fluxos e refluxos. Ela se esconde para em seguida voltar a aparecer. Ela dorme e volta a despertar. Da mesma maneira que uma mãe às vezes recua para deixar que seus filhos desenvolvam seus próprios potenciais de discernimento e liberdade de escolha, a Grande Mãe volta-se para si mesma em ciclos periódicos para que possamos responder inteiramente aos desafios da individuação. Esse processo de desaparecimento e ressurgimento ocorre também em grande escala, já que nosso universo é apenas um entre uma infinidade de "multiversos" que nasceram e morreram por toda a eternidade.

A Deusa Tríplice na Pré-História

Os primeiros dois bilhões de anos da evolução da Terra foram um reflexo perfeito da cosmologia da Trindade descrita acima. Durante essa vasta extensão de tempo, antes do desenvolvimento dos órgãos sexuais específicos, o único meio de reprodução era a existência feminina generalizada, reproduzindo-se no corpo em forma de útero do grande oceano da Terra. Exatamente como as primeiras ondas primordiais ergueram-se e espalharam-se dentro do Grande Útero Primordial de puro espírito, em um ato de autoesvaziamento e autopreenchimento cósmico, as primeiras formas de vida na Mãe Terra existiram dentro dos vórtices espiralados de seu oceano. Ali, elas foram alimentadas e nutridas pelos fluidos amnióticos do mar, enquanto eram embaladas e acalentadas pelos ritmos lunares. E ali elas acabavam morrendo, seguindo o curso natural das coisas, dando lugar ao surgimento de novas formas de vida.

No curso de sua evolução, o Grande Útero Primordial acabou sendo transferido para o corpo feminino individual. Por necessidade, também se desenvolveram os órgãos sexuais masculinos e femininos. E, ainda, a memória genética da natureza essencialmente feminina de nosso mundo sobreviveu no fato de todos os embriões de mamíferos – de machos e fêmeas – serem anatomicamente femininos durante os primeiros estágios da vida intrauterina. Também nos primeiros trinta mil anos da existência humana, o ambiente básico que sustentava toda nova vida era feminino: o corpo físico/emocional/espiritual da mãe e o corpo comunitário das mulheres – mulheres jovens, adultas e idosas – trabalhando juntos para assegurar a sobrevivência dos membros mais vulneráveis da humanidade, seus bebês e crianças pequenas.

Durante esse período anterior à história escrita, evidências arqueológicas indicam que a Grande Deusa Mãe fazia parte da vida de nossos ancestrais caçadores e coletores de alimentos. Ela era a Matriz Primordial na qual eles viviam e morriam, o próprio ar que respiravam. Além disso, parece que os povos pré-históricos adotaram diversos temas relativos à Trindade com respeito a ela. Quem pode dizer exatamente quando a primeira imagem espiralada da Deusa foi concebida na mente humana, quando foram desenhadas, esculpidas ou moldadas de alguma outra forma as primeiras curvas voluptuosas femininas? Só sabemos que, em algum momento, há milhares de anos, isso ocorreu, provavelmente em vários lugares do planeta ao mesmo tempo. Em termos cósmicos, a Grande Deusa Mãe era entendida como a tríade Lua/Sol/Terra. Em outra tríade, ela era a Mãe enquanto terra grávida; o útero feminino onde ocorre a gestação da vida, à espera do nascimento; e a tumba ou caverna feminina onde a vida é enterrada, à espera do renascimento.

A Deusa Tríplice e a Revolução na Agricultura

Há aproximadamente dez mil anos no Oriente e seis mil anos no Ocidente, ocorreu uma grande reviravolta tanto na ordem social quanto na estrutura da consciência humana, coincidindo com a Revolução Agrária e uma nova consciência do papel do macho na procriação. Em termos cosmológicos, duas correntes de pensamento paralelas, porém opostas, iniciaram uma coexistência difícil, que continua até hoje, com enormes consequências para a raça humana e o planeta Terra.

A primeira corrente era uma continuação e nova elaboração da cosmologia feminina já descrita. Em imagens da Deusa daquela época, é encontrada com frequência a iconografia de uma espiral dupla pintada ou esculpida perto do triângulo genital, na qual a espiral ascendente simboliza o nascimento, a descendente simboliza a morte e o triângulo genital simboliza o Grande Útero do qual emergem as forças do nascimento e da morte.

Durante esse estágio – caracterizado pela primeira plantação intencional de sementes e colheita de grãos – a cosmologia feminina foi mais estreitamente associada ao ciclo de nascimento, morte e renascimento da vida vegetal. Um símbolo alusivo, nessa época, à Deusa Tríplice era a cruz que narra a lenda das quatro estações do ano agrícola. Em numerologia, é prática comum somar os vários dígitos até transformá-los num único. Por exemplo, $12 = 1 + 2 = 3$. Significativamente, a cruz é formada por quatro triângulos ($4 \times 3 = 12$), simbolizando o envolvimento íntimo da Deusa Tríplice em cada fase do ciclo de vida das plantas. Compreensivelmente, a cruz – correspondente aos ciclos sazonais agrários – era estreitamente ligada à Lua e às suas fases.

Na mitologia daquela época, a Grande Deusa Mãe deu à luz outra forma de Trindade divina feminina – a filha correspondendo às três fases da Lua: crescente (crescimento); minguante (morte periódica); e cheia (renascimento). Na cosmologia baseada no feminino, o ciclo de nascimento, morte e renascimento refletia-se nas fases do Sol e da Lua, vistas da perspectiva da Terra. A Deusa Tríplice – em Sua configuração Sol/Lua/Terra – personificava o processo pelo qual a semente é plantada na terra, nutrida pela umidade que tem relação com a Lua e levada à plena floração e frutificação pela luz do Sol. O fruto da planta cria então novas sementes e assim recomeça o ciclo de nascimento, morte e renascimento.

A segunda corrente cosmológica que surgiu naquela mesma época foi, em grande parte, um reflexo do que estava sendo cada vez mais visto como o papel do macho na procriação. Essa nova percepção foi expressa mitologicamente pelo aparecimento de um Deus enquanto filho ou marido – geralmente um Deus Sol – que primeiro toma como esposa, em seguida subjuga e, por fim, usurpa totalmente o lugar da Deusa Mãe original. Quando um mito feminino preexistente incomodava a nova ordem, ele era ridicularizado e desacreditado ou lhe era atribuída uma imagem masculina. A realidade subjacente da Grande Deusa Tríplice nunca foi, entretanto, erradicada, como veremos.

A Deusa Tríplice na Historiografia

A Grande Deusa Mãe Tríplice pode ser encontrada em todas as religiões e doutrinas espirituais, desde que se escave fundo o bastante e se saiba ler nas entrelinhas da história escrita. Alguns de seus inúmeros nomes são: Amaterasu, Anat, Asherah, Astarte, Atena, Madona Negra, Brígida, Ceres, Deméter, Durga, Eva, Inanna, Ísis, Ishtar, Kali, Kannon,

Kwan-yin, Lilith, Maria, Prajna-Paramita, Sarasvati, Shekinah, Sofia, Tara, Tao, Tonantzin, Vajrayogini, Yemaya e Yeshe Tsogyal.

Para entender como o Grande Útero Primordial pôde dar origem a tantas variantes de Sua Tríplice natureza essencial, em diferentes culturas e períodos históricos, é importante considerar a analogia do caleidoscópio. Apenas uma fonte de luz ilumina o caleidoscópio, mas, como essa luz se reflete em vários ângulos, somos agraciados com uma exposição multifacetada das belas cores do arco-íris em uma miríade de formas triangulares. Da mesma maneira, cada uma das Deusas acima mencionadas – além de outras que, por serem tantas, é impossível enumerá-las aqui – é uma variação sobre o tema subjacente do Grande Útero Primordial, cada uma revelando um novo aspecto de seu ser como Trindade rítmica e espiralada.

Antes do advento do tempo, germes holográficos de sabedoria arquetípica estavam em gestação no útero da Grande Deusa Mãe. Estes proveram os padrões e signos da Deusa em suas inúmeras formas. Paradoxalmente, portanto, o caleidoscópio de Deusas Tríplices é, em última instância, um único e mesmo, exatamente como as ondas que se erguem do oceano continuam sendo água, ainda que cada uma seja singular em sua expressão. Podemos dizer que todas as manifestações da Deusa fazem parte da Irmandade da Deusa Tríplice, nascidas do mesmo Útero, mas sendo cada uma única em sua expressão.

Tentar peneirar das informações disponíveis relacionadas a esse panteão de Deusas Tríplices seus fragmentos distorcidos pode ser quase impossível. Existem narrativas mitológicas que relatam ocorrências de rapto, casamento forçado, estupro, violência doméstica e até assassinato. Mas talvez o mais lamentável seja a abundância de relatos – obviamente inventados – de Deusas Tríplices nascendo ou sendo criadas da cabeça, da costela, da boca, do coração ou de uma lágrima de um Deus Criador masculino. Tais inversões promovem a desconexão com nossas partes mais profundas e com nosso mundo. Elas nos privam da consciência do ritmo essencialmente feminino das coisas e, por extensão, da divindade das mulheres em geral.

A melhor maneira, portanto, de abordar essa matéria é retornando, primeiro em relação ao nosso coração e à nossa mente, à Trindade original do Grande Útero Primordial – dando à luz, numa explosão flamejante de galáxias em forma de espiral e nas cores do arco-íris, uma energia exuberante e jubilosa – eternamente envolvida na dança rítmica de nascimento e morte. Com esse modelo essencialmente feminino de Trindade firmemente estabelecido, a pessoa está mais bem equipada para navegar pelas águas da distorção e inversão que constituem parte integrante da história escrita.

Sarasvati

Talvez a mais antiga referência escrita à Deusa Tríplice seja a antiga deusa da abundância, Sarasvati, cujos primeiros registros estão nos Vedas, os livros sagrados do hinduísmo, de quase cinco mil anos atrás. A Deusa Sarasvati, em sua forma mais antiga, era a personificação da Sabedoria, uma espécie de super-Sofia. Sendo originalmente uma Deusa totalmente autossuficiente, ela foi representada por um lótus branco, símbolo da iluminação; às vezes, ela era também representada por um *mala*,* que simboliza o poder da meditação.

O nome *Sarasvati* significa "naturalmente elegante", por ser Ela o rio celeste que permeia a criação tríplice da Terra, do céu e do firmamento. Os Vedas não se cansam nunca de louvar esse rio divino como a fonte de todos os fenômenos. Ela é reverenciada como revitalizadora, a Generosa que revigora a terra cansada e dá força à humanidade. Por essa razão, existem cerimônias festivas de fertilidade em sua homenagem na primavera.

---

* O rosário dos hinduístas. (N. da T.)

Finalmente, a mitologia passou a representar Sarasvati como desposada por Brahma, Deus Criador masculino que, de acordo com certa versão, criou-a e depois sucumbiu ao desejo por sua criatura. Em outra versão, Sarasvati perde seu poder e seca depois de ser amaldiçoada por um santo. Seu grande rio de abundância e fertilidade para de correr.

Através dos milênios, Sarasvati foi personificada e venerada em uma sequência infinita de Deusas hinduístas e budistas, inclusive da Grande Rainha da Bem-Aventurança do budismo tibetano e do Buda Tara.

A Grande Rainha da Bem-Aventurança

A Grande Rainha da Bem-Aventurança – ou Rainha da Sabedoria Primordial do Oceano – é considerada uma manifestação da Deusa hindu Sarasvati. A Grande Rainha da Bem-Aventurança aparece circundada por uma auréola de sabedoria flamejante, dentro da qual há uma série de faixas semicirculares de cores luminosas, formando uma espécie de arco-íris. No centro desse espaço em forma de útero, existem dois triângulos sobrepostos – um apontando para baixo e outro para cima – formando uma estrela de seis pontas. Esses triângulos simbolizam a abertura vaginal da Deusa, a "Passagem para a Iluminação", que se abre tanto para a dimensão suprema (espiritual) quanto para a dimensão relativa (material) da realidade.

No centro desses dois triângulos, a Grande Rainha da Bem-Aventurança ergue-se sobre um Disco Solar, com um pé adiante do outro, simbolizando Sua capacidade para abarcar os mundos do espírito e da matéria. Ela aparece numa postura altiva e está nua; é pintada na cor vermelha e está rindo. Na mão esquerda, ela segura o cabo de uma lâmina curva, simbolizando as fases da Lua e a remoção da ignorância da existência cíclica. Ela representa o corpo iluminado, a fala e a mente nos planos tríplices do passado, presente e futuro.

Os tibetanos acreditam que a Grande Rainha da Bem-Aventurança seja um Buda completamente iluminado, que escolheu encarnar no século VIII da nossa era na forma de uma mulher tibetana comum chamada Yeshe Tsogyal, para que as pessoas pudessem se relacionar mais facilmente com ele. De acordo com uma lenda budista, ela nasceu em circunstâncias auspiciosas e acabou sendo dada em casamento para o rei do Tibete. Posteriormente, com a bênção do rei, ela tornou-se a consorte, ou esposa espiritual, de Padmasambhava, o homem que foi quase o único responsável pela passagem do budismo da Índia para o Tibete.

Após sua morte, Yeshe Tsogyal retornou à sua "essência sem essência" de Deusa da Sabedoria – uma Dançarina Celeste – e dedicou-se a guardar os tesouros espirituais do Tibete. O vigésimo quinto dia de cada mês lunar é, até hoje, celebrado como o dia dos Dançarinos Celestes. Uma monja moderna, Ani Mu Tso, é considerada uma emanação da Grande Rainha da Bem-Aventurança.

Tara

Tara é conhecida como a Princesa Lua da Sabedoria bem como a Mãe de Todos os Budas. Isso porque se considera que ela seja a Perfeição da Sabedoria e que todos os Budas nasceram do Útero de sua Sabedoria. Seu nome significa "Estrela", em alusão à sua identidade como oceano ígneo que pariu o mundo, ou "Transportadora", em referência à sua qualidade de Salvadora.

Tradicionalmente, existem 21 (21 = 2 + 1 = 3) manifestações de Tara – incluindo a Deusa Tríplice hindu Sarasvati –, todas elas envolvidas em sua forma verde. Tara é a divindade mais popular e querida do vasto panteão do budismo tibetano. Ela aparece sentada sobre um lótus emergindo das águas de um lago, circundada por um halo ou aura em forma de arco-íris. Sua perna direita está estendida, indicando que ela está sempre pronta para levantar-se e ajudar os que estão sofrendo. Em cada mão, ela segura um buquê de *atpalas* azuis, cada um com três flores, representando as atividades iluminadas do passado, presente e futuro. Em uma versão, uma estrela dourada emerge da palma de sua mão direita. Em outra, ela tem sete olhos, três na face (um marcando sua Terceira Visão), um na palma de cada mão e um na sola de cada pé. Deve-se notar aqui que a liturgia de Tara inclui a oferenda de sete vasos a Ela, acompanhada da repetição três vezes dos "Vinte e Um Louvores à Tara" e da visualização de uma luz com as cores do arco-íris, irradiando Dela para todas as direções.

A Tara Verde mora na exuberante floresta Khandivari. Diz-se que seus poderes de salvação são intensificados pelas propriedades medicinais das árvores e flores que nela crescem. Conta a lenda que Buda Tara fez o voto sagrado de encarnar muitas vezes no corpo de uma mulher para provar que as mulheres são plenamente capazes de alcançar a iluminação. Exatamente como acredita-se que a rainha tibetana Yeshe Tsogyal seja uma encarnação de Tara, também muitas mulheres de hoje são consideradas emanações dela.

Contrariando a sua identidade enquanto Grande Deusa da Sabedoria e Mãe de Todos os Budas, certas versões mitológicas afirmam que Ela nasceu de uma lágrima – ou do coração – do Buda masculino Avalokitesvara.

Astarte

Muito antes do surgimento do culto a Jeová no Oriente Médio, o povo hebraico adorava a Deusa Tríplice Astarte. Como as antigas Deusas Tríplices da Índia, do Tibete e outras, Astarte era vista como a encarnação da Sabedoria, cujo ícone era a Pomba da Sabedoria da qual emanavam sete raios de luz nas cores do arco-íris. Como as Deusas Tríplices, que eram suas Irmãs Orientais, Ela também era associada aos dois triângulos sobrepostos que formam a estrela de seis pontas, conhecida no contexto hebraico como Estrela de Davi.

Nas mais antigas versões mitológicas, Astarte é considerada virgem no sentido de que é inteira e completa em si mesma. A Virgem Astarte dá à luz o Sol todo ano por ocasião do solstício de inverno. De acordo com os ciclos das estações e da agricultura, o Sol é então sacrificado, descendo para o mundo subterrâneo por um período de tempo, apenas para voltar a nascer através do canal de nascimento da Deusa Tríplice no próximo solstício de inverno.

Durante a Idade do Bronze, Astarte era representada mitologicamente como tendo sido desposada pelo Deus criador masculino Jeová. No século III a.C., Ela foi personificada como Sofia, a Deusa da Sabedoria e, na maioria das versões mitológicas, passou a fazer parte de Jeová, como seu princípio feminino.

Sofia

No século III a.C., os povos do Oriente Médio continuavam mantendo relações com a natureza e seus ritmos, embora essas fossem cada vez mais pervertidas. Com o desenvolvimento de disciplinas como ciência e biologia, a fragmentação do mundo aumentou significativamente. Um intelecto desencarnado pairava agora sobre a Terra e sobre a sabedoria feminina com uma atitude de dominação. Uma ênfase excessiva no intelecto e nas ideias empurrou Sofia mais para o fundo da terra. A imaginação e a intuição da humanidade começaram a desaparecer, enquanto o poder da mente e a descoberta da palavra (logos) foram tomando forma.

Mesmo assim, a energia de Sofia encontrou expressão indireta na Grécia Antiga na forma da tríade Deméter/Perséfone/Hécate, simbolizando a Mãe, a Virgem e a Velha. De acordo com a lenda, Deméter – a Mãe Terra – dá à luz Perséfone, que se transforma numa bela jovem. Tudo na Terra é beleza, abundância e fartura. Então, um belo dia, quando Perséfone está colhendo flores, ela cai num buraco na terra. Em uma versão do mito, Perséfone desce voluntariamente para as trevas, assumindo seu trono como rainha do inferno. Na versão grega, entretanto, Perséfone é levada para o mundo ínfero contra sua vontade. Quando a velha sábia Hécate informa Deméter sobre o paradeiro de sua filha, esta fica fora de si, tamanho é seu sofrimento. As duas mulheres saem em busca de Perséfone, mas, antes que consigam chegar a ela, Perséfone come seis sementes de romã e, com isso, é condenada a retornar ao inferno a cada ano, onde deverá permanecer por seis meses.

Dessa maneira, as estações do ano e os ciclos de nascimento, morte e renascimento são ritualizados. Perséfone penetra no Grande Útero Primordial do mundo subterrâneo, onde come as sementes de romã, tornando-se fértil e prenhe de vida nova. Ela fica em gestação durante os seis meses mais escuros do ano, para renascer na primavera. Deméter, a Grande Mãe, sofre a perda de seu aspecto de filha até atender ao chamado de Hécate para descer ao Útero da Terra e reencontrar-se. Hécate é a Lua/Velha, o aspecto Sabedoria da tríade. Ela traz luz à lenda, iluminando os lugares escuros.

A Trindade Cristã: Inversão da Deusa Tríplice

No contexto cristão, há um exemplo do Deus Sol, ou Deus Filho, eclipsando a Deusa da Sabedoria, ou Deus Mãe. Sofia desaparece quase completamente nessa época. A Trindade Cristã é um exemplo clássico de inversão da energia de Sofia. Diz-se que Deus Pai e Deus Filho dão origem ao Espírito Santo, a presença sagrada, porém oculta, de Sofia. Na verdade, a criação, ou procriação, ocorre na ordem inversa. Fundamentalmente, o Espírito Santo é a energia intangível que permeia todas as coisas. É o potencial infinito no qual nós somos gerados, o Útero no qual todas as coisas descansam e têm sua essência. Assim, para que a Trindade Cristã representasse a realidade com precisão, ela teria de começar com o Espírito Santo enquanto princípio todo-abrangente. Na realidade, o Grande Útero Primordial – na forma de Espírito Santo – pare Deus Pai e, em última instância, também Deus Filho. Numa inversão dessa inversão patriarcal, a Tríplice Sofia Divina nos propõe a Tríade Feminina formada por Mãe, Filha e Alma Santa.

Na tradição de Sofia, acredita-se que assim como Deus Pai encarnou na forma de Cristo, também Sofia – a Mãe de Deus – encarnou na forma da Virgem Maria. E assim como Cristo é conhecido como o eterno Ser de Amor divino, também Sofia/Maria é considerada um eterno Ser de Sabedoria divina. Além disso, diz-se que, por ocasião da assunção de Maria ao Céu, a Virgem Maria voltou a ser o Eterno Feminino, personificado enquanto Rainha do Céu ou a Mãe Gloriosa. Embora oculta na tradição cristã, Sofia continuou a revelar-se na forma de Maria Madalena e das mulheres em volta de Jesus. Ela também se manifesta nos aspectos femininos de Jesus e vive, porém de forma um pouco obscurecida, nos cultos à Madona Negra que existem hoje em todo mundo.

Os textos gnósticos do século I depois da morte de Cristo propõem a ideia de que foi Sofia, junto com seu consorte/filho Jeová, que gerou o primeiro ser humano. De fato, de acordo com esses antigos textos esotéricos, Sofia – representada sob a forma de uma serpente espiralada – inspirou Eva a comer a maçã da Árvore do Conhecimento, para compartilhar o fruto da sabedoria feminina. Para os gnósticos, esse não foi um ato vergonhoso, mas um trabalho heroico de redenção, simbolizando a aceitação consciente do desafio de encarnar plenamente no mundo da matéria, ao mesmo tempo que completamente impregnada de sabedoria e espírito.

Ísis

A Deusa egípcia Ísis é talvez a Deusa Tríplice que sobreviveu mais intacta no Oriente Médio. Mais ou menos contemporânea de Astarte, a Virgem Ísis era a guardiã e protetora do vaso sagrado hermético, simbolizando o Grande Útero Primordial e, por extensão, a Mãe Terra, que dá origem a todas as formas de vida. De fato, ela era considerada a primeira Deusa egípcia nascida para viver na Terra.

Como essência da fecundidade natural, Ísis era associada à primeira semeadura do trigo. Ela era representada portando uma coroa de ouro na cabeça, da qual se erguiam três chifres que simbolizavam a abundância da natureza saindo de uma única raiz cuja origem estava no céu. Além disso, uma serpente devorando sua própria cauda era mostrada enroscada entre as folhas de oliveira na cabeça de Ísis – significando seu parto extático do espírito para o mundo espiralado da imperfeição e limitação. De acordo com a mitologia egípcia, esses planos material e espiritual podiam ser reconciliados e equilibrados por sete rotações planetárias, simbolizadas por sete evoluções em torno de diversos lugares sagrados do mundo egípcio.

A associação triádica de Ísis ao ciclo de nascimento, morte e renascimento também se expressava por meio de sua relação com o marido Osíris e o filho Hórus. De acordo com a lenda, Osíris foi pregado dentro de uma arca de ouro e lançado no rio Nilo, simbolizando o mundo inferior. Fora de si de tanto sofrer, Ísis atravessou o país em busca do corpo de Osíris, enquanto arrancava os cabelos, enlameava o corpo e batia no próprio peito. Com isso, ela mostrou ao povo egípcio o que é o sofrimento da perda. Tendo encontrado o corpo de Osíris, Ísis conseguiu infundir nele vida suficiente para conceber o filho Hórus, sem deixar de ser virgem. Osíris acabou tornando-se o rei do mundo inferior, enquanto Hórus estava destinado a ser o rei do Egito.

Com Ísis – assim como com outras Deusas Tríplices – vemos exemplos do mito patriarcal da criação distorcendo e obscurecendo a cosmologia feminina muito mais antiga. Por exemplo, existem algumas versões em que Ísis dá à luz espontaneamente a tríade Sol/Lua/Terra. Contradizendo isso, afirma-se também que Ísis criou todas as coisas de si mesma depois de ter sido impregnada pela virilidade do Sol. Aqui, começamos a passar da crença na Grande Deusa Mãe – identificada com o

Sol, a Lua e a Terra –, que concebe partenogeneticamente e pare o mundo, para a crença em um Deus masculino – ligado com o Sol – que tem de, logicamente, haver precedido a Deusa para poder tê-la impregnado.

Brígida

Brígida é a antiga Deusa Tríplice da Europa Ocidental, conhecida como *Brígida* na Irlanda, *Brigantia* na Inglaterra, *Bride* na Escócia e *Brigandu* no País de Gales e na França. Seu nome – que significa "a Luminosa", "a Sublime", "Mulher de Sabedoria" e "Flecha Flamejante" – tem origem na palavra sânscrita que designa divindade, indicando sua estreita associação com as Deusas Tríplices da Índia, do Tibete e do Oriente Médio. Ela é também conhecida como Brígida do Manto Verde por estar vinculada à natureza e à fertilidade.

Sendo Deusa da regeneração e da abundância, Brígida foi e é adorada como provedora de abundância que cria as riquezas do mundo natural. Conta-se que Ela deixa um rastro de trevos e flores por onde quer que ande. Juntamente com seu caldeirão de inspiração – associado com nascentes e fontes sagradas – Ela é vista como a grande inspiração por trás da adivinhação e da profecia. Ela é também uma divindade protetora.

Em um de seus aspectos de Deusa Tríplice, Brígida tem duas irmãs chamadas Brígida e Brígida! Em outro, Ela é casada com o Deus Bres. Juntos, eles têm um filho, Ruadan, que é morto tragicamente. Com sua morte, Brígida chora as primeiras lágrimas já derramadas na Irlanda. Na verdade, diz-se que foi Ela que iniciou o costume irlandês de chorar pelos mortos. Ela foi também a primeira tecelã.

De acordo com a lenda, a Deusa Tríplice Brígida encarnou numa mulher de carne e osso, como filha de um druida na Irlanda do século V. Ela nasceu ao raiar do Sol, no instante preciso que separa a noite do dia, enquanto sua Mãe atravessava a porta da casa da família. Assim, Ela "surgiu com o Sol", personificando a condição de limiar que fez dela a passagem de um mundo para outro. O pai dela teve então a visão de que Ela deveria receber o nome da Grande Deusa Tríplice.

Conforme prossegue a lenda, Brígida previu a chegada do cristianismo à Irlanda. Ela logo converteu-se, foi batizada por São Patrício, tornou-se freira e fundou um mosteiro em Kildare. Ela acabou sendo incorporada ao cristianismo como a "Mãe adotiva" de Cristo. Chega-se a afirmar que Ela fora a parteira de Maria quando Cristo nasceu. Ela ficou também conhecida como "Maria dos gaélicos". Brígida foi transformada de Deusa Tríplice em Santa Brígida – ainda hoje adorada por toda a Irlanda – em um lugar chamado "A Montanha dos Três Deuses", onde uma cabeça de pedra de Brígida havia sido adorada como Deusa Tríplice. Com o advento do cristianismo, a cabeça foi escondida numa tumba neolítica. Mais tarde, ela foi removida da tumba e colocada numa igreja local na qual foi popularmente canonizada como "Santa Bride de Knockbridge".

Na tradição celta, o rei tinha de ser aprovado pela Grande Deusa para poder governar. Essa aprovação assumia a forma de um casamento divino entre a Deusa e o rei terreno. A Deusa só concordava com o casamento se o rei fosse bom e justo. Conta a lenda que, para a Deusa Tríplice Brígida, era impossível casar-se com alguém que havia colonizado a Irlanda, colocando-se como seu rei. Aos poucos, Ela foi se retirando cada vez mais da vida pública e só foi mantida viva por aqueles que, por meio de uma rica tradição oral, passaram sua memória para seus filhos na forma de mitos, lendas e rituais severamente instituídos.

Por exemplo, Santa Brígida tem sua própria cruz especial, feita de junco ou palha. Essas cruzes são produzidas na véspera do Dia de Santa Brígida, 1º de fevereiro, o primeiro dia da primavera. Em algumas partes do mundo celta, acredita-se que, nesse dia, "uma serpente vai sair de sua toca" indicando o início da primavera. De qualquer modo, a cruz de Santa Brígida é pendurada na porta para homenagear Brígida e obter sua proteção. A cruz tem semelhanças marcantes com os símbolos do Sol de diferentes culturas do mundo. Numa das versões, não se tratava absolutamente de nenhuma cruz, mas de uma figura com três pernas, remetendo à natureza tríplice da Deusa-Santa. Uma versão menos comum é a da figura do círculo-cruz dos celtas. Uma beleza a mais de seu simbolismo é o fato de a figura ser formada por uma corda de palha triplamente trançada, unindo assim os números sagrados de quatro e três. Isso fixava com firmeza os devotos de Brígida na ordem cósmica representada pelas quatro direções e os três mundos: inferior, físico e superior.

A Deusa Tríplice nos Contos de Fadas

Os contos de fadas se ocupam essencialmente dos processos de nascimento, morte e renascimento em diferentes níveis de transformação e integração. Como tais, eles são de natureza inerentemente feminina. Pode-se dizer que o personagem principal de qualquer conto de fadas está – como O Pendurado (O Enforcado) do tarô – suspenso no canal de nascimento da Grande Deusa Tríplice; a questão é se ele ou ela vai conseguir vir inteiramente para este mundo e "viver feliz para sempre".

No nível mais primário de análise, a jornada pelo cenário dos contos de fadas sempre começa com a iniciação no mundo da existência física. À maneira típica desse gênero textual, uma criança fica órfã ou perde a mãe logo após o nascimento. Essa situação kármica simboliza a sensação de ter sido separado da Grande Mãe Espiritual pela experiência dramática de encarnar num corpo físico, experiência essa que tende a sobrepujar até mesmo as lembranças mais sublimes do lugar de origem. Muito em breve não conseguiremos mais recordar quem realmente somos nem de onde viemos. Como a Dorothy de *O Mágico de Oz*, ficamos batendo nossos calcanhares e sussurrando "Não existe nenhum outro lugar que possa ser comparado com o próprio lar", apenas com uma vaga lembrança de casa e nenhuma ideia de como regressar.

O número 3, que é tema recorrente nos contos de fadas, é uma espécie de mágica travessa, indicando que a Deusa Tríplice vive e vai bem, embora invisível aos desprovidos das qualidades necessárias para percebê-la. É comum nos contos de fadas o personagem ver-se diante de três feitiços, três maldições, três provações, três desejos, três irmãs, três irmãos ou três desafios. E quem consegue se esquecer dos três porquinhos, dos três ursinhos, das três taças, dos três vasos, das três cadeiras e das três camas? Tipicamente, no terceiro dia, depois do terceiro desejo ou da terceira tentativa atrás da terceira porta ou depois da terceira batida, algo de mágico acontece. A Deusa Tríplice – trabalhando por trás dos bastidores, é claro – vai fazer surgir algo maravilhoso e fascinante no mundo dos contos de fadas, exatamente como faz na vida.

A Deusa Tríplice no Tarô

O tarô – como os contos de fadas – lida fundamentalmente com os processos de nascimento, morte e renascimento em todos os níveis de transformação e integração. A história do tarô, como a dos contos de fadas, encontra-se envolta em mistério e intriga. Pessoas empenhadas em estudar seriamente tanto as origens do tarô quanto a dos contos de fadas mergulharam profundamente nos acervos das antigas culturas com o intuito de juntar as peças do quebra-cabeça que constitui as origens dos mitos e do misticismo. Os contos de fadas e o tarô sobreviveram a incontáveis traduções e, em nosso mundo de hoje, ambos funcionam como uma espécie de "ponte de arco-íris" ou "elo" da consciência que, como uma árvore gigantesca, tem suas raízes bem fincadas no passado, mas também se ergue para o alto, sempre com novos ramos de conhecimento, discernimento e ideias.

Nesse contexto, *O Tarô da Deusa Tríplice* torna-se um reflexo microcósmico da energia essencial da Grande Deusa Tríplice e representa uma nova Consciência Feminina emergindo para um mundo em transformação.

Das 21 cartas dos Arcanos Maiores, as primeiras sete estão relacionadas com o nível físico da existência; as sete seguintes com a vida da alma e as sete últimas com o espírito. No baralho tradicional do tarô, no primeiro terço dos Arcanos Maiores, a carta número 3, a Imperatriz, representa a existência corporal. No segundo terço, a carta número 12 (12 = 1 + 2 = 3), O Pendurado – que está com a cabeça para baixo, como no canal de nascimento da Grande Deusa –, é uma representação perfeita da alma. Finalmente, no último terço dos Arcanos Maiores, a carta número 21 (21 = 2 + 1 = 3), O Mundo, simboliza o mundo totalmente impregnado de espírito. Com a ajuda da alma, ou do Pendurado, como mediador, o Grande Útero Primordial manifesta-se plenamente no mundo material e, com isso, cumpre seu destino na Terra. A carta número 21 é, portanto, a expressão máxima da consciência desperta.

Capítulo 2

Escolas de Mistérios, Peregrinação a Lugares Sagrados, Alquimia e Iniciação

> Onde o olho humano pode ver colinas verdes e trincheiras, relíquias de ruínas de fortalezas e cemitérios, ali erguem-se os palácios encantados das divindades derrotadas; ali elas perpetuam suas folias na eterna luz do Sol.
> T. W. ROLLESTON

O Corpo da Deusa

A Terra é um ser vivo. Os povos antigos sabiam disso. Para eles, ela era a Grande Mãe Terra e eles, seus filhos, feitos da mesma matéria-prima e sujeitos às mesmas leis e aos mesmos ciclos e ritmos da natureza. Como a sobrevivência dependia de saber "situar o terreno" e como não havia o que os afastasse do contato sutil e orgânico com a Terra, nossos ancestrais pré-históricos viviam em harmonia com o meio ambiente. Eles conheciam os detalhes íntimos do corpo de sua Mãe – seus centros de energia ou chakras, seus campos geodésicos e magnéticos, seus poços e piscinas naturais de água subterrânea – e conviviam com a Deusa nesses espaços.

Dessa maneira, os lugares cuja paisagem era especialmente imponente tenderam a tornar-se locais de culto, ritual, cerimônia e peregrinação. Eles foram marcados por meio de construções, como aterros, barragens, trincheiras, câmaras subterrâneas, monumentos, círculos e cruzes de pedra, e de caminhos. Através dos milênios, muitos desses lugares passaram a ser associados com as diversas camadas sobrepostas de escolas de mistérios e tradições religiosas.

Escolas de Mistérios

Os mistérios em torno de questões como nascimento, morte e origem de todas as coisas estão na base de tudo, inclusive das escolas de mistérios do mundo antigo. Consequentemente, quem mergulha fundo o bastante no âmago de qualquer doutrina secreta vai inevitavelmente ver-se frente a frente com o Grande Útero Primordial e a Deusa Tríplice com suas inúmeras formas e expressões. Essa era a experiência fundamental dos iniciados nas doutrinas secretas do Oriente Médio e do Ocidente de antigamente, bem como de seus correspondentes orientais, os praticantes do tantrismo na Ásia. Eles desciam ao fundo do Útero, passavam por diversas transformações psicoespirituais e voltavam como que renascidos a uma nova vida, demonstrando discernimento espiritual e compaixão para com seus semelhantes. Eles vivenciavam esses processos com a ajuda de conhecimentos espirituais extremamente avançados, rituais sacramentais e liturgias inspiradas na Deusa.

A iniciação de uma escola de mistério sempre esteve íntima e inextricavelmente ligada a determinados lugares da Terra, em geral considerada como sendo o corpo da Deusa. Assim como nossos corpos contêm canais e correntes de energia, o mesmo acontece com o corpo da

Terra, uma vez que somos seus reflexos microcósmicos. Conhecer essas passagens no corpo da Terra – com uma atitude aberta, de respeito e comunhão espiritual – era fundamentalmente nutrir-se no seio da Deusa. Em outras palavras, era como estimular um ponto de acupuntura no grande corpo da Mãe. Ao estimular esses pontos ou canais, os antigos atuavam como agulhas de acupuntura em vibração, ativando os pontos sagrados que guardavam a memória passada e a realidade da Deusa. Dessa maneira, eles a tornavam mais acessível e real, não apenas para si, mas também para o resto da humanidade. Por sua vez, a Terra os "agulhava" também, despertando a Deusa interior pela estimulação de seus chakras e canais energéticos.

Os locais das escolas de mistérios tenderam a assumir múltiplas camadas, e cada um deles possuía uma história de, ao menos, três ou quatro correntes sobrepostas de conhecimento oculto. A corrente mais antiga sempre pertenceu aos povos nativos do lugar, devotos da Deusa. As correntes posteriores em geral envolveram respectivamente camadas das tradições druida, celta, cabalista, tântrica e/ou alquímica. Na maioria dos casos, a corrente secreta mais recente assumiu a forma cristã, seja católica ou protestante. Essas e outras camadas podem ser vistas nos seguintes exemplos.

Colina de Tara

Colina de Tara é um lugar pré-histórico sagrado, situado no condado de Meath, na Irlanda, cujos vínculos mais antigos e significados mais profundos estão envoltos em mistério. Num texto mitológico do século X d.C., a lenda da Colina de Tara é narrada por uma figura mitológica – representando a alma da Irlanda – que paira acima da terra. Dessa posição privilegiada, a figura fala das quatro doutrinas secretas que se sobrepõem naquele lugar. A primeira é de um pequeno clã de boa índole conhecido como Fir Bolg que, da Colina de Tara, vigiara a Irlanda até ser derrotado em alguma data entre 1900 e 400 a.C. por um povo druida conhecido como Tuatha de Danaan ou "Filhos do Rio Danúbio". Conta-se que, depois de três dias e três noites de combate, o diminuto povo Fir Bolg foi empurrado para os subterrâneos da Irlanda, onde permanece até hoje. Em seguida, vieram os celtas que derrotaram o Tuatha de Danaan. Finalmente, os cristãos substituíram os celtas no século V da nossa era e acabaram erigindo uma igreja católica naquela colina, assim como uma estátua de São Patrício.

Alguns historiadores acreditam que os Fir Bolg constituíam o povo original da Irlanda e devoto da Deusa. Existem pelo menos duas correntes de pensamento com respeito ao destino desse povo, sendo uma mística e outra mais "realista". A primeira supõe que o povo Fir Bolg tenha deixado de existir em forma humana, mas acabou se transformando nas fadas da Irlanda, permanecendo na região em forma de espírito para proteger os tesouros espirituais ocultos da Alma Irlandesa – a Deusa Tríplice da Irlanda –, que foi empurrada para o subsolo pelos povos invasores. A segunda versão diz que os Fir Bolg eram de fato seres humanos e que fugiram, ainda na forma humana, para os "subterrâneos" do sudoeste da Irlanda, onde seus descendentes permanecem até hoje. É possível que ambas as versões contenham algo de verdadeiro.

De qualquer modo, os invasores celtas e druidas que vieram depois funcionaram como uma ponte entre os nativos da Irlanda e os católicos patriarcais de tempos mais recentes, tendo um pé em cada um desses mundos. Além das camadas de mistério relacionadas à Colina de Tara, existem indícios de que os druidas e celtas teriam algum vínculo com correntes esotéricas de origem védica e judaica. Por exemplo, a palavra gaélica *Sidhe*, que significa "reino das fadas", tem relação com o termo *Siddhi*, originário do contexto hinduísta, que significa "poderes ocultos". Igualmente, o nome *Brígida* – a Deusa Tríplice cujo culto da fertilidade é celebrado na Colina de Tara – tem sua raiz na palavra sânscrita usada no contexto védico *Brihati*, um epíteto do Divino.

Com respeito à origem judaica, um pequeno, mas extremamente determinado e devotado, grupo de israelitas do século XIX convencera-se de que a Arca da Aliança estava enterrada na Colina de Tara. Eles empreenderam uma escavação arqueológica nessa colina no final do século XIX, desenterrando os restos de aproximadamente duzentos povos neolíticos, junto com muitos outros tesouros, mas não encontraram nenhuma arca. Mais recentemente, um acadêmico judeu solicitou ao governo irlandês permissão para escavar na Colina de Tara em busca dos restos de uma princesa judia/celta que ele acreditava estar enterrada ali. A permissão não foi concedida, mas isso não colocou ponto-final na persistente tradição oral com respeito a alguma antiga associação dos judeus com o lugar.

A lenda que está por trás desse tipo de especulação é a contada pelo próprio lugar, pois Tara é uma verdadeira passagem para o mundo subterrâneo. Bem dentro do principal cemitério no topo da colina – de onde pode se ter uma visão panorâmica de importantes pontos de referência de todas as quatro regiões da Irlanda – há uma enorme pedra pré-histórica esculpida com as espirais iconográficas da Deusa. A pedra é de aproximadamente 3.500 anos a.C., anterior à construção das pirâmides do Egito. Ela é iluminada pelos raios do Sol durante o equinócio de primavera e outono bem como o solstício de verão.

Mas isso não é tudo. Muitas das árvores da Colina de Tara são circundadas por auréolas de luz iridescente, além de haver vórtices giratórios de energia luminosa nas cores do arco-íris que podem ser vistos e sentidos em diversos pontos de suas colinas suavemente onduladas. Cada um desses vórtices é uma porta de entrada para o mundo subterrâneo das fadas e das Deusas Tríplices da Sabedoria que continuam habitando a Colina de Tara. O mundo espiritual da natureza é ali tão palpável e presente que inspirou o seguinte fragmento poético:

Em Tara hoje neste momento decisivo
Eu coloco todo o Céu com seu poder,
E o sol com sua luminosidade,
E a neve com sua brancura,
E o fogo com toda a intensidade que ele tem,
E o relâmpago com a sua fúria célere,
E os ventos que, velozes, seguem o seu curso,
E o mar com seus abismos,
E as rochas com seu sono profundo,
E a terra com sua aridez:
Tudo isso eu coloco
Com a ajuda e a graça de Deus Todo-Poderoso,
Entre mim e os poderes das Trevas.
Filho do alvorecer
Filho das nuvens
Filho das estrelas
Filho dos elementos
Filho dos céus
Filho da Lua
Filho do Sol.

Completando a volta, outra corrente secreta fez-se sentir recentemente na Colina de Tara, uma referindo-se ao budismo tibetano. As "Vinte e Uma Exaltações de Tara" – um ritual envolvendo as 21 manifestações do Buda Tara – foram recentemente celebradas ali, e as bandeiras de orações tibetanas foram penduradas entre duas árvores no ponto de entrada para uma área que, segundo algumas pessoas, é o Chakra da Coroa da Colina.

A Catedral de Chartres

A Catedral de Chartres, na França, é outro exemplo majestoso e imponente de lugar antigo reverenciado por uma série de escolas de mistérios. Nela, vemos traços de um povo nativo devoto da Deusa entrelaçados a uma presença druida/celta e encobertos por camadas cabalísticas e cristãs identificadas com o mistério do Santo Graal.

Não é por acidente que lugares de escolas de mistérios, como a Colina de Tara e a Catedral de Chartres, tenham ligação com o eterno mistério do Santo Graal e a Arca da Aliança. Alguns acreditam que o Graal é o cálice que foi usado por Jesus na Última Ceia. Outros acham que é o recipiente no qual seu sangue foi coletado depois da crucificação. Outros ainda acreditam que seja o frasco usado por Maria Madalena quando perfumou os pés de Jesus. Finalmente, existem aqueles que afirmam que o Santo Graal e a Arca da Aliança são essencialmente uma única e mesma coisa e que representam o Vaso Hermético, o Caldeirão Interior, o Grande Útero Primordial da Deusa Tríplice. De acordo com essa visão, a procura do "Cálice de Cristo" é a busca do Feminino Divino em todos nós.

Dedicada à Mãe Divina, a Catedral de Chartres foi construída nos séculos XII e XIII especialmente com a finalidade de canalizar as vibrações positivas e curativas da Deusa Tríplice para o mundo. Na verdade, seu projeto arquitetônico representa essencialmente o corpo da Deusa Tríplice, a Árvore da Vida cabalística, erigida em pedra. As propriedades triádicas da luz foram assimiladas à construção da catedral como geometria sagrada. Mais especificamente, seu sistema de espelhamento, de imagens refletidas, de triângulos apontando para cima e para baixo, tem relação com três pilares verticais, simbolizando o princípio primordial da criação: atração, repulsão e transcendência. Os pilares esquerdo e direito indicam a polaridade da atração/repulsão, enquanto o pilar do centro simboliza a possibilidade de transcendência. Eles mostram a polaridade em ação, criando a espiral de energia do Grande Útero Primordial, representado pelo labirinto entalhado no piso da nave central perto da entrada principal. Além disso, uma série quase completa de vitrais coloridos oferece uma visão primitiva da Virgem Maria/Madona Negra com um arco-íris de luzes penetrando na catedral através dela.

Logo abaixo do centro sagrado da catedral, há um ponto de convergência de energia geofísica, o local da tumba megalítica que consiste em duas pedras em posição vertical suportando um grande bloco plano de pedra conhecido como dólmen, que data aproximadamente da mesma época de Stonehenge. Na mesma câmara, há uma fonte sagrada conhecida como "Fonte do Forte", da qual radiações de energia da Deusa Tríplice espalham-se pela terra. Na cripta, há ainda uma estátua da "Virgem da Cripta", também conhecida como "Nossa Senhora de Chartres".

Até o século XVIII, as pessoas que iam em peregrinação a Chartres participavam de um ritual que envolvia a descida ao dólmen onde era espargida água-benta da fonte sobre elas. No século III de nossa era, os cristãos deram a esse santuário subterrâneo o nome de "Gruta dos Druidas", como reconhecimento do fato de que rituais druidas secretos haviam sido realizados ali em tempos passados. Inúmeras curas milagrosas foram atribuídas à Virgem da Cripta e fazem parte das crônicas da catedral. A energia original e vital de Chartres é essa cripta, o portal uterino de Nossa Senhora e suas espirais de energia curativa. Todo ano, ela é tirada da caverna e levada para a luz para uma procissão de primavera, celebrando o renascimento cíclico da Deusa e tudo o que Ela personifica.

Dharamsala

Tradicionalmente, as escolas de mistérios costumam estar ligadas a centros de peregrinação localizados na Europa e no Oriente Médio. Entretanto, este último exemplo amplia o nosso entendimento do que constitui lugar de referência de uma doutrina secreta por voltar nossa atenção para o Oriente e expandir sua definição de maneira que possa abarcar toda uma aldeia – a de Dharamsala, na Índia, sede do budismo tibetano no exílio. A paisagem geográfica do que é hoje Dharamsala testemunhou inúmeras correntes religiosas sobrepostas de mistério e devoção à Deusa Tríplice: (1) a cultura original de devoção à Deusa; (2) hinduísmo védico; (3) hinduísmo; (4) budismo primitivo; (5) hinduísmo tântrico e budismo; e, finalmente (6) budismo tibetano.

De acordo com evidências arqueológicas, os drávidas, povo natural da região hoje conhecida como Índia, cultuaram a Deusa Tríplice numa miríade de formas durante, pelo menos, oito mil anos antes da invasão dos guerreiros árias que vieram do norte por volta de 1700 a.C. Uma antiga escritura religiosa conhecida como *Rig Veda*, escrita aproximadamente setecentos anos mais tarde, narra essencialmente a história da subordinação das Deusas Tríplices dravidianas pelos Deuses Árias. De acordo com esse documento, um vasto panteão de 333 milhões de deuses e deusas emana de uma divindade masculina ou um Deus Criador Supremo. (Posteriormente, esse número foi reduzido a 3 mil e, mais tarde ainda, esses 3 mil foram organizados em categorias e reduzidos a outro número tríplice, a partir do 33.) Uma Trindade Divina de Deuses masculinos – Shiva, Vishnu e Brahma – sentou-se no topo dessa hierarquia de divindades, cada um com sua própria esposa ou consorte. Shiva faz par com Shakti, Vishnu com Lakshmi e Brahma com Sarasvati. Essas consortes femininas – originalmente Deusas Tríplices em seu pleno poder e por mérito próprio – foram relegadas à condição secundária ou de segunda classe, tendo sua majestade e sua verdade primordiais obscurecidas pela mitologia patriarcal da época. O que desde longa data era conhecido e praticado cotidianamente passou a ser distorcido e envolto em mistério.

Dentro de outros trezentos anos, por volta de 700 a.C., o hinduísmo védico havia se transformado na forma de hinduísmo que permanece até hoje. Uma atitude de não violência e compaixão havia começado a prevalecer, e – quando o substrato dravidiano original ficou mais conhecido – a Deusa Tríplice recuperou parte de seu poder original na mente dos indianos. O budismo surgiu nesse ambiente religioso duzentos anos depois, no século V a.C. Talvez como reação ao domínio esmagador do panteão de divindades hindus, o budismo dos primeiros tempos reduziu a importância do papel dos deuses e deusas na busca da iluminação, ressaltando em seu lugar os esforços do indivíduo. No período que se estende do século VIII ao XII da nossa era, entretanto, formas tântricas ou xamânicas do hinduísmo e do budismo floresceram na Índia, ambas reassumindo inteiramente a Deusa em todos os níveis da prática e da realização espiritual. Por exemplo, um texto tântrico hindu dessa época refere-se à Deusa Tara como "... o grande vazio, a ESTRELA da qual tudo nasceu ...". Outro texto da mesma origem identifica Tara como "... aquela que cria, nutre e destrói o mundo". Ambas as referências – e os princípios tântricos subjacentes a elas – depuseram efetivamente a Trindade masculina do ápice da cosmologia hinduísta. Por exemplo, o Deus Shiva – "Senhor da Dança do Êxtase" que cria, destrói e mantém o mundo – foi claramente exposto como o contrário do Grande Útero Primordial, do qual as energias do nascimento e da morte fluem e refluem.

O budismo tântrico estava praticamente extinto na Índia por volta do final do século XII. Entretanto, o tantrismo encontrou um lar no Tibete, ali sobrevivendo e florescendo até a década de 1950, quando o país foi invadido pelos chineses. Quando os refugiados tibetanos – que durante a travessia da cordilheira do Himalaia tiveram a proteção de sua amada Deusa Tara – fundaram a comunidade de refugiados de Dharamsala, a forma xamânica de budismo que cultuava a Deusa foi reintroduzida no norte da Índia, o lugar onde o budismo havia se originado. Ali – entre trombetas tibetanas ressoando com alarido ao amanhecer e anoitecer, mulheres vestindo roupas de cores vívidas e levando um balaio na cabeça, chamas de lamparinas de manteiga, odores almiscarados de incenso tibetano, mosteiros de telhado de sapé com suas bandeiras de orações nas cores do arco-íris agitando-se ao vento e cânticos de uma fileira interminável de monges e monjas – os corpos vibram ao som do mantra "Vinte e Uma Exaltações de Tara", sussurrado ininterruptamente em profunda devoção.

Nos últimos anos, mais outra corrente de devoção à Deusa Tríplice veio se juntar à mistura, na forma de uma dança extática inspirada no ritual das "Vinte e Uma Exaltações de Tara". Essa nova "Dança de Tara", desenvolvida no Ocidente, foi apresentada pela primeira vez em Dharamsala para o Dalai Lama e 5 mil espectadores tibetanos, em 1998, por 33 devotos de Tara de 11 países.

Peregrinação a Lugares Sagrados

> De outras coisas, você nunca conseguirá fazer o Todo, sem que antes você mesmo(a) tenha se tornado Inteiro(a).
> DORN

Os lugares sagrados – como a Colina de Tara na Irlanda, a Catedral de Chartres na França e Dharamsala na Índia – convidam-nos a fazer uma reflexão profunda sobre as questões essenciais da vida: Como podemos curar nossa alma? Como podemos curar nossa comunidade? E como podemos curar nosso planeta? A resposta a essas três perguntas é fundamentalmente a mesma. Para curarmos nossa alma, nossa comunidade e nosso querido planeta, temos antes de encontrar o lugar de transcendência em nosso interior, o lugar que contém todas as manifestações mundanas, todos os conflitos e assuntos do dia, com sua capacidade de abarcar tudo, sem criar nenhuma oposição irreconciliável nesse processo.

Como nos ensinaram a geometria de Chartres inspirada na Deusa Tríplice e os princípios essenciais do budismo, temos de nos esforçar para incorporar todos os três "pilares da criação" simultaneamente: o pilar da atração, o pilar da repulsão e o pilar central, que consegue encontrar o meio-termo entre aparentes contradições e extremos. Esse meio-termo é em sua natureza inerentemente feminino. A alma, a comunidade, o planeta – todos eles também são em sua natureza essencialmente femininos, apesar de termos perdido isso de vista. E, em consequência disso, estamos extremamente carentes de recursos espirituais cruciais à manutenção da vida. Se deixarmos, de repente, de dar pleno valor ao Grande Útero Primordial e às imagens femininas de uma divindade enraizada na terra e no corpo, estaremos sabotando essa última oportunidade de curarmos a nós mesmos, nossa comunidade e nosso planeta. Estamos, portanto, de volta à questão colocada na introdução deste livro: "O que a Deusa faria nesta situação?".

Espiritualistas da Antiguidade percorreram o caminho da iniciação que os levou a uma comunicação ativa com o mundo do espírito. Em grande medida, ficamos desprovidos de rituais de iniciação, assim como perdemos a relação com a Deusa Tríplice, mas estamos hoje reivindicando-os de volta. Precisamos estudar os ensinamentos esotéricos e aprender a ler nas entrelinhas dos registros históricos para encontrar dados preciosos com respeito à verdadeira natureza de Deus e, por extensão, de nós mesmos. Precisamos visitar os lugares sagrados do planeta e permitir que sejamos introduzidos no corpo da Deusa, em seu coração/útero. Em inglês, a palavra *earth* (terra) contém as mesmas letras da palavra *heart* (coração). A Terra é o Chakra do Coração da Deusa Tríplice. Todos os vórtices energéticos do planeta, assim como os chakras de nosso corpo, existem nesse contexto. Todos nós vivemos dentro do "útero do coração" e do "coração do útero" da Deusa. O cérebro de uma pessoa pode estar morto, mas não seu coração. O coração pode funcionar sem o cérebro, mas o cérebro não funciona sem o coração. Fundamentalmente, como a Terra, nosso centro é o coração/útero.

Visitar os antigos lugares sagrados com a humildade e a receptividade do verdadeiro peregrino é uma das melhores maneiras de ouvir o que a Deusa Tríplice está tentando nos dizer. Visitar esses lugares é uma forma de manter a Deusa viva em nós, de convidá-la a voltar ao mundo depois de um longo intervalo de ausência. Ouvir a Terra dessa maneira tem muito a ver com o Pendurado, a carta número 12 do tarô tradicional. Nós nos rendemos e deixamos que nos seja transmitido um entendimento mais profundo de como as coisas são. As folhas caem. As estações se sucedem. Alguém escolhe deixar-se esvaziar, dispõe-se a ficar na posição invertida. Quando alguém está de ponta-cabeça, tudo cai de seus bolsos. Finalmente, temos de nos esvaziar para abrir caminho ao surgimento de uma nova vida. As doutrinas secretas conhecem e ensinam essa sabedoria.

Resgatando os movimentos cíclicos da Deusa Mãe Terra por meio dos rituais que envolvem rendição, descida e renascimento – como seguir os contornos circulares dos vórtices energéticos da Colina de Tara, percorrer o labirinto circular da Catedral de Chartres ou participar de uma dança espiralada em louvor a Tara –, nós morremos para o velho em nós mesmos e nascemos de novo. Dessa maneira, estamos livres para nos religar aos nossos próprios centros no coração e no útero, bem como aos da Terra e do cosmos.

O motivo do labirinto entalhado no piso da nave da Catedral de Chartres é cristão, mas reflete claramente influências pré-cristãs do culto à Deusa. O percurso desse útero labiríntico envolve um caminho tríplice de dar, receber e integrar. O participante é instruído a seguir o caminho em direção ao centro do labirinto com as palmas das mãos voltadas para baixo, enquanto se concentra no ato de liberação, e a retornar do centro com as palmas voltadas para cima, concentrando-se em receber força e orientação. Finalmente, ao deixar o labirinto, as palmas das mãos devem estar unidas em atitude de oração, gratidão e integração.

A "Dança das Vinte e Uma Exaltações de Tara" – apresentada em Dharamsala e em outras partes do mundo – permite que o devoto de Tara incorpore a Deusa Tríplice e participe do processo de entrega e renascimento a Ela associado de forma explícita e direta. A pessoa é preparada para entrar no espírito da Dança de Tara sendo, em primeiro lugar, completamente introduzida na prática tibetana de "descansar na natureza da Mente", ou o Grande Útero Primordial. É, pois, apenas quando a pessoa conhece esse estado profundo de bem-estar e segurança que se torna possível a ela abandonar padrões e modos de ser obsoletos, mas que se encontram profundamente arraigados, bem como permitir o surgimento de um novo eu irradiante. Os candidatos a dançarinos também têm de participar de práticas em que visualizam Tara em cada uma de suas manifestações tradicionais, absorvendo pela respiração suas diversas energias e formas em seu próprio coração, e visualizando-A completamente dissolvida em seu corpo. As mulheres também ficam inspiradas e exaltadas por saberem que sua amada Deusa Estrela apareceu em muitas outras culturas ao redor do mundo. No Oriente Médio, Ela era conhecida como Athtar, Attar-Samayin, Astarte e Ishtar. Na Finlândia, seu nome era Tar. Nas selvas da América do Sul, ela era Tarahumara. Ecos de seu nome podem também ser encontrados na palavra latina "Terra", que designa Mãe Terra, bem como nas referências a uma princesa celta chamada Tea.

Enquanto a Dança de Tara está sendo executada, cada mulher visualiza-se como uma das 21 manifestações de Tara e procura incorporar e canalizar a essência dessa forma. Todas cantam as "Vinte e Uma Exaltações de Tara", vestidas com belos *saris* de seda nas cores do arco-íris e com movimentos espiralados e em ritmos extáticos graciosos que refletem o ciclo de morte e renascimento da Deusa Tríplice. No curso da dança, as 21 emanações da Tara Verde fazem chover bênçãos infinitas sobre as dançarinas que as representam, sobre o público e sobre o mundo inteiro. Em teoria, a presença de Tara é sentida tão intensamente que todos os espectadores são levados a render-se a seu coração/útero todo-abrangente e à possibilidade de despertar para uma nova vida. Se não aprendemos nada mais com a Deusa Tríplice, esse processo de regeneração básica é o bastante.

O Caminho da Iniciação e
O Tarô da Deusa Tríplice

Vivemos numa época em que o conhecimento suprassensível não pode continuar sendo posse secreta de alguns poucos; nesta era, ele tem de se tornar posse de todos...
RUDOLPH STEINER

O processo de iniciação do estudante ou discípulo espiritual foi alterado durante o curso do último milênio. Em decorrência do desenvolvimento de uma nova consciência e uma atitude, uma das transformações ocorridas é que o que se considerava importante manter oculto – tanto com respeito à espiritualidade quanto ao conhecimento superior – parece hoje algo anacrônico e insustentável.

O aspirante ao conhecimento espiritual do século XXI tem à sua disposição uma enorme variedade de recursos. Um caminho que leve a uma consciência superior tem de incluir discernimento, concentração, observação inteligente, uma percepção aguçada do mundo e o despertar de forças espirituais que abram caminho para a intuição e o autoconhecimento. A incorporação desses princípios dá ao caminho equilíbrio e sustentabilidade – para poder desvendar o mistério da mente superior, ao mesmo tempo que mantém a pessoa ligada aos compromissos e tarefas cotidianas do mundo temporal.

Esse caminho não pode hoje – nem no futuro – ser considerado completo se não incluir os três seguintes pré-requisitos de iniciação e conhecimento exigidos daquele que pretende estar em sintonia com a nova consciência emergente do Feminino Divino.

Capacidade de Imaginação

Esta primeira etapa do trabalho interior permite que a pessoa reúna as forças dinâmicas do reino da natureza, do sistema solar e do universo para aplicá-las ao desenvolvimento criativo de seus talentos pessoais. Esse é um processo que envolve a prática da meditação ou contemplação para trazer à vista as "imagens internas" do coração, da mente, do corpo e do espírito da pessoa. Ele permite ao aspirante a uma consciência superior que descubra a lei da claridade e a aplicação da intuição, estimulando a capacidade de discernir entre as verdadeiras imagens internas, de um lado, e a ilusão e a fantasia, de outro. Com o tempo, essas visões claras manifestarão um novo corpo espiritual.

Inspiração Intuitiva

O segundo estágio envolve receber inspiração da expressão pessoal dinâmica, intuitiva e criativa. Intimamente satisfeito, o espírito/alma inicia o processo de transformação alquímica. O indivíduo inspirado começa a desvendar os mistérios do karma, do destino e da individualidade, além de se preparar para o terceiro estágio do verdadeiro despertar.

Consciência Espiritual

Neste terceiro estágio – de consciência espiritual – a pessoa é capaz de perceber a vida de uma perspectiva espiritual e de fundir as forças da alma e do espírito, permitindo despertar a consciência do corpo. Dessa perspectiva, a vida é vista de forma diferente. O amor é a resposta a todas as perguntas. Torna-se fácil perdoar. É como se o aspirante fosse um observador da vida, ao mesmo tempo que participa dela. Esse nível de iniciação está em constante movimento. A vida torna-se uma jornada sagrada imbuída de propósito, humor, inteligência, compaixão e disposição para servir a todos os seres vivos. Dessa perspectiva, o aspirante é preparado para servir ao mundo com o coração, o corpo e o espírito abertos. E, dessa maneira, ele integra-se naturalmente ao Feminino Divino.

No percurso desse caminho, a pessoa vai se deparar com novas experiências, realidades, autoconhecimentos e questões internas e externas que precisam ser integrados. A prática que visa alcançar novos níveis de consciência envolve a capacidade de reconhecer e identificar as áreas do karma espiritual que estão precisando ser curadas. Esse reordenamento da vida interior não deve afastar o aspirante das responsabilidades e dos deveres da vida cotidiana. O domínio da capacidade de envolver-se no processo de busca espiritual e, ao mesmo tempo, seguir o curso da vida mundana é fundamental para a realização desse processo de desenvolvimento.

Da perspectiva do aspirante espiritual, o caminho de desenvolvimento envolve: a participação criativa das forças do mundo interior e exterior da pessoa; o consciente e o inconsciente; os quatro elementos da natureza – Ar, Fogo, Água e Terra; os planos mental, espiritual, emocional e físico; e a integração entre corpo, mente e espírito. A união dessas forças cria uma base sólida, que pode inspirar e sustentar intervenções positivas no mundo. Nas palavras de Rudolph Steiner: "O verdadeiro conhecimento só pode vir ao aspirante quando, junto com o esforço para desenvolver o seu próprio ser, ele também contribui, na medida de suas capacidades, para o mundo a seu redor".

O tarô, que tem origem numa doutrina secreta, contém o registro pictórico de antigos ritos de transformação, particularmente na trindade divina do tarô: A Imperatriz (carta número 3), O Pendurado (carta número 12) e O Mundo (carta número 21). A Imperatriz representa o mundo material, as estruturas atômicas da natureza e o aspecto feminino da psique humana. Ela está ligada às inúmeras Deusas que têm relação com o nascimento, a procriação e a abundância. Como Ísis, ela se torna o recipiente ou Vaso Sagrado do qual toda vida emana, inclusive o Sol, a Lua e a Terra. Como Afrodite, ela rege o amor e personifica a autorrealização. Ela representa a iniciação do nascimento, renascimento e encarnação. Rituais antigos celebrando a Imperatriz eram abundantes na primavera, quando o processo de despertar das forças da natureza encontrava-se no auge. A dança conhecida como "Maypole"* é um exemplo desses rituais, em que as pessoas tornam-se a "espiral da vida", representando a própria Deusa.

O Pendurado representa a rendição e a descida da Deusa. Como Kwan-yin – conhecida como a Mãe da Compaixão na filosofia budista – Ela guia e protege o encontro do indivíduo com o grande desconhecido, quando o ego é subjugado. Entre os cristãos gnósticos, Ela era conhecida como o Espírito Santo que equilibra o coração e a mente de todas as pessoas. Nesse estágio de iniciação, a humanidade tem de abrir mão dos apegos ao mundo físico, incluindo os entulhos emocionais e mentais. A renúncia aos antigos apegos abre espaço para que novos potenciais possam emergir. A remoção do véu da ilusão material permite que a pessoa encontre o mundo interior onde o inconsciente alimenta diariamente seus impulsos e reações. Todas as ações e intenções dedicadas ao propósito da "entrega" são apropriadas nesse estágio intermediário que tem de ser assumido pelo iniciado desperto ao longo do caminho da evolução.

O último dos três estágios do ciclo de vida/morte/renascimento da Deusa Tríplice, conforme é representado pelas figuras do tarô, é O Mundo. Essa carta celebra a reunião jubilosa do espírito, da alma e da matéria, pois agora a Imperatriz tem um propósito. Dançando no centro de seu mundo manifesto, o terreno sólido sobre o qual Ela cria e materializa livremente o seu valor, incorpora o amor divino e a inspiração divina acompanhados do êxtase de um poder indubitável e de uma graça concedida. Nesse estágio de amadurecimento, cada Deusa é inteiramente adornada e representada como o seu eu divino. Durante esse processo de transformação, o indivíduo é levado a perseguir e a declarar um propósito de vida e destino. Essa poderosa iniciação é intensificada pelo percurso espiralado do labirinto sagrado, pela prática da meditação yogue e

---

* Mastro enfeitado com flores e fitas em torno do qual se dança para celebrar a primavera. (N. da T.)

de técnicas de autoafirmação. Ancorar o poder pessoal e estabelecer a individualidade ajudam a descobrir os meios pelos quais podemos oferecer nossos melhores talentos ao mundo como um todo.

Esses três poderosos canais de iniciação representados pelas cartas da Imperatriz, do Pendurado e do Mundo estiveram presentes em diversos baralhos de tarô. Do ponto de vista histórico, as cartas do tarô tiveram ligação com muitas tradições místicas, incluindo a numerologia pitagórica, o misticismo cabalista, a filosofia grega, a mitologia egípcia, o esoterismo oriental, o simbolismo rosa-cruz, a alquimia e a doutrina hermética. Elas também têm ligação com a realeza e as cortes da Europa Ocidental. Na realidade, a palavra *tarot* pode ter sido derivada de duas palavras egípcias – *tar*, que significa "caminho", e *ro*, que significa "régio". Nesse sentido, o tarô constitui o "Caminho Régio da Sabedoria".

O tarô oferece uma grande ajuda ao desenvolvimento da capacidade imaginativa do aspirante, tendo sido considerado um caminho para o plano místico que inspira "a capacidade de imaginar" ou "a consciência visual" do indivíduo. Esse reflexo, ou espelhamento, atua como um catalisador da capacidade de imaginação e visualização. Cada figura do tarô exibe uma grande variedade de símbolos, representando diferentes princípios, leis ou poderes, assim como elementos da natureza. Além disso, as cartas estão interligadas numa sequência que permite que cada ensinamento tenha um efeito sobre o outro. Essas leis e iniciações têm valores numéricos, uma vez que cada imagem tem relação com os fenômenos da matemática superior e a progressão do tempo, do espaço e do conhecimento do universo.

O Tarô da Deusa Tríplice oferece uma combinação única dos ensinamentos secretos com o imaginário da Deusa, que pode nos levar até nosso coração para descobrirmos como podemos conduzir melhor nossa vida, todos os dias, como se fôssemos a própria Deusa. Equipados com esse instrumento de transformação, nós podemos entrar em contato com as diversas orientações da Deusa quando, na sua infinidade de formas de sabedoria arquetípica, inspira o coração e a alma da humanidade. As cartas do Baralho Alquímico de *O Tarô da Deusa Tríplice* convidam os aspirantes espirituais a se envolver com elas em sua vida prática cotidiana. Elas foram criadas especialmente para ajudar a expandir a consciência interior do indivíduo e abrir o canal de comunicação entre o eu superior e a ação dinâmica do indivíduo.

As capacidades imaginativas são intensificadas com a ajuda de *O Tarô da Deusa Tríplice*, por ele permitir que as qualidades simbólica e pictórica das cartas ocupem a mente, o coração e a alma com figuras e ideias que formulam e expressam o inconsciente. As imagens abrem um vasto campo de exploração visionária, ao mesmo tempo que se mantêm fiéis ao formato antigo do tarô tradicional. Tanto o aspirante que conhece bem o tarô quanto o novato vão desfrutar dessas imagens, uma vez que, em *O Tarô da Deusa Tríplice*, está presente o respeito pelo mistério, pela história e pelo mito do tarô.

A inspiração é a semente da imaginação. Dos recônditos profundos da mente desperta e encantada surge um gênio inspirado que dá à luz o poder pessoal. Essa capacidade leva o aspirante pelo Caminho Régio da Sabedoria, no qual as lições da vida estimulam o desenvolvimento espiritual. *O Tarô da Deusa Tríplice* ajuda a pessoa a identificar atalhos específicos de crescimento e transformação, bem como funciona como um degrau da escada que leva ao despertar místico na vida cotidiana.

Do ponto de vista espiritual, *O Tarô da Deusa Tríplice* infunde no indivíduo cores, formas, movimentos e uma exploração intricada, porém simples, das dimensões sagradas da vida. Cada figura foi criada com o propósito de estimular o palato da alma aprimorada. Cada período da história tem um toque de encantamento que é acentuado pelos estilos de sua arte, de sua música, literatura e arquitetura. A estrutura arquitetônica e o estilo literário de *O Tarô da Deusa Tríplice* são tanto modernos quanto primitivos. Por isso, o baralho tem o propósito de inspirar o desenvolvimento da imaginação e do espírito por meio da ótica da arte e do imaginário da Deusa.

Capítulo 3

Integração do Feminino Divino no Novo Milênio

Vivemos num mundo que perdeu o seu centro sagrado de unidade, a sua relação de intimidade com o Grande Útero que é a Mãe de todos nós. Por isso, existem hoje muito poucos que podem nos servir de guias ou de exemplos de integração do Feminino Divino. Na verdade, a Deusa esteve escondida por tanto tempo que é muito difícil imaginar como seria tê-la integrada nas nossas vidas e harmonizada com nós mesmos e com o planeta. Temos fome dela sem saber do que exatamente temos fome e sem saber como satisfazer essa fome. E, se o Princípio Maternal tem estado ausente em nossa vida, nós, enquanto corpo coletivo, nos esquecemos de como alimentar o nosso espírito. Nos últimos dez anos mais ou menos, temos assistido ao surgimento de inúmeros livros com títulos que se referem a essa fome espiritual de paz e sentimento mais profundos. Nesse contexto, é de vital importância resgatar os mitos que reverenciam os antigos mistérios femininos e aprender a integrá-los na nossa vida cotidiana.

Como já vimos neste livro, a equação original e mais fundamental da Trindade é a do Grande Útero Primordial identificado com o ritmo das forças cíclicas do nascimento e da morte. A Deusa manifestou essa Trindade em múltiplas formas nas culturas antigas. Com isso em mente, vale a pena examinar a Deusa Tríplice de uma perspectiva transcultural em busca de inspiração sobre como conduzir nossa vida no século XXI. Podemos extrair dos arquivos certas figuras particulares da Deusa que talvez queiramos integrar, aquelas que parecem especialmente relevantes e benéficas para todos os que vivem no mundo de hoje.

Vesta

A Deusa Vesta era a guardiã romana da lareira sagrada na qual uma chama imaculada estava sempre acesa. Vesta era a versão romana da Deusa grega Héstia, cujo nome significa literalmente "deusa da lareira". A lareira de Vesta e Héstia era uma versão do útero da terra, o centro cálido da casa, da família e da prole. A função de Vesta é acender a lareira. Aqui, o centro, ou o foco, é a chave. Em sua aspiração e sua forma mais elevadas, ela conserva a casa e o corpo limpos e, portanto, tem uma aura pura e capacidade para criar espaços sagrados. Uma de suas mensagens é "Conheça suas verdadeiras paixões". Entretanto, Vesta mantém a temperatura da casa amena – nem quente ou exaltada demais, nem fria ou distante demais –, mas a temperatura certa para manter tudo funcionando perfeitamente. Ela também nos inspira a estabelecer uma ponte entre os mundos da razão e das emoções, a trabalhar consciente e habilmente com energias potencialmente voláteis e destruidoras.

Vesta também era a regente dos rituais. Acender a lareira constituía um ritual diário de invocação da presença da Deusa. Esse ritual garantia proteção. Na nossa vida cotidiana, criar círculos sagrados – sejam eles em torno de uma fogueira ou não – invoca um enorme poder para o grupo, trazendo-lhe espírito de comunidade e propósito para organizar-se em torno de temas comuns a fim de que o coletivo, o "corpo social", possa ser curado e realizar boas ações no mundo.

Em seu templo em Roma, o fogo de Vesta era extinto ritualmente uma vez por ano. Durante o tempo em que ele permanecia apagado, era oferecida a oportunidade de entrega às trevas, de submissão a um processo de transformação e de desejo do retorno da luz. Assim – se estamos vivendo de acordo com os princípios da Deusa Tríplice Vesta – permitimos que a luz se apague ocasionalmente. Isso, por si só, educa a vontade; nos impulsiona para a luz, em direção ao despertar; nos torna alertas, presentes, conscientes. Por meio desse processo, somos abençoados com a experiência de reacender o fogo. Se não tivéssemos passado pela escuridão, não saberíamos apreciar a luz e vice-versa. Chegamos às vezes a invocar as trevas para aprender a não ter medo delas. Viver de acordo com a Deusa no novo milênio significa, entre outras coisas, invocar e aceitar as trevas, o lugar do útero fértil.

A Lua

A Lua é vista como Deusa Tríplice em muitas culturas, por ser o único planeta ou astro visível no firmamento que parece – da perspectiva da Terra – mudar de forma, como o corpo da mulher. Como Deusa do céu, a Lua Nova representa a Deusa enquanto donzela, ou o fruto fértil, e o início da menstruação. A Lua Cheia representa a Deusa enquanto mulher em sua totalidade, incluindo a gravidez e o processo de parto. A Lua Minguante representa a Deusa enquanto mulher sábia, abarcando os processos de menopausa e envelhecimento.

A Lua ilumina os nossos sonhos. Quando dormimos, invocamos as imagens que se agitaram no nosso espírito durante o dia. Nossos sonhos são lembranças de nossa vida acordada e, por meio deles, o inconsciente é trazido à luz pelo brilho da Lua. Temos a oportunidade de examinar os eventos diários à luz desses símbolos e imagens inspirados na Lua.

Um modo de reverenciar a Lua é prestando atenção nos sonhos e procurando interpretá-los. São necessários esforço e discernimento para atravessarmos o caos e os possíveis enganos de nossos sonhos para chegarmos ao seu núcleo de verdade. A Lua é nossa inspiração interior. As antigas civilizações consideravam esses impulsos internos um modo auxiliar de entender o mundo exterior. Elas tinham, por necessidade, uma relação mais próxima com a Lua. Para sobreviver, as pessoas eram obrigadas a confiar em sua sabedoria intuitiva e instintiva. Elas sabiam se comunicar com as flores e as árvores, como também com os pássaros e outros animais, e acompanhar o curso dos astros. Sabiam ouvir, ser receptivas. Um modo de vivificar a consciência da Deusa é aprender a receber, a tornar-se um cálice, como o Santo Graal, para que a nossa taça se encha de vida nova e de energia vital.

Deméter

Deméter, a Deusa dos cereais, presidia à colheita abundante da vida. Na mitologia romana, ela é conhecida como Ceres. Ambas são representadas como o "arquétipo da mãe", contendo simbolicamente os atributos da Deusa Tríplice no contexto da lenda que se refere a elas.

Conta o mito que Perséfone, a filha adorada de Deméter, estava com suas amigas colhendo flores numa campina quando foi atraída por lindos botões de narciso à beira do rio. Quando se aproximou para colher as flores, a terra se abriu. Hades, o Deus do mundo inferior, emergiu das cavernas do fundo da terra em sua carruagem de ouro e raptou-a.

Deméter ouviu de longe os gritos da filha e correu em seu socorro, mas em vão. A Mãe enlouquecida procurou-a durante nove dias e nove noites, atravessando toda terra e todo oceano, sem conseguir encontrá-la. Ela não parava para comer, beber, dormir ou tomar banho nessa procura desesperada pela filha.

No alvorecer do décimo dia, Deméter encontrou Hécate, Deusa da Lua Escura e das encruzilhadas, que sugeriu que fossem até Hélio, Deus do Sol, em busca de ajuda. Hélio informou à Deméter que Perséfone havia sido raptada e aconselhou-a a aceitar o fato. Enfurecida, Deméter dispensou seu conselho e, disfarçada de velha, percorreu o país lamentando sua sorte e, com isso, trazendo a fome para o mundo por negligenciar suas funções habituais.

Por fim, Zeus – que era o responsável pelo planejamento do rapto – enviou sua mensageira Íris para explorar a situação e persuadir Deméter a retornar ao Olimpo para que o solo estéril voltasse a produzir grãos e frutos. Deméter recusou-se a voltar enquanto Perséfone não fosse libertada. Zeus enviou, então, Hermes ao inferno para libertar Perséfone que, ludibriada por Hades, fora levada a comer seis sementes de romã. A lei dizia que quem comesse no reino de Hades estava destinado a permanecer ali para sempre, de maneira que Perséfone estava para sempre confinada às cavernas profundas da terra. Furiosa e inconsolável, Deméter negociou com os deuses para mudar o destino de Perséfone, de maneira que ela pudesse viver seis meses no inferno e seis meses na terra com sua mãe.

Metaforicamente, o mito de Perséfone e de Deméter explora as três fases da vida da mulher, ou seja: a da donzela, Perséfone; a da mãe, Deméter; e, como velha, Hécate. A donzela vai para o jardim da vida com inocência, inconsciente dos lugares escuros que aguardam seu processo de amadurecimento. O mundo subterrâneo representa o grande útero que contém o mistério de nossa fertilidade e nossa criatividade. Para uma mulher ser completa, ela terá de penetrar nesse território e explorar as partes de si mesma que podem raptar ou trair sua verdadeira criatividade. A mãe perde a filha, ou a sua própria juventude, para o contínuo mistério do envelhecimento. Durante os anos da menopausa, é possível que a mulher sofra um processo de perda ao passar para a próxima fase da vida. A velha leva o feminino para a luz do despertar que revelará a verdade. Nessa fase, a mulher precisa encontrar um modo de compreender e equilibrar a sua vida com uma nova percepção da história "total" da sua vida. Por último, a mulher vai encontrar consolo e paz interior ao compreender os aspectos claros e escuros da vida e aceitar o processo de envelhecimento pelo qual passa todo ser humano.

Em nossa vida cotidiana, é essencial que aprendamos a nos alimentar interna e externamente. Deméter representa os grãos e os frutos; assim, ela nos ajuda a encontrar um meio de alimentar o nosso corpo e o nosso espírito. Por raiva, podemos nos matar de fome. Podemos nos alimentar inadequadamente porque nos sentimos carentes. Podemos não saber discernir entre o verdadeiro alimento para o espírito e o alimento ilusório do desejo. Como o corpo da mulher acompanha os ciclos da Lua, sua biologia interna tem relação com os humores e emoções de uma cultura coletiva. O que essa cultura lhe diz sobre o seu corpo, suas necessidades, sua beleza e seu valor? Encarar essas questões e encontrar novas respostas para a sua complexidade vai curar o Feminino Divino no mundo de hoje. Toda mulher é Deméter, Perséfone e Hécate. Cada mulher é única em si mesma. O caminho para a libertação impõe a cada mulher um exame honesto de sua disposição para cruzar o limiar de suas trevas e encontrar nelas o tesouro de sua luz.

O Ressurgimento da Deusa Tríplice

Além de integrar em nossa vida a sabedoria dos mitos antigos, é também importante criar novos mitos e imagens apropriadas aos desafios que o novo milênio nos apresenta. Ao *Tarô da Deusa Tríplice*, acrescentamos quatro cartas aos 22 Arcanos Maiores do tarô tradicional. Ao fazer isso, não é nossa intenção desrespeitar a configuração tradicional dos Arcanos Maiores. Nosso propósito, com isso, é ajudar a antecipar o novo milênio com os arquétipos da Deusa Tríplice especificamente criados e interpretados para responder aos desafios que enfrentamos hoje.

Essas novas imagens ampliam e iluminam a trajetória evolutiva do tarô. A Deusa Tríplice foi enterrada e ressurgiu muitas vezes na história, o que está acontecendo agora. Ela está pronta para retomar seu lugar na consciência da humanidade nas formas que são mais apropriadas para os dias de hoje. Este livro/baralho abre o caminho para a volta Dela ao nosso coração e à nossa mente, porque o que está fazendo falta hoje é um milagre nas proporções de uma nova Trindade.

Se quiséssemos criar uma imagem condensada que representasse a essência da Deusa Tríplice, uma espécie de "Tríplice Deusa Tríplice", com base nos fragmentos de informação que hoje temos disponíveis em todo o mundo, bem como nas imagens que fazemos da Deusa, poderíamos descrevê-la da seguinte maneira:

No centro da imagem, vemos os aspectos Velha/Mãe/Filha da Deusa Tríplice, com a Velha dando à luz a Mãe e a Mãe dando à luz a Filha. Diretamente acima de suas cabeças, a Lua é apresentada em suas fases crescente, cheia e minguante. A Filha está sentada entre as pernas de sua Mãe e Avó sobre um Disco Solar no meio do oceano. Em seu corpo nu de pele morena, vemos os sete centros energéticos, os chakras, em espirais de luzes nas cores do arco-íris. Cada uma das três mulheres usa uma coroa com três pontas na cabeça, em torno da qual se enrosca um total de sete cobras. O aspecto Filha segura uma flor de três pétalas sobre o Chakra do Coração. Sua perna direita está estendida para o mundo, enquanto a esquerda está dobrada para baixo de seu corpo numa postura de oração e meditação. Essa tríade Velha/Mãe/Filha está no centro de uma estrela de seis pontas, formada por dois triângulos sobrepostos, um apontado para cima e outro para baixo. Circundando essa estrela, há uma auréola bordejada por uma faixa espiralada de chamas do saber.

Seria difícil condensar toda a iconografia da Trindade numa única imagem visual. No entanto, Mara Friedman realizou o belo trabalho de captar a essência dessa "Tríplice Deusa Tríplice" na carta da Trindade, a número 33 de *O Tarô da Deusa Tríplice*. A Trindade é a Deusa Tríplice em sua expressão máxima, em toda a sua glória triádica. Ela é o ápice do panteão triangular de Deusas Tríplices. Às vezes, o que é preciso para se enfrentar os desafios do novo milênio é apenas a lembrança dessa "Tríplice Deusa Tríplice", capaz de dar forma a uma consciência radicalmente nova.

Essa nova "Tríplice Deusa Tríplice" incorpora uma grande série de temas tríplices, entre muitos outros: nascimento, morte e renascimento; Velha, Mãe e Filha; passado, presente e futuro; Sol, Lua e Terra; corpo, alma e espírito; corpo, expressão e mente; Mãe, Filha e Alma Santa; crescente, minguante e cheia; atração, repulsão e meio-termo. Ela supera as dicotomias entre espírito e matéria, ativo e passivo, masculino e feminino, Sol e Lua, sabedoria e compaixão, atração e repulsão etc. Além disso, Ela está totalmente desperta e é autossuficiente (virginal), embora infinitamente compassiva e engajada no mundo. Ela é o Sol da sabedoria flamejante que pariu o mundo, a Lua aquática que nos protege com seu útero e a Terra que nos dá o chão sobre o qual pisar.

Tudo o que existe nasceu do útero da Trindade e, portanto, como uma expressão íntima Dela, embora Ela periodicamente se esvazie para o mundo de uma maneira mais intencional e focalizada. Ela encarna na forma de homens e mulheres evoluídos, como Yeshe Tsogyal, Santa Brígida, Virgem Maria, Jesus Cristo e Buda. Esses seres ascensionados, despertos ou ungidos, permanecem na Terra por um tempo, curando e ajudando os outros, para então se entregarem ao útero/mundo subterrâneo, mais tarde renascendo ou ressurgindo numa dança cíclica que purifica e redime a todos nós. A Trindade é a Grande Protetora, a Salvadora do novo milênio. Ela aparece na forma que o nosso tempo exigir.

Além da Trindade, três outras Deusas Tríplices foram acrescentadas ao baralho de tarô – Bem-Aventurança Infinita, Verdade Infinita e Potencial Infinito. Essas quatro novas cartas representam o retorno da felicidade, da verdade, do foco e da consciência numa volta superior da espiral evolutiva. Essas inovações estiveram em gestação no útero da Deusa Tríplice por longo tempo, recebendo suas estruturas celulares do reservatório de sua sabedoria universal. Essas novas dimensões de felicidade, verdade, foco e consciência representam o potencial futuro da humanidade, quando finalmente estaremos em harmonia tanto com a esfera do tempo quanto da eternidade. "Assim na terra como no céu" – ao refletirmos sobre essas palavras, identificamos a verdade eterna que elas representam, uma sabedoria passada de geração a geração para que possamos finalmente reconhecer o que já somos, a "Alma do Florescente Novo Mundo".

A capacidade da Deusa Tríplice de dar nova forma ao mundo moderno com seu amor infinito e sua sabedoria divina está refletida nessas imagens. É chegada a hora de imaginar e acolher de novo a Deusa Tríplice, de procurar respostas e deixar o velho mundo morrer. Precisamos ouvir a nova voz emergindo do fundo de nossa mente e nosso coração. Não há mais lugar para mentiras, pragas ou injúrias. Atendendo ao chamado do oráculo milenar, a nova Deusa Tríplice volta a emergir do útero de infinitas possibilidades. Quando despertamos com Ela – vivos, vibrantes e renovados – estamos aprendendo modos de expressar e afirmar a suprema perfeição que somos. Ela inspirou a criação de *O Tarô da Deusa Tríplice* com suas muitas camadas de imagens arquetípicas. Uma maneira de integrar o Feminino Divino é formar um círculo de mulheres usando *O Tarô da Deusa Tríplice* como base e instrumento para facilitar as atividades do grupo.

Uma nova escola de mistérios está emergindo no Ocidente depois de dois mil anos de dominação cristã. Precisamos passar do pensamento logocêntrico para a visão da realidade. Tendo os olhos abertos, veremos a Deusa Tríplice em todas as partes. Na verdade, Ela nunca esteve perdida. Fomos apenas nós que a perdemos de vista. Ficamos enredados no movimento das ondas e esquecemos que descansamos eternamente no oceano.

A Deusa Tríplice está viva na totalidade da encarnação, na sabedoria da terra com seus ciclos e ritmos naturais. Ela nos fala por meio das flores, das árvores e das plantas. Ela está viva nos ensinamentos herméticos harmonizados com o mundo da natureza. Cada um de nós é a Deusa Tríplice e cada corpo nosso, seu templo. Estávamos presentes no nascimento deste universo e, mais além, na morte daquele que o precedera. Ouvimos a primeira vibração sonora e a primeira palavra pronunciada. Demos forma ao caos e ficamos conhecidos como a Mãe do Mundo. É chegada a hora de lembrarmos quem somos e de atuarmos como a verdadeira Deusa Tríplice que somos em resposta a tudo que venha a acontecer no nosso caminho.

Capítulo 4

Como Usar o Tarô da Deusa Tríplice no Dia a Dia: Modos de Dispor as Cartas e o Jogo Sagrado

> O culto da Deusa simbolizava a procura da essência da alma pelo homem. O mito da Deusa é, portanto, eterno, pois está profunda e instintivamente ligado ao destino da humanidade. É só pela realização do potencial feminino de receber e dar, de novo e de novo, que a humanidade acabará alcançando sua libertação final.
>
> Manuela Dunn Mascetti

O *Tarô da Deusa Tríplice* tem como objetivo proporcionar uma experiência de integração do mundo da cosmologia arquetípica e do corpo da mulher e suas emoções. Essa integração é mais bem espelhada nos ritmos essencialmente femininos da natureza. Se sabemos como interpretá-la, a Deusa Tríplice em suas múltiplas manifestações pode lançar luz sobre o grande mistério da vida que constitui o ciclo de nascimento, morte e renascimento. Podemos ver isso em suas manifestações como: Madona Negra, que sai de seu útero em forma de caverna escura para a luz do dia a cada nova primavera; Ísis, com seu parto mítico da Terra, do Sol e da Lua; Virgem Sofia, dando à luz sua própria criança interior; as três primeiras fases da Deusa Lua, crescente, cheia e minguante; e a tríade formada por Donzela, Mãe e Velha.

A Grande Deusa nos dá a capacidade real de fundir o plano espiritual do firmamento estelar com o plano temporal da terra verdejante. Se quisermos seguir um caminho de equilíbrio e totalidade e nos arrancar da beira da destruição, isso é algo que precisamos fazer. Uma maneira de fazê-lo é integrando mito, lenda, canto, dança, religião e cura à arquitetura ou ao esquema do dia a dia. Ao nos aproximarmos hoje do Feminino Divino, sonhos e visões emergem de seu poço de imagens e mistérios.

Pense por um instante no que significa a palavra *mistério*. Seu significado óbvio é "o que está oculto, culto secreto ou algo difícil de explicar". No dicionário consta que, no plural, a palavra *mistérios* refere-se a rituais secretos, cerimônias e sacramentos religiosos conhecidos apenas dos iniciados. Considere as origens dessa palavra. Ela é derivada da palavra grega *mysterion*, que tem relação com *mu*, que significa "de olhos fechados", e com *mystes*, que significa "aquele que é iniciado". É chegada a hora de o véu do mistério ser erguido. Os olhos que estavam fechados têm de ser abertos novamente. Temos de reconhecer que o caminho da iniciação e da libertação última é o caminho do místico e do xamã. É o caminho que abarca o maior de todos os mistérios, que é o mistério que envolve o nascimento e a morte.

Considere a evolução da semente plantada na terra, regada pelo sereno da Lua, erguendo-se em direção à luz do Sol até alcançar a plenitude total, criando frutos que, por sua vez, tornam-se sementes. Os ciclos planetários têm uma inteligência cósmica primitiva que não pode ser negada. Cada um de nós é um minúsculo microcosmo, uma galáxia em miniatura, fluindo e refluindo com ritmos e ciclos iguais aos dos planetas, das estrelas e do mundo da natureza em geral.

Nossa pequena mente tenta controlar ou moldar a evolução de nossa vida em momentos decisivos, quando o curso cíclico natural da provação está tentando dar forma ao desabrochar único do nosso destino. É nesses momentos de descida ao mundo subterrâneo, ao grande útero da Deusa, que mais podemos nos beneficiar do uso correto dos instrumentos secretos que temos à nossa disposição, como a astrologia, a cura profunda do corpo, a meditação e os oráculos divinatórios. Uma investigação como essa possibilita uma revisão objetiva das circunstâncias de nossa vida, das áreas possíveis de serem transformadas e das oportunidades futuras para o crescimento e o despertar.

O Tarô da Deusa Tríplice é um desses instrumentos secretos. Ele pode ser usado na vida comum com facilidade e simplicidade, como um modo de estabelecer ligação com os mistérios profundos da Trindade relativos aos ciclos do nascimento e da natureza. Cada pessoa que usar o livro/baralho terá a oportunidade de render-se aos ritmos naturais da inteligência do corpo, vistos no contexto do espírito permeando tudo, de uma maneira simples e prática. Isso é alcançado por meio do uso do sistema de arcanos do tarô, dos ensinamentos esotéricos relacionados com os sete chakras de espirais luminosas, bem como da inteligência e das imagens arquetípicas.

Conhecer os principais centros de energia no corpo humano é o primeiro passo para a iluminação a partir do corpo. O segundo passo é aprender a aplicar a imaginação, o conhecimento arquetípico e a inspiração à natureza de nossos instintos, à estrutura primitiva e à índole de nossa alma. Deixe que a sabedoria do Feminino Divino seja seu guia ao abrir o coração para *O Tarô da Deusa Tríplice*.

De que Maneira este Baralho Pode Funcionar a seu Favor?

As figuras, a linguagem e o jogo sagrado de *O Tarô da Deusa Tríplice* foram criados para homens e mulheres desejosos de integrar o Feminino

Divino a seu cotidiano como meio de inspiração e renovação de sua vida. Você não precisa de nenhuma experiência anterior com tarô, chakras ou ensinamentos espirituais para trabalhar com esse sistema divinatório; você vai aprender a usá-lo usando-o. Qualquer que seja seu nível de contato com o misticismo, você perceberá que o Feminino Divino se adapta perfeitamente a seu nível de iniciação. Os modos de dispor as cartas são simples e diretos com instruções e orientações claras. Elas vão ajudar você a focalizar sua intenção de despertar, permitindo que este livro/baralho torne-se um companheiro que abre constantemente a janela de sua alma para o mistério da Deusa Tríplice.

Mesmo que você prefira não usar os modelos de disposição das cartas apresentados aqui, poderá ainda assim tirar proveito da capacidade de transformação deste sistema. Você poderá usar as cartas do Baralho Alquímico como mensageiras. Escolha uma carta para receber uma mensagem sobre você, a situação que está vivendo ou sobre uma pessoa querida. Faça isso como ritual diário, no dia do seu aniversário ou em qualquer momento em que estiver precisando de orientação interna e de reflexão. As cartas prestam-se perfeitamente para serem usadas em grupos de homens ou mulheres, rituais ou reuniões de qualquer natureza. Escolher as cartas dentro de um grupo e ler as mensagens em voz alta uns para os outros é uma forma de desenvolver a confiança e a boa vontade entre pessoas já amigas ou que possam vir a ser. O mesmo vale para as cartas do Baralho dos Chakras. Ele pode ser usado como um pequeno baralho à parte para ajudar você a manter-se em alinhamento e sintonia com seu corpo físico.

Em Sintonia com as Cartas

Quer você compre o seu próprio livro/baralho de *O Tarô da Deusa Tríplice* ou o ganhe de presente, é aconselhável que você se aproprie dele abrindo-se inteiramente para as possibilidades que ele representa. Tire um tempo para abençoar o baralho à sua própria maneira e oferecer seu trabalho e jogo sagrado ao Feminino Divino.

Também, antes de cada sessão, tire um tempo para entrar em sintonia com as cartas à sua própria maneira. A coisa mais importante é colocar uma intenção na consulta e abrir o coração para a sabedoria que deseja se manifestar. Ao embaralhar as cartas, trate-as com uma atitude de respeito e elas responderão com bons serviços. Mostre gratidão, e as graças da cura lhe serão concedidas. Seja responsável e direto, pois a beleza de seu caminho espiritual é uma grande bênção. Que o amor abunde e se multiplique em todos os dias, em todos os minutos e segundos da sua vida. Seja verdadeiro, e este baralho vai abençoá-lo.

Escolha o Modo de Dispor as Cartas

São sete os modos de dispor as cartas de *O Tarô da Deusa Tríplice* propostos neste livro, em concordância com as sete cores do arco-íris e os sete centros energéticos do corpo humano. São elas: Tríplice Arco-Íris; Deusa Lua; Corpo, Alma e Espírito; Mapa dos Sete Chakras no Corpo; Mensagem da Alma; Mensagem do Corpo; e Sintonia com a Terra. Este baralho tem como propósito servir de recurso para a sua família, o seu círculo de amigos e a sua prática de cura, como também de guia pessoal para você mesmo(a). À medida que você for se familiarizando com essas diferentes formas de dispor as cartas, defina aquela que for melhor para você e quais as que deseja usar com clientes ou com amigos e familiares.

Se você é massoterapeuta, talvez queira usar as cartas do Baralho dos Chakras com seus clientes para ajudar a detectar a área do corpo que esteja com bloqueios ou retendo padrões antigos de tensão. Ou oferecer uma carta do Baralho Alquímico a um cliente enquanto espelho arquetípico do potencial de cura. O astrólogo, por sua vez, pode querer utilizar-se das disposições da Mensagem da Alma ou do Tríplice Arco-Íris como meios de oferecer imagens que possam atrair a inspiração durante uma sessão em que é aprofundada a linguagem da astrologia. Se você tem o dom intuitivo de guiar ou ensinar, poderá usar este baralho como um meio de dispor em camadas as informações e os recursos ao investigar as necessidades e mudanças profundas na vida de seu cliente. A disposição da Sintonia com a Terra pode ser usada quando estiver se autoajudando ou ajudando um cliente a conhecer o poder e a energia de certos lugares da Terra e o efeito que eles têm sobre o próprio corpo. Você pode combinar essa técnica com a arte do mapa astral, que faz um diagnóstico astrológico dos alinhamentos planetários.

Não hesite em criar seus próprios modos de dispor e usar as cartas. Eles foram feitos para ser uma fonte infinita de informações e modos de curar. E, o mais importante de tudo, deixe que eles ajudem você a ajudar o mundo.

> Uma única boa ação vale por mil orações.
> ZARATUSTRA

OS MODOS DE DISPOR AS CARTAS

1. O Tríplice Arco-Íris (Cartas do Baralho Alquímico e dos Chakras)

O objetivo desta disposição é realçar a manifestação da trindade formada por amor, luz e sabedoria, que corresponde à divindade do arco-íris, ou aura, e ao sistema energético do próprio corpo. De acordo com os ensinamentos hinduístas, o sistema energético humano é constituído de sete corpos sutis que envolvem e permeiam o corpo físico. Acredita-se que a aura seja formada pela radiação elétrica e magnética desses corpos. Cada corpo sutil tem uma aura própria com sua cor e seu som peculiares. Essas cores mostram a evolução da alma e o estado de saúde de cada corpo.

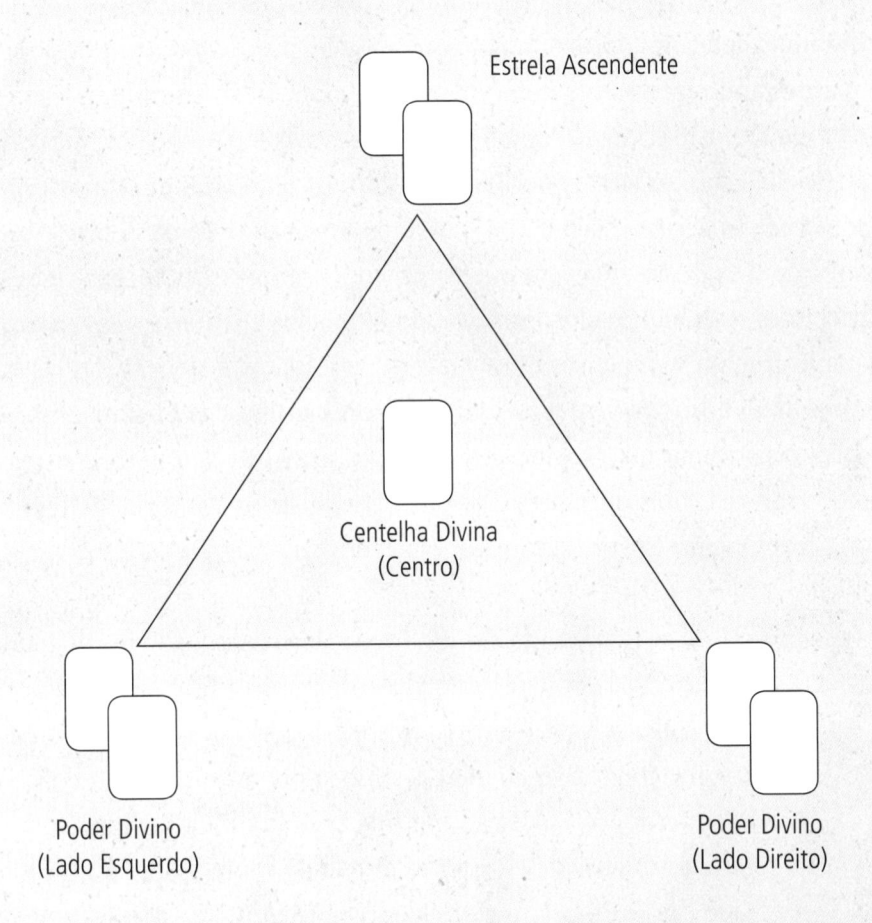

Estrela Ascendente

Centelha Divina
(Centro)

Poder Divino
(Lado Esquerdo)

Poder Divino
(Lado Direito)

A Disposição do Tríplice Arco-Íris

Espalhe as 26 cartas do Baralho Alquímico com as faces viradas para baixo. Com essas cartas assim dispostas, espalhe as sete cartas do Baralho dos Chakras, também com as faces voltadas para baixo. Pegue uma carta do Baralho Alquímico e uma carta do Baralho dos Chakras para cada posição do triângulo mostrado no diagrama acima. Para a posição do centro, pegue uma carta apenas do Baralho Alquímico. Você escolherá um total de sete cartas, duas para cada ponta do triângulo e uma para o centro.

As três cartas do Baralho Alquímico localizadas nos três pontos do triângulo determinam os temas e as qualidades arquetípicas que estão se manifestando interiormente no momento, ajudando a equilibrar a vontade e a intuição criativa, enquanto as três cartas do Baralho dos Chakras associadas com as cartas do Baralho Alquímico do triângulo mostram para você as áreas de seu corpo que estão precisando de equilíbrio e renovação. Essas são áreas em que os padrões e impressões inconscientes podem estar armazenados, provocando bloqueios e situações restritivas que costumam se repetir muitas e muitas vezes. Preste atenção nas cores e nos símbolos representados nas cartas do Baralho dos Chakras. Essas cores constituem um espelho dos padrões áuricos de sua própria alma, mostrando as cores que você pode querer atrair para a sua vida a fim de promover a cura e estimular maior clareza.

Lado Direito: Representa a minha vontade, o aspecto divino do meu eu dotado de poder, coragem, autoridade e liderança. Eu uso este poder para dirigir as decisões que tomo na minha vida e que me conduzem ao meu destino supremo.

Lado Esquerdo: Esta posição representa o amor e a luz que envolvem a minha vida, o aspecto divino da minha alma que é dotado de intuição, criatividade, entusiasmo, percepções e receptividade. Eu uso este poder para dirigir os modos de abrir minha vida para a capacidade criativa.

Estrela Ascendente: É o ápice da trindade. Sou agraciado com uma mensagem do meu anjo da guarda, meu eu superior, que me protege ao longo do caminho do renascimento e da totalidade. Este ponto une meus lados esquerdo e direito.

Centro: É a morada da minha alma, a centelha divina que ocupa o centro da vida. É o centro do meu universo. Girando energias luminosas e abrindo os canais para o amor, este é o útero que dá origem a tudo e rege o meu destino. Esta carta representa o poder da proteção inocente e do eterno apoio.

Afirmação

Meu corpo irradia luzes multicoloridas, pois eu sou a Deusa do Arco-Íris. Meu ser incorpora o espectro de possibilidades contidas na beleza do arco-íris. Eu levo esperança em minha alma enquanto me preparo para encontrar o meu "pote de ouro" no fundo do meu coração. Estou renascendo e renovando a minha vida enquanto avanço em direção a novos planos de experiência e serviço. A vastidão da luz de meu arco-íris ilumina meu espírito e despeja sobre minha alma um turbilhão de cores tremeluzentes.

2. *A Deusa Lua (Só Cartas do Baralho Alquímico)*

A Deusa Tríplice preside todos os atos de criação, seja física, intelectual ou espiritual. Essa forma de dispor as cartas representa os estágios atuais de sua vida refletidos pelos aspectos tríplices da Deusa que têm ligação com as fases da Lua: crescente (nascimento e crescimento); cheia (vida ou renascimento); e minguante (morte periódica). Essa tríplice configuração forma um círculo mágico de novos começos, realização ou pleno potencial e conclusão que inspirou a imaginação de todas as culturas e os sistemas mitológicos do mundo. A Deusa Lua é simbolizada pela imagem de uma jovem na fase da Lua Nova, de uma mulher/mãe na fase da Lua Cheia e de uma velha ou mulher sábia na fase da Lua Minguante.

Este modo de dispor as cartas mostra uma imagem do movimento progressivo que você está fazendo neste momento de sua vida em que se depara com o desdobramento dos potenciais da Deusa Tríplice. Exatamente como a Lua muda de fase, nós também mudamos com o ritmo da vida. Damos vida a novas possibilidades (Lua Nova) na medida em que nosso novo eu faz brilhar a luz da totalidade (Lua Cheia). Quando incandescemos com nova inspiração, nosso propósito de servir é acrescido de sabedoria (Lua Minguante). Essa tríade de sabedoria feminina pode lhe mostrar: (1) que aspecto de sua vida você está dando à luz; (2) como é esse novo eu em sua forma criativa totalmente liberada; e (3) o modo pelo qual você pode ajudar melhor o mundo ao integrar essa consciência no seu cotidiano.

Espalhe todas as 26 cartas do Baralho Alquímico com as faces viradas para baixo. Escolha três cartas – para representar a Lua Nova, a Lua Cheia e a Lua Minguante – e disponha-as de maneira a formar um triângulo, conforme indicado no desenho da página 89.

> **Carta 1:** Esta carta representa a fase da Lua Nova. Novas sementes de consciência foram plantadas nas profundezas das regiões férteis de sua vida interior. Elas estão começando a brotar e erguer-se na direção da luz brilhante da Lua. Esses potenciais recentemente plantados e regados estão crescendo interiormente. Deixe que a imagem dessa posição inspire você com novo sentido para que possa alcançar mais alto e apropriar-se dos potenciais que ela oferece.
>
> **Carta 2:** Esta carta representa a fase da Lua Cheia. O florescimento da identidade desperta alcançou seu apogeu e, como a Lua Cheia, oferece ao mundo uma bela visão de gratidão, generosidade e totalidade. Permita que essa imagem reflita discernimento e sabedoria. Essa imagem lhe é oferecida como espelho do seu potencial e do seu propósito máximos. Não hesite em oferecer ao mundo seus inúmeros dons, enquanto continua a procurar dar plena expressão ao novo ser que está emergindo.
>
> **Carta 3:** Esta carta representa a Lua Minguante. Tendo consumido a luz e a sabedoria da plenitude da posição da Lua Cheia, agora você está preparado para contribuir para o mundo à sua volta.

Esta carta indica as qualidades que você tem mais disponíveis em sua jornada de serviço e dedicação. Deixe que esta imagem lhe mostre o modo pelo qual o mundo poderá receber seus talentos e dons de curar.

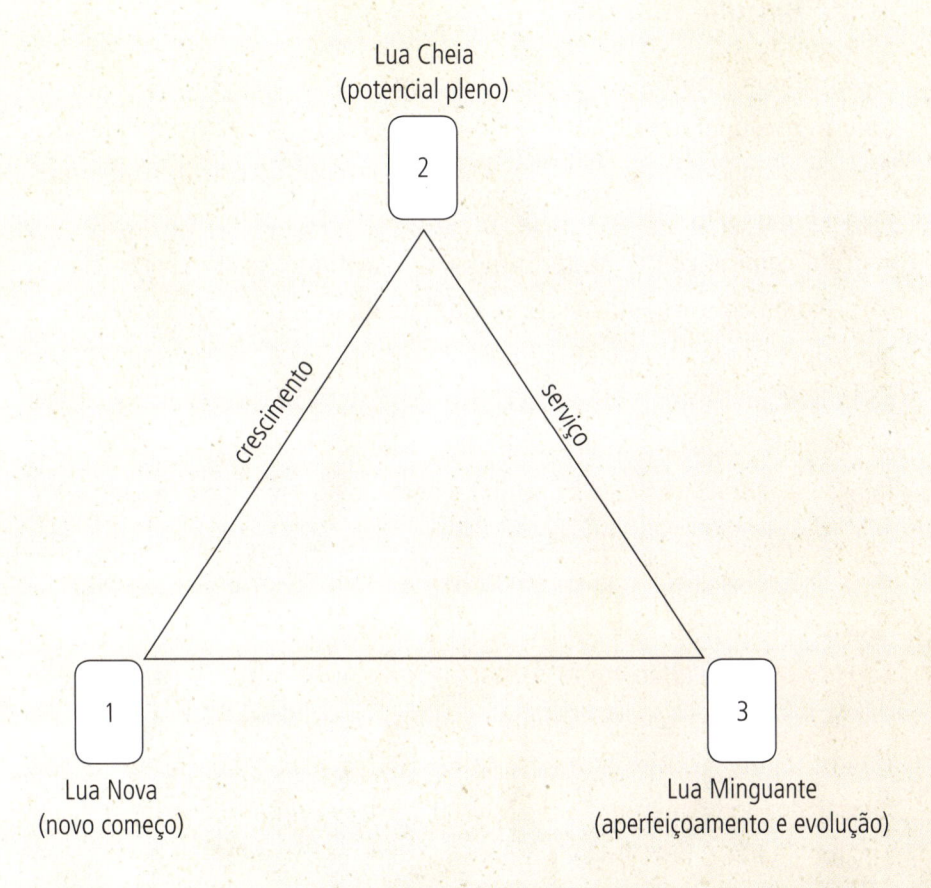

```
                    Lua Cheia
                (potencial pleno)
                      ┌───┐
                      │ 2 │
                      └───┘
                      /   \
           crescimento      serviço
                  /           \
              ┌───┐           ┌───┐
              │ 1 │           │ 3 │
              └───┘           └───┘
           Lua Nova         Lua Minguante
        (novo começo)   (aperfeiçoamento e evolução)
```

A Disposição da Deusa Lua

Afirmação

A Lua é o recipiente líquido do mistério divino. Que eu possa beber do útero da Deusa Lua e desvendar os segredos da sua eterna sucessão de ciclos. Meu corpo e minha consciência refletem a essência do ciclo de nascimento, morte e renascimento. Meu coração e minha alma resplandecem com essa eterna e abençoada luz.

3. Corpo, Alma e Espírito (Cartas do Baralho dos Chakras e do Baralho Alquímico)

O mundo apresenta-se para a humanidade de uma forma tríplice, e cada indivíduo entrelaça esse padrão tríplice ao tecido de sua vida cotidiana por meio da equação formada por corpo, alma e espírito. Em primeiro lugar, pela experiência da vida no corpo físico, nos colocamos em contato com as coisas deste mundo. Em segundo, pela experiência do corpo anímico, tornamos a vida algo dotado de significado subjetivo. A alma abre-se para dois lados, o físico e o espiritual. Ela existe no interior do indivíduo como um mundo criativo à parte. E, por fim, pela experiência do puro espírito, ou do ser divino, somos inspirados a buscar uma relação de abnegação com o mundo. Por meio do espírito, o mundo exterior se revela mais sublime.

Essa disposição tem como objetivo proporcionar a você a possibilidade de olhar para esse padrão tríplice do modo como ele se manifesta na vida cotidiana. No curso da nossa evolução, estamos sempre procurando estabelecer relações com o mundo à nossa volta. Tal como observamos os minerais, as plantas e os animais, bem como a natureza em sua totalidade, podemos também observar a raça humana. Por meio desse espelho divino, a humanidade tem capacidade para conceber novas ideias, novos modos de pensar e novas formas de expressão. Somos dotados de um talento único que nos permite estabelecer relações com os mundos interiores da alma e do espírito, enquanto nos mantemos em alguma medida separados dos aspectos da vida no corpo físico que estão mais ligados aos instintos. Essa capacidade pode se manifestar de forma destrutiva ou sublime, é claro, dependendo da consciência do indivíduo e de sua relação com o mundo natural.

Espírito
(fogo, inspiração)

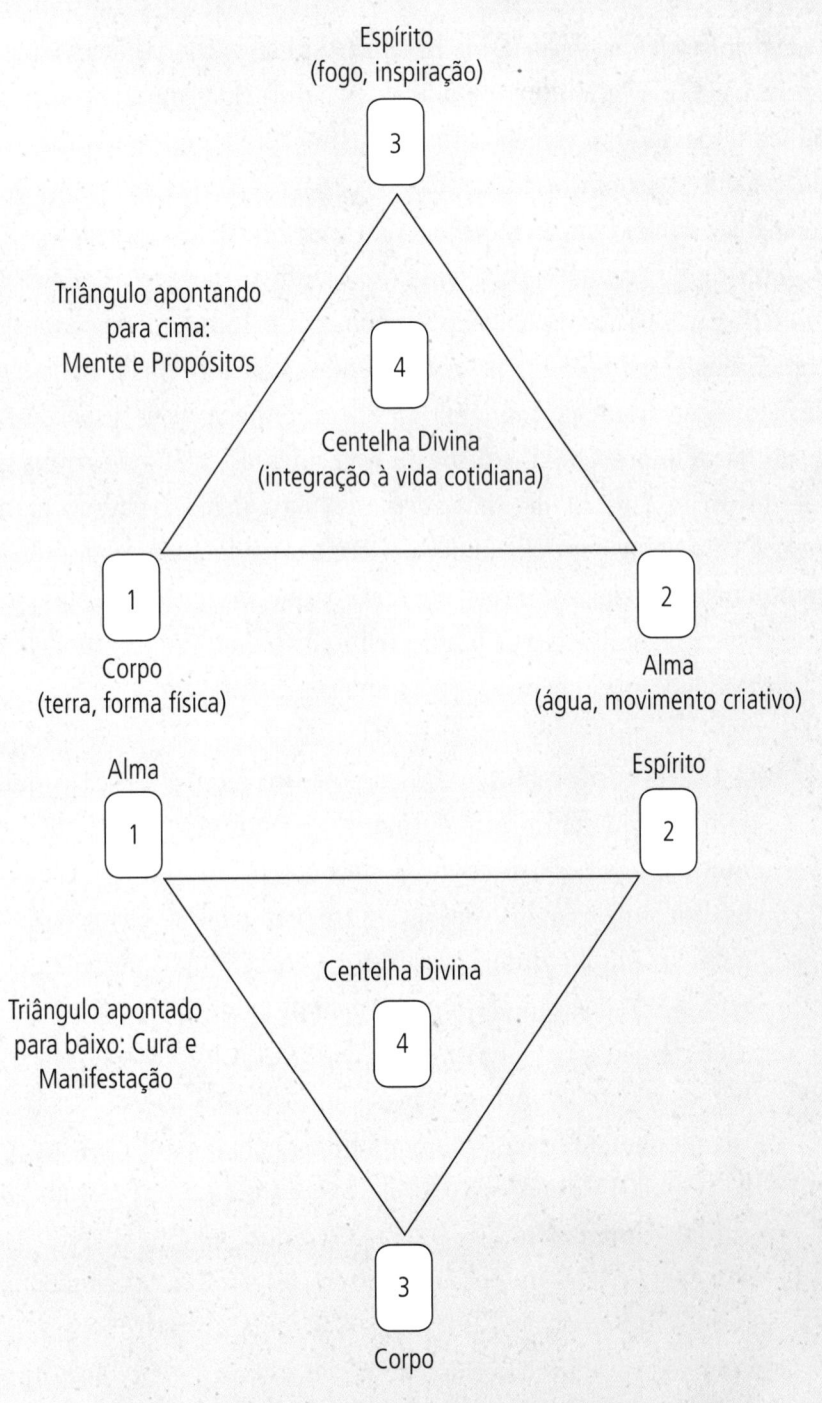

3

Triângulo apontando
para cima:
Mente e Propósitos

4

Centelha Divina
(integração à vida cotidiana)

1 2

Corpo Alma
(terra, forma física) (água, movimento criativo)

Alma Espírito

1 2

Triângulo apontado
para baixo: Cura e
Manifestação

Centelha Divina

4

3

Corpo

Disposição na forma da tríade Corpo, Alma e Espírito

Espalhe todas as 26 cartas do Baralho Alquímico com as faces voltadas para baixo e selecione três. Coloque-as na ordem seguindo a forma escolhida do triângulo, como mostra a ilustração na página 91. Em seguida, espalhe as sete cartas do Baralho dos Chakras com as faces voltadas para baixo e escolha uma. Coloque essa carta no centro do triângulo.

O triângulo apontado para cima representa as metas e os propósitos. Deixe as três cartas do Baralho Alquímico que formam essa disposição refletirem o modo pelo qual você responde a esse aspecto da Trindade conhecido como tríade corpo, alma e espírito em sua vida desperta. A carta do Baralho dos Chakras disposta no centro do triângulo revela a região do corpo a partir da qual você está mais bem preparado para avançar e contribuir para o mundo. Em certo sentido, essa carta representa o ponto de poder, ou centro energético, que supre todos os outros centros. Esse é o combustível, ou a centelha divina, que supre o sistema em sua totalidade, abrangendo corpo, alma e espírito.

Carta 1: Esta carta representa o corpo físico e todas as áreas que têm ligação com o mundo material. Deixe que essa imagem ilumine seu modo de envolver-se com o plano físico bem como os modos pelos quais você infunde novas inspirações e sentidos a esse plano. Pergunte-se: "Qual é a energia mais elevada que tenho à disposição para oferecer ao mundo considerando minha relação com a Terra, além de minhas interações com os outros e com a saúde e o bem-estar do meu próprio corpo? De que maneira posso, em comunhão com o espírito, curar o corpo social? Como posso, trabalhando aqui na Terra, ajudar a curar nosso planeta?"

Carta 2: Esta carta representa o corpo etérico e refere-se aos planos fluidos das emoções e intuições. A energia desse arquétipo representa o poder dinâmico de procriar, que dá vida ao corpo físico e nutre a relação vital com as esferas inspiradas de domínio pessoal. Permita que esta carta inspire a musa interior. Que qualidades e atributos fazem parte essencial do seu eu criativo ou corpo anímico? Pergunte-se: "Como posso, em comunhão com o espírito, curar a alma?"

Carta 3: Esta carta representa a inspiração e a sabedoria divinas. Assim como o corpo é a base da vida anímica, a vida anímica é a base da vida espiritual. Esta carta simboliza a terceira dimensão da realidade que o ser humano tem de dominar para poder estar em relação de harmonia com o mundo exterior. Essa é a força da vida que vai além do eu individual, possibilitando que a alma humana alcance as esferas mais elevadas da consciência e da inteligência cósmicas. Quando os três aspectos da tríade corpo, alma e espírito são unificados, está estabelecida a base da individuação e da criatividade. Deixe que essa imagem o conduza para inspirações e propósitos mais elevados. De que maneira essas três cartas se relacionam e atuam em sua vida?

Carta 4: Esta é a carta do Baralho dos Chakras, representando o centro físico que irradia faíscas elétricas de luz e inspiração por todo o seu corpo. Medite sobre esse chakra e leia as informações fornecidas. Sinta a essência desse chakra como uma força geradora de vida. A tríade corpo, alma e espírito precisa de um corpo físico para manifestar-se. Esse é o centro que está precisando de atenção e reconhecimento. É o chakra que mais ajuda você neste processo de despertar e prestar serviço ao mundo.

Afirmação

Coloco a minha vida à disposição de fazer o melhor possível pelo bem da humanidade e deste planeta. O cumprimento de minhas metas torna-se possível pela minha capacidade de estar em comunhão e equilíbrio com o corpo, a alma e o espírito. Meu corpo irradia luz, minha alma absorve a essência dessa sabedoria, e meu espírito sacia-se de inspiração dos sonhos e visões. Vou ancorar essa luz na Terra.

Nota: Para uma consulta sobre manifestação e saúde, essa disposição pode ser invertida. Nesse caso, a ponta voltada para baixo do triângulo representaria a essência do corpo, e as outras duas pontas seriam a alma e o espírito. A carta do Baralho dos Chakras disposta no centro mantém a mesma essência da disposição anterior. Você pode interpretar as cartas da mesma maneira, com uma importante diferença – nesta disposição, a carta que representa o corpo é o ponto focal. Se você quiser focalizar a questão sobre como se ancorar mais no mundo e entender melhor o que está gerando e criando, use a disposição do triângulo apontado para baixo.

4. *O Mapa dos Sete Chakras no Corpo (Cartas do Baralho dos Chakras e do Baralho Alquímico)*

Sete centros energéticos circulares chamados chakras giram ao longo do canal central do corpo humano. Cada um desses vórtices espiralados de energia vital reflete um aspecto da consciência que é essencial em nossa vida. Juntos, os sete chakras formam um mapa do percurso da energia essencial do corpo que, quando estudado e entendido, possibilita que nos vejamos enquanto mente, corpo e espírito. O sistema dos chakras é a principal rede que guia a nossa vida. Como uma ponte imaginária, ele liga a mente ao corpo, o espírito à matéria, o passado ao futuro e a Terra ao Céu.

O corpo é um veículo da consciência. Ele guarda padrões de memória do passado. Embora essas lembranças sejam muitas vezes inconscientes, elas se refletem no modo pelo qual nos comportamos nas relações de intimidade, amor, poder e confiança, bem como reagimos às condições físicas. Para conduzir nosso veículo de maneira fluida e eficaz, temos de harmonizar a alma e o espírito despertos com o corpo saudável. Para saber mais sobre os chakras e o Baralho dos Chakras, você poderá ler o capítulo deste livro dedicado ao tema.

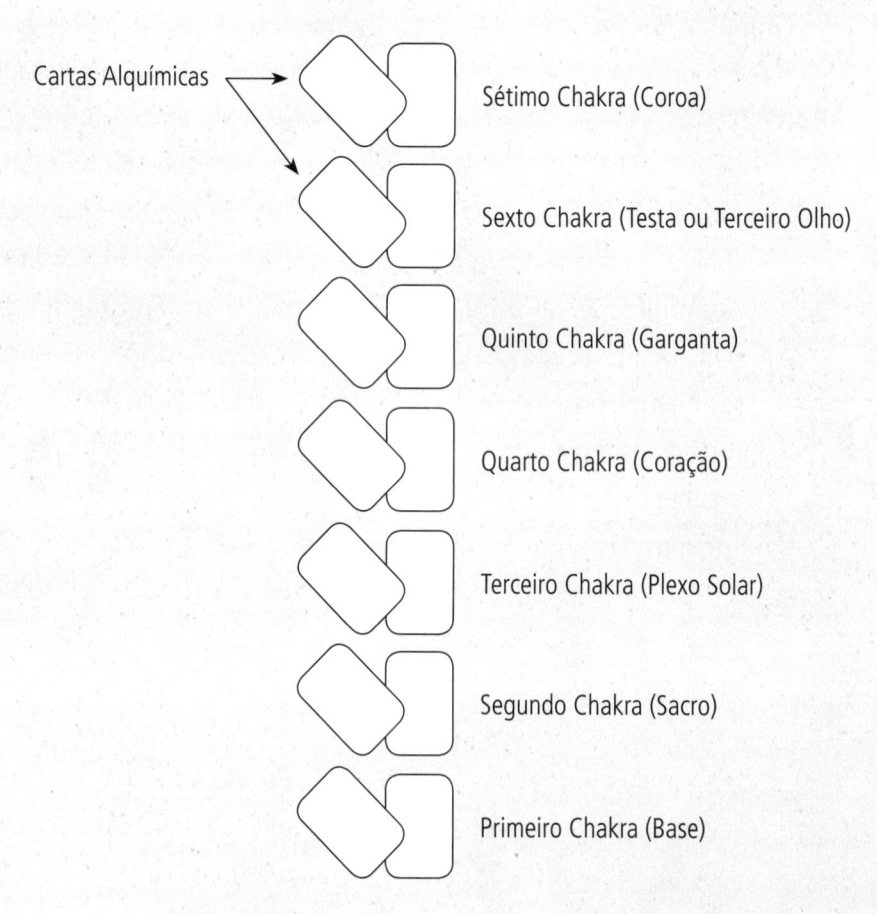

Cartas Alquímicas →

Sétimo Chakra (Coroa)

Sexto Chakra (Testa ou Terceiro Olho)

Quinto Chakra (Garganta)

Quarto Chakra (Coração)

Terceiro Chakra (Plexo Solar)

Segundo Chakra (Sacro)

Primeiro Chakra (Base)

O Mapa dos Sete Chakras no Corpo

Essa disposição pode ser usada por duplas, por grupos ou individualmente. Seu propósito é ajudar a ler o corpo como se fosse um mapa. Isso pode ser feito diretamente no corpo, se você preferir. Primeiro, separe as sete cartas do Baralho dos Chakras do conjunto completo. Em seguida, espalhe as 26 cartas do Baralho Alquímico com as faces voltadas para baixo. A pessoa que está se submetendo à leitura escolhe então uma carta para cada um dos sete chakras, começando pelo primeiro chakra.

Com duas ou mais pessoas: Uma pessoa deve deitar-se; as outras dispõem as cartas do Baralho dos Chakras com as faces voltadas para cima sobre seu corpo na ordem do primeiro ao sétimo chakra. Então, cada uma das cartas escolhidas do Baralho Alquímico é colocada com a face virada para baixo ao lado do chakra correspondente. Vire uma por uma as cartas do Baralho Alquímico, lendo a informação sobre a energia arquetípica relacionada a cada chakra. Isso cria uma imagem das diferentes energias que percorrem o corpo, ajuda a entender como nutrir, curar e ativar cada área do corpo e a tratá-la da melhor forma possível.

Com grupos de mulheres ou outros: Seis costuma ser o número ideal de pessoas para a prática deste exercício. Uma das pessoas separa sete cartas do Baralho Alquímico antes de deitar-se no meio do círculo, rodeada pelos outros membros do grupo. As cartas do Baralho dos Chakras são então dispostas, com as faces viradas para cima, sobre seu corpo, numa linha vertical sobre os respectivos chakras. Em seguida, as mesmas instruções descritas anteriormente para duas ou mais pessoas devem ser seguidas. Essa forma de dispor as cartas sobre o corpo da pessoa resulta numa bela imagem visual e eu recomendo que o grupo tenha uma câmara pronta para tirar uma ou duas fotos. É fantástico poder ter uma foto de si mesmo(a) contendo todos os chakras com suas cores e as respectivas cartas do Baralho Alquímico sobre seu corpo. (Caso você dirija seminários ou grupos de ajuda mútua, este é um presente maravilhoso que pode ser dado a cada um dos participantes.)

Individualmente: Este modo de dispor as cartas também pode ser usado individualmente. Nesse caso, disponha as sete cartas do Baralho dos Chakras viradas para cima de maneira a formar uma linha vertical, começando pelo primeiro chakra e subindo até o sétimo. Esta prática deve ser feita no chão, de preferência numa área confortável, que esteja limpa ou revestida com um tapete ou outro tecido. Tire sete cartas do Baralho Alquímico e coloque cada uma delas no lugar do respectivo chakra e, em seguida, proceda a leitura. Imagine as cores do arco-íris iluminando todo o seu corpo e abra as asas de sua imaginação para os símbolos de cura e significados arquetípicos que as cartas do Baralho Alquímico lhe sugerem.

Afirmação

Meu corpo é uma sucessão vibratória das sete cores do arco-íris.
Meu corpo está assentado na cor vermelha.
Minha criatividade flutua na cor laranja.
Minhas intenções são puras no amarelo.
Meu coração abre-se no verde.
Minha voz é clara e sincera no azul.
Minha intuição é gostar imensamente do índigo.
Meu eu superior é inspirado na cor violeta.
Estou desperto(a).

5. Mensagem da Alma (Uma única carta)

Há ocasiões na vida em que precisamos de um espelho claro e transparente para nos ajudar a entender a situação, a relação ou qualquer outra coisa que esteja nos preocupando ou nos empurrando para um outro nível de consciência. Nesses momentos decisivos, é importante reunir nossas intenções e concentrá-las na situação com profundidade e clareza. Essa é uma excelente oportunidade para se estabelecer uma comunicação com o eu superior por meio da pergunta: "O que a Deusa faria nesta situação?".

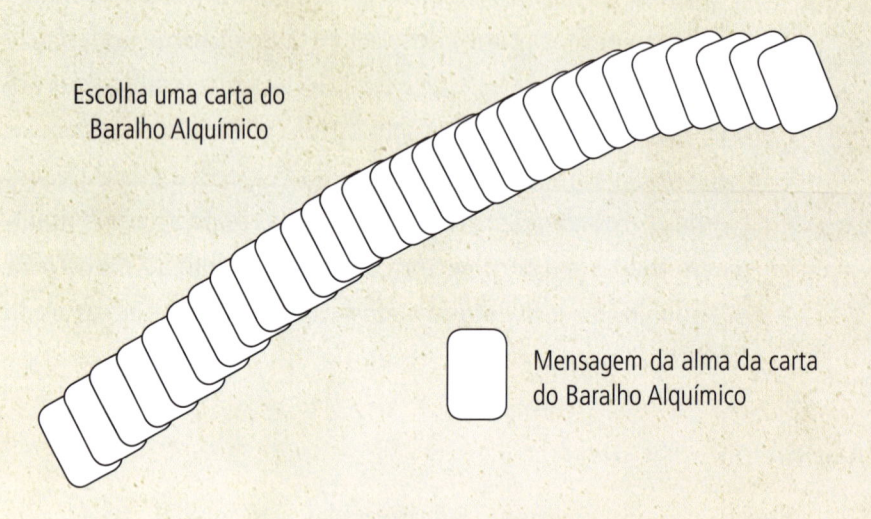

Escolha uma carta do Baralho Alquímico

Mensagem da alma da carta do Baralho Alquímico

Mensagem da Alma

Espalhe as 26 cartas do Baralho Alquímico com as faces viradas para baixo e tire uma com a intenção de explorar em detalhes uma questão específica. Essa carta deve fornecer-lhe uma resposta clara.

Afirmação

Eu estou no pomar do meu coração. Espero os brotos germinarem. Presto atenção e procuro entender a mensagem mais profunda de amor e verdade que o meu eu superior pode estar me transmitindo neste momento. Eu sou um canal aberto de receptividade e gratidão.

6. Mensagem do Corpo (Uma única carta)

Nosso corpo é um reservatório de informação, contendo lembranças do passado, impressões kármicas, feridas e mágoas profundas, potenciais infinitos de sabedoria e de amor incondicional e uma capacidade para intuir e perceber verdades que a mente não consegue sequer imaginar. O corpo é o nosso templo sagrado. Aprender a cuidar dos chakras vai melhorar a saúde, trazer mais vitalidade e energia bem como ajudar você a livrar-se dos condicionamentos indesejados do passado.

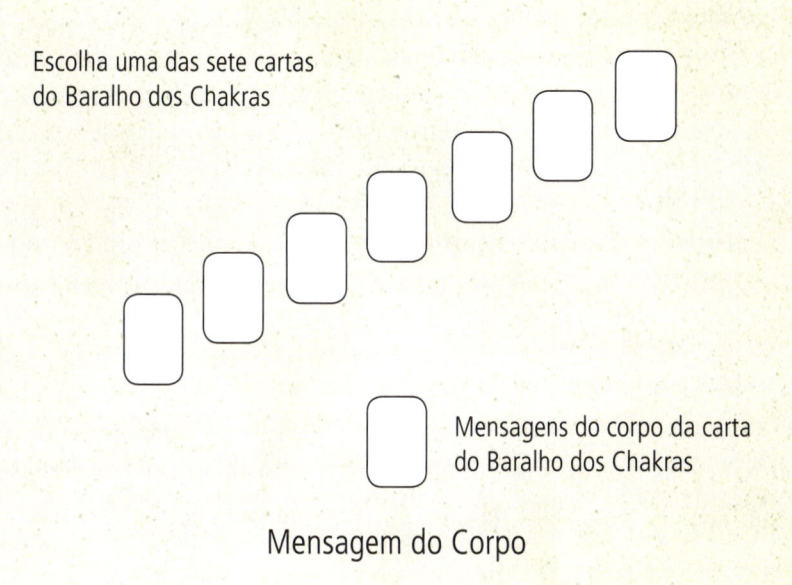

Escolha uma das sete cartas do Baralho dos Chakras

Mensagens do corpo da carta do Baralho dos Chakras

Mensagem do Corpo

Espalhe as sete cartas do Baralho dos Chakras com as faces voltadas para baixo. Tire uma carta e vire-a. As imagens, cores e informações contidas nessa carta representam o que seu corpo está querendo lhe dizer neste momento. Como entrar em sintonia com o corpo e aprender a ouvir o que ele está querendo nos dizer?

1. Precisamos aprender a estar a sós com nossos desejos e necessidades.
2. Precisamos estar receptivos às mensagens diárias que o corpo nos envia.
3. Precisamos equilibrar o corpo com alimentação saudável e prática de exercícios.

4. Precisamos respirar.
5. Precisamos dar tempo a nós mesmos para entrar em contato com a área de cada chakra e ouvir a voz do corpo. Ele está doendo? Está irradiando energia vital? Sente-se cansado e sobrecarregado? Quer erguer-se e sair dançando, ou sua vontade é de chorar?
6. Precisamos amar cada partícula do corpo para que ele possa se sentir seguro e protegido. Só assim ele vai expressar suas verdades e seus temores de maneira clara e inconfundível.

Existem muitas pessoas que só passam a conhecer o poder da linguagem corporal quando percebem os padrões energéticos e vibratórios percorrendo o corpo. O seguinte exercício é uma forma simples de equilibrar o corpo: Coloque-se de pé, com os pés firmemente plantados no chão. Sinta a força e o poder da gravidade que liga você à Terra. Faça subir toda essa energia em um movimento espiralado a partir da base da coluna. Perceba como ela revitaliza a área de cada chakra até sair pelo Chakra da Coroa no topo da cabeça. Entre em contato com a infinita vastidão da sabedoria cósmica e aqueça-se no aconchego angelical que dá sustentação a seus sonhos e ideais. Domine essa força e faça-a voltar a descer através dos chakras até você voltar à postura firmemente plantada no chão. Respire profundamente e dê graças pela sua vida. Continue mostrando gratidão e amor em todas as suas ações e interações. Rodopiar, dançar, andar em espiral e fazer longas caminhadas na natureza são todas formas de entrar em contato com a energia vital.

> A vida é incessante e Infinita.
> EDGAR CAYCE

> A conquista do eu é muito maior do que a conquista de muitos mundos.
> EDGAR CAYCE

> Até mesmo uma ideia, ou uma possibilidade,
> pode nos abalar e transformar.
> NIETZSCHE

Afirmação

Meu corpo é o templo sagrado da minha alma e do meu espírito. Adornado com os centros diamantinos dos sete chakras, ele é um arco-íris de amor e luz. Eu sou esse amor. Eu sou essa luz. Uma torrente infinita de vida infunde-se em todo o meu ser a cada novo dia.

A mensagem dessa única carta dá a você a oportunidade de entrar em contato e comunicar-se com o corpo. Peça a ele uma imagem clara de suas áreas que estão necessitando de reconhecimento e cura ou a imagem de uma área sua que esteja vibrante, cheia de vida, de potencial criativo e de saúde. Se você quiser fazer ambos esses pedidos, tire uma carta de cada vez a fim de ter todas as sete cartas do baralho disponíveis para cada pedido.

7. *Sintonia com a Terra (Cartas do Baralho dos Chakras e Cartas do Baralho Alquímico)*

Na realidade, esse não é um modo de dispor as cartas, mas antes um meio de entender melhor e mais profundamente a sua relação com a Terra. No local que você deseja conhecer, medite com as cartas do Baralho dos Chakras próximas do chão. Mantendo sua concentração na paisagem e nas forças da natureza a seu redor, tire uma carta do Baralho dos Chakras para ajudá-lo a saber que potenciais de cura a Terra está lhe oferecendo neste lugar. Ou, diferentemente, você pode perguntar que tipo de cura a Terra está precisando de você. Talvez você queira tirar uma carta do Baralho Alquímico para ajudá-lo a entender a dinâmica arquetípica em ação ou o que você esteja trazendo para a área.

Este é um ritual extremamente eficaz para grupos, especialmente para aqueles que participam de viagens a lugares sagrados, de peregrinações e de atividades ecológicas. Os membros do grupo podem entrar em sintonia uns com os outros e, com essa força reunida, uma pessoa pode escolher uma carta do Baralho dos Chakras para determinar a área. Cada membro do grupo deve então tirar uma carta do Baralho Alquímico para entender melhor a sua contribuição pessoal ao todo maior e sua ligação com o local. Esta disposição pode ser usada dentro de casa, em viagem ou no jardim. Use a sua criatividade. Invente novas maneiras e contextos para entrar em sintonia com a sabedoria da Grande Mãe Terra.

Capítulo 5

As Cartas do Baralho Alquímico: O Caminho Régio da Sabedoria

As cartas do Baralho Alquímico – junto com as sete cartas do Baralho dos Chakras – foram criadas para facilitar o processo de iniciação e desenvolvimento interior. A imagem visual, ou mensagem arquetípica, de cada carta tem como propósito ligar a imaginação ao potencial dinâmico da inspiração e do ato de criação. As cartas proporcionam um treinamento diferente e extensivo no desenvolvimento do autoconhecimento e do despertar espiritual. *O Tarô da Deusa Tríplice* traz as cartas do Baralho Alquímico e do Baralho dos Chakras para o mundo como ferramentas de estudo, aplicação e preparação.

Com empenho e propósito firmes, é possível alinhar os sentidos do corpo com o fluxo de pensamento de maneira a chamar atenção para as infinitas possibilidades do espaço, do tempo e do mundo físico. Nesse plano, os conceitos espaciais assumem novas proporções e a consciência do indivíduo alcança níveis mais elevados. Por exemplo, no plano físico, as coisas diminuem à medida que vão sendo dadas. No mundo espiritual, acontece o contrário. Quanto mais amor você irradia, mais amor você tem. Por meio dos inúmeros exemplos de imagem arquetípica e orientação espiritual das cartas do Baralho Alquímico, é possível tomar consciência das características ímpares do mundo espiritual.

A seguinte apresentação das cartas do Baralho Alquímico aborda seis aspectos relativos a cada carta, possibilitando uma visão própria do seu significado. São eles:

1. *Interpretação Tradicional*: Aqui é feita uma descrição da imagem do ponto de vista do tarô e da história tradicionais, com exceção das quatro novas cartas do Baralho Alquímico, intituladas *Bem-Aventurança Infinita, Verdade Infinita, Potencial Infinito* e *Trindade*.
2. *Alquimia e Transformação*: Este segmento identifica o caminho da iniciação, esclarecendo a importância da mensagem e do simbolismo que se manifesta por meio de *O Tarô da Deusa Tríplice*. Inclui modos pelos quais a pessoa pode enriquecer e fortalecer seu desejo de deixar-se absorver pela essência do significado e da mensagem da carta.
3. *Despertar para o Arquétipo*: Cada carta tem relação com uma imagem arquetípica, cuja intenção é espelhar e refletir a força ou energia vital que a pessoa tem a seu dispor a qualquer momento. As energias arquetípicas são reflexos universais da alma, que revelam a extensão de nosso potencial enquanto espécie humana. Este segmento é um convite a essa jornada arquetípica particular.
4. *Aplicações no Cotidiano*: Este segmento oferece orientação sobre como adaptar essa jornada à vida cotidiana da pessoa.
5. *Remédios Naturais*: Cada carta tem relação com uma flor, uma árvore, uma erva ou um símbolo da terra que contenha o desígnio e a memória da imagem arquetípica da figura da carta. O mundo da natureza é o espelho divino da humanidade.

A intenção deste segmento é fazer o aspirante entrar em contato com os atributos correspondentes da natureza, trazendo harmonia, equilíbrio e unidade à vida espiritual da humanidade e ao mundo da natureza.

6. *Mensagem da Alma*: Este segmento oferece ao consulente uma mensagem sagrada por meio de uma citação, benção ou oração especial.

Cada carta do Baralho Alquímico é circundada por uma borda que revela as joias do seu coração. Aceite a dádiva da cura que cada carta do Baralho Alquímico oferece. Que a beleza de sua alma brilhe todos os dias e impregne todos os seus atos cotidianos com o amor do Feminino Divino.

Observação: Este baralho não trata dos significados das cartas na posição invertida. Se por acaso alguma carta que você tirar aparecer na posição invertida, simplesmente coloque-a na posição correta. Nosso desejo é que você interaja com a figura na posição correta, pois essa não dá margem a ambiguidades e reduz as dúvidas intelectuais e o exagero da análise. Deixe que a imagem cante para o seu coração com uma consciência cristalina.

DESCRIÇÕES DAS CARTAS DO BARALHO ALQUÍMICO

0. Voando para a Primavera

*Ouça: uma voz divina está chamando você. Por todo o céu,
uma voz divina está chamando você.*
ALCE NEGRO

Carta do Tarô Tradicional:
O Louco

109

Interpretação Tradicional

O Curinga, Louco ou Bobo da Corte nos liga a duas dimensões da consciência: o mundo prático onde cumprimos nossas tarefas corriqueiras e o plano não verbal da imaginação e da inspiração. Do ponto de vista histórico, o bobo das cortes dos reis e rainhas movia-se livremente entre essas duas esferas como um personagem privilegiado. Sua função era servir de mediador entre os camponeses e servos e a realeza. O trânsito do bobo da corte por esses dois mundos permitia que os poderes arquetípicos (reis, rainhas etc.) tivessem relação com as preocupações mundanas das pessoas comuns. Por isso, o Louco representa aquela parte da psique que nos abre para o aspecto "régio" ou nobre dos sonhos, que pertence à esfera arquetípica do inconsciente. Esta carta prediz um encontro mágico com o desconhecido.

Alquimia e Transformação

O processo de iniciação e despertar conduz a alma em direção a novos campos de experiência: lugares que não ousamos visitar, situações que evitamos, impulsos internos que julgamos necessário reprimir. Quando os ciclos se cruzam exatamente como deveriam, algo profundo e místico começa a se manifestar interiormente. É possível que a gente comece a se sentir como se fosse hora de sair da rotina e alçar voo em busca de novos espaços de vida.

A carta mostra uma mulher vestida de vermelho – a cor típica das novas paixões – com os braços estendidos como as asas de um pássaro. As penas sobre seu vestido são como os guizos e enfeites do bobo da corte, simbolizando o voo da imaginação da sua nova vida que está surgindo. Alegremente, ela as expõe ao mundo, pois as penas representam o elemento Ar e a capacidade de experimentar a liberdade de uma nova vida. Ligadas ao mundo das aves, as penas simbolizam também a possibilidade de renascimento. As pessoas dispostas a saltar para as regiões desconhecidas da vida sentem muitas vezes como se estivessem renascendo espiritualmente, embora no mesmo corpo. A capacidade de colocar-se acima das restrições impostas pela rotina do dia a dia e ir em direção ao topo da vasta montanha imaginária de novas possibilidades torna-se o novo tema da vida. Ousar abrir as asas e voar requer coragem e uma mudança imprevista no interior da psique que tanto choca a pessoa "Voando para a Primavera" quanto surpreende os amigos e familiares mais próximos.

A primavera é a estação do ano que traz renovação. Os brotos erguem-se do fundo da terra. As flores desabrocham para o trinado dos passarinhos recém-nascidos. Uma chuva fraca umedece a terra seca. A pessoa que enfrenta esse estágio da iniciação encontra o potencial primaveril da alma. Os trabalhos internos da alma apontam para novos horizontes, pois as restrições dos velhos padrões do passado não bastam mais. A germinação das sementes férteis dos novos começos é iminente. Não há mais retorno.

Esta é a hora de se libertar. Sua alquimia interior está em processo de profunda transmutação. Seja responsável e não provoque nenhum dano enquanto abre o coração e as asas para ir ao encontro do vazio do desconhecido. O voo está à sua espera.

Despertar para o Arquétipo: A Fada Rainha

Em *O Tarô da Deusa Tríplice*, o arquétipo do Louco tem relação com a Fada Rainha, que é conhecida em toda a mitologia celta como "Aquela que Abençoa". As fadas eram conhecidas como as "Mães" dos reinos mágicos invisíveis. Dizia-se que as fadas podiam transformar e dar ao mundo material as formas fantásticas que imaginassem. Certas fontes medievais indicam que as fadas eram mulheres de carne e osso, de tamanho natural, mas com conhecimentos e poderes sobrenaturais. Em alguns mitos e ensinamentos, elas são referidas como Fadas Madrinhas.

Em outros, elas são associadas a Dançarinas Celestiais ou Deusas da Sabedoria, como na Índia e no Tibete.

O reino das fadas estabelece uma ponte entre os reinos da natureza e a humanidade, abrindo os canais para a centelha de inspiração divina manifestar-se na alma humana. Quando uma pessoa precisa abrir-se para as imensas forças libertadoras da transformação e da atividade criativa, um caminho de luz é aberto. Isso facilita transformar os sonhos e a imaginação em realidade, abrindo as lentes da psique para novas possibilidades. As fadas tocam no tecido de nossos sonhos e esperanças, colocando-os ao nosso alcance. Livres do peso da gravidade, elas se alegram em poder colocar a dinâmica energia multicolorida do plano vibratório nas belas manifestações do mundo natural. Elas são sempre nossas ajudantes invisíveis, despertando o canto angelical do espírito no coração da humanidade e de todas as criaturas da Terra. Elas nos ajudam a ter acesso aos poderes mágicos que podem ser ativados em nossa vida cotidiana.

Você é convidado(a) a incorporar as qualidades mágicas da Fada Rainha. Neste momento, ela toca o âmago dos seus sonhos florescentes. Com a bênção e orientação dela, você voa para o céu dos seus desejos mais profundos, tece um manto de novas possibilidades e dança para os novos modos de ser.

Aplicações no Cotidiano

Ao trilhar o caminho da Fada Rainha (o Louco), tenha consciência da luz no seu interior. Inspire as cores do arco-íris. Ao expirar, imagine as cores tomando forma, como as flores da alma, dentro de sua visão interior. Que imagens são essas? Ao caminhar na rua ou seguir uma trilha na natureza, preste atenção nas flores que estão desabrochando, nas folhas e nos botões que brotam das árvores e da terra. São reflexos dos potenciais que estão se desenvolvendo no seu interior.

Faça algo diferente para variar. Ouse livrar-se das preocupações por um dia. Mude seu estilo de roupa. Surpreenda-se com uma nova atitude. Faça brilhar a luz mágica e admire-se de tudo que faz e vê. Observe os pássaros alçando voo. Liberte-se soltando as amarras que prendem você à rotina. Abra os braços e caminhe para frente. Sinta a liberdade desse movimento. Deixe que as fortes vibrações do reino das fadas incendeiem os seus sonhos. Viva!

Remédios Naturais: A Tulipa

Os bulbos da primavera contêm a essência do arquétipo *Voando para a Primavera*. Da matéria escura da terra, o bulbo – como o ovo de ouro da natureza – irrompe numa gloriosa tulipa. É como se os anjos e as fadas tivessem colocado taças mágicas de cores variadas no jardim para serem preenchidas com o esplendor da nova vida. O núcleo escuro da tulipa é a marca do mistério que permanece intacto quando alguém se abre para as possibilidades da mágica da Fada Rainha. Da escuridão surge a luz. Renascer é o que importa.

Mensagem da Alma

O pássaro voando livre no céu é o meu totem. Abro os braços para abraçar o vento que envolveu minha alma. O esplendor do voo e a visão de novos horizontes estão me chamando. Sou livre.

1. O Hino da Criação

Você tem de tornar-se a mudança que deseja ver no mundo.
GANDHI

Carta do Tarô Tradicional:
O Mago

Interpretação Tradicional

O Louco e O Mago estão ambos em casa no mundo transcendental. O Louco fica encantado com as novas possibilidades que vêm do inconsciente, enquanto O Mago é alguém que amadureceu e que se harmonizou com os aspectos conscientes da vida prontos para se manifestarem. O Mago conduz as extravagâncias do Louco a uma corrente mais clara de consciência, que pode realizar um milagre após outro. O Mago nos ajuda a entender que o mundo da matéria não é o poder original, mas a manifestação de algo maior – algo invisível, porém poderoso. A força impalpável da vida está presente na figura tradicional do Mago pelo número 8, ou símbolo do infinito, iluminando o seu Chakra da Coroa. Ele trabalha na "mesa da vida" com os quatro elementos – Fogo, Terra, Ar e Água – representados pelos quatro naipes conhecidos como paus, pentagramas (estrelas de cinco pontas), espadas e copas, misturando e conjurando uma poção que vai dispor o poder miraculoso em forma tangível. O Mago vive nas profundezas do inconsciente onde espaço, tempo, alma, corpo, espírito e matéria coexistem. A unidade – obra divina do Mago – anula as noções lineares e dualistas de espaço e tempo. Dessa galáxia de poder onipotente, O Mago nos coloca em contato com a unidade da perfeição.

Alquimia e Transformação

No lugar da carta do Mago, encontramos em *O Tarô da Deusa Tríplice* o Hino da Criação, representando a informidade e o movimento infinito do universo. Os padrões espiralados da estrela e a auréola dourada em forma ovalada envolvendo a Deusa Criadora significam os eternos ritmos da possibilidade e da visão. A aura azul sobre sua testa simboliza o Terceiro Olho que dá a Ela o dom da clarividência. Seus olhos estão fechados porque as manifestações ainda não tomaram forma no mundo exterior. Sendo gestado em seu coração está o potencial de ouro, do qual emana a verdadeira virtude do Mago. O Hino da Criação é o canto da vida. Cor, vibração, som interior e concentração fazem parte da magia da orquestração do universo.

Nada pode permanecer estagnado neste estágio da iniciação. A aura multicolorida da Deusa sugere a incorporação de vários elementos; seu canto de sabedoria inclui retalhos de diferentes cores que sugerem tanto oposição como interação, contraste e coordenação. O tema do movimento criativo é evidente, pois há uma incessante interação de energias levando a chama da inspiração para todo o seu corpo.

Despertar para o Arquétipo: A Deusa Tríplice

A Deusa Tríplice do nascimento, morte e renascimento inspirou poetas e artistas de todas as partes do mundo antigo. Na Europa, Ela tomou a forma da Musa Tríplice. Na Irlanda, especificamente, Ela ficou conhecida como Cerridwen e Brígida. Como inspiradora de todas as coisas obscuras e desconhecidas, encantava o mundo com seus poderes.

Em o Hino da Criação, a Deusa é representada em forma triangular, pois se diz que seu poder, sua concentração e sua criatividade provêm da Trindade Divina de luz, amor e sabedoria. Como as Três Graças, as Três Musas concedem talento artístico aos devotos. De "musa" derivaram-se as palavras *música* e *deleite*,* como também o verbo "to muse", que significa "voltar-se para dentro em busca de inspiração". Diz-se ainda que as Três Musas Divinas originais multiplicaram-se, dando à luz Musas em múltiplos de nove. Mais tarde, elas foram consideradas ninfas que protegiam as fontes de inspiração no Monte Hélicon.

A Deusa Tríplice é a centelha divina de vida que dá forma terrena e material ao potencial do Feminino Divino. Você recebe o convite para dançar com e para o Hino da Criação. O tremor e o tilintar de seus movimentos dançam por todo o seu ser. A luz dourada do seu amor acende

---

* Que, em inglês, é *amusement*. (N. da T.)

a chama no seu coração. Esse ponto de força da paixão faz surgir a joia de ouro da criatividade.

Aplicações no Cotidiano

Um mundo inteiramente novo se descortina quando a atividade do espírito humano torna-se o centro da nossa atenção. O espírito impregna a pessoa, tornando o pequeno eu transparente e permeável aos domínios superiores. As ações tornam-se mais conscientes, e a identidade do eu começa a fundir-se com novas visões de mundo. A esta altura do processo, o aspirante espiritual tem de dar passos decididos, embora bem pensados, no rumo das manifestações que tem diante de si.

Ele tem de dar esses passos para o ato criativo com grande antecipação. A verdadeira Musa, ou Mago, conta com um milagre. Deve acordar todos os dias com uma expectativa de realização criativa. Encarar as "ferramentas da alma" – como os baralhos de cartas, o I Ching, as práticas de meditação e recitação de preces – com essa mesma disposição. O Mago usa os quatro objetos que estão sobre a "mesa da vida", representando os quatro naipes do tarô. Todos os ingredientes necessários estão à disposição para ajudar você a realizar suas atividades. A Musa em você tem tudo o que precisa para manifestar o Hino da Criação em sua vida. Observe a beleza da figura no Hino da Criação. Ela está repleta de luz divina. Sua vida depende de sua capacidade de usar criativamente a palavra, a voz e a dança.

Remédios Naturais: Íris, a Deusa do Arco-Íris

Na mitologia grega, Íris, a Rainha dos Deuses, viajava livremente entre as esferas inferiores e as esferas dos Deuses, manifestando sua beleza e seu amor divinos a todos que encontrava. Finalmente, seus esforços inspirados eram a serviço do feminino, equilibrando o coração e a cabeça por meio de seu conhecimento dos três estágios da vida:

nascimento, procriação e nova vida. Sua expressividade mágica e criativa dava-lhe liberdade de movimento em todas as esferas da vida; por isso, ela foi identificada com o arco-íris.

Em sua obra sobre a teoria das cores, Goethe demonstrou – com a ajuda de prismas – que o arco-íris é na verdade um entrelaçamento de forças de luz e de sombra, "o ato e o sofrimento da luz". Assim também, a Deusa do Arco-Íris, Íris, vive e respira as harmonias multidimensionais da consciência do arco-íris. Sua luz penetra nos recantos escuros de nosso ser. No entrelaçamento das trevas e da luz em nosso interior, encontramos nossa totalidade. Para descobrirmos nossa expressão criativa mais sublime, penetramos no Canto da Criação da Deusa do Arco-Íris.

Mensagem da Alma

A luz da inspiração ilumina o centro do seu coração. Dourada e pura, essa consciência deu origem a um espectro de cores que envolve e protege você a cada dia. O azul foi-lhe dado para que você tenha clareza e discernimento; o amarelo para irradiar energia vital; o rosa-choque para lhe dar doçura; o vermelho para a paixão e o púrpura para o conhecimento superior. Você é abençoado com a consciência do arco-íris.

2. O Santuário

> O silêncio é a Mãe da Verdade.
> BENJAMIN DISRAELI

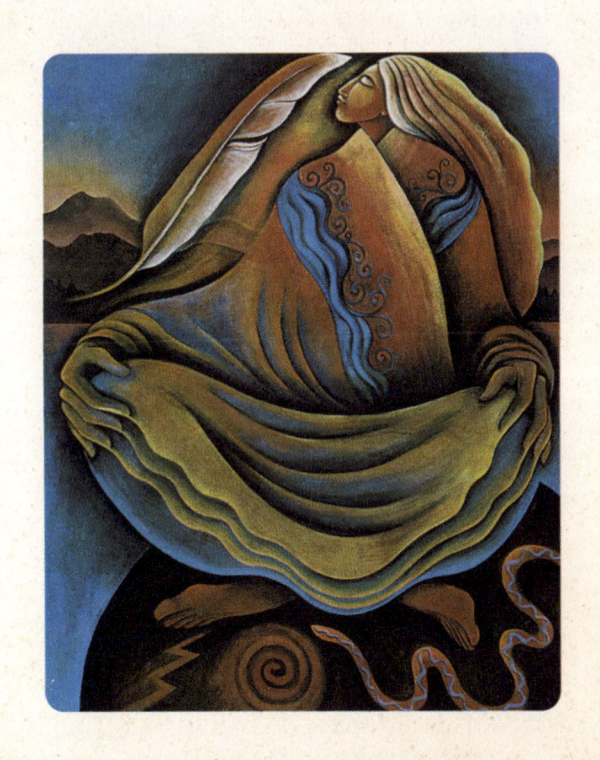

Carta do Tarô Tradicional:
A Papisa

Interpretação Tradicional

A Papisa projeta a imagem de uma mulher calma, sensível e receptiva, que está enraizada no tempo e no espaço. Ela rege a mente superior e a capacidade para perceber a vida a partir de distâncias maiores e de espaços mais amplos. Suas visões são teias de luzes irradiantes que, no seu devido tempo, vão-se manifestar no mundo das formas como joias multifacetadas. Associada à água, à qualidade lunar fria, escura e líquida, ela é a Mãe Eterna da vida. A luz pura do seu espírito é infinita. Ela incorpora a sabedoria da humanidade e o sopro puro do "logos". Foi ela que emitiu a primeira palavra já dita. Ela é o princípio feminino personificado em Ísis, Ishtar e Maria, e é ela quem detém a chave para o renascimento: o nascimento de uma nova consciência.

Alquimia e Transformação

A Papisa é representada em *O Tarô da Deusa Tríplice* como a Deusa Sábia que é Puro Espírito. Sua inspiração alada é o elixir da consciência superior que se tornará manifesta. No seu aspecto espiritualizado, ela é a essência da divina Sofia. Ela usa um manto cerimonial, representando o poder espiritual que está por trás de sua identidade pessoal. Essa sacerdotisa não faz nenhum esforço para determinar o seu destino individual, porque ela escolheu encarnar o Feminino Divino num nível espiritual profundo. A pena que protege o seu lado direito ressalta sua autoridade e sua afinidade natural com o arquétipo da Deusa dos Pássaros que, adornada de penas, plana pelo cosmos de inteligência galáctica com um "olho que tudo vê". Ela está sentada no trono do manto da Terra. Abaixo dela, as espirais e cobras simbolizam o potencial infinito de transformação da vida. Ao longe, brilha o topo da montanha – o pico, o ápice e o destino último.

As inúmeras facetas do Feminino Divino jamais podem ser apreendidas em palavras ou imagens. Entretanto, a figura do Santuário tem uma imagem visual que pode ajudar a entender este estágio do processo de iniciação. Tanto os homens como as mulheres têm dentro de si duas polaridades energéticas: uma força ativa e procriadora do Hino da Criação (o Mago) e do Santuário (A Papisa). Essas duas forças – como o Sol e a Lua – representam as forças da luz e das trevas na psique.

A iniciação no Santuário requer a descida às profundezas das águas escuras do inconsciente. Toda criação emergiu do oceano, teve origem nas águas do mar. O embrião individual está contido no líquido amniótico que nutre o bebê em gestação. Da mesma maneira, o mundo consciente tem origem no mundo inconsciente.

Despertar para o Arquétipo: A Papisa

Hoje a Papisa está ressurgindo na nossa cultura. Por um tempo extremamente longo, ela esteve enterrada e teve seu significado distorcido no mundo ocidental. Esse arquétipo é reativado quando a pessoa resolve seguir o caminho dos ensinamentos internos e abrir os olhos para os mistérios do Santuário interior. O Hino da Criação impregnou a Papisa com sua luz multicolorida. Ela está agora preparada para harmonizar os mundos do espírito e da matéria, para encontrar o ritmo de um foco profundo e penetrante.

Penetrar no âmago dos ensinamentos esotéricos – como os referentes ao Santo Graal – é um modo profundo de retomar o contato com os recursos espirituais da Papisa. Fazer uma viagem de peregrinação a um dos seus santuários pode ajudar a alcançar o mesmo objetivo. O mistério do Cálice é o mistério da Deusa: Ela encarna o Princípio do Útero, refletido no corpo da mulher e presente em todas as formas de vida. Ela é a essência da alma humana, masculina e feminina. Seu mito é eterno.

Você está sendo convidado(a) a entrar no Santuário silencioso da Deusa Tríplice. Ouça com um ouvido cósmico. Veja o mundo com os olhos fechados. Transforme em realidade os sonhos de criação da mente superior. Medite. Fique em silêncio. Os mistérios estão chamando por você. As práticas de meditação, oração, recitação ou qualquer forma de quietude levarão você a estar em comunhão com os aspectos superiores de seu ser, em corpo, alma e espírito, bem como a ter uma relação consciente com a profundidade de sua vida cotidiana.

Aplicações no Cotidiano

O arquétipo da Papisa não se manifesta apenas por meio do silêncio e da meditação. Ela pode estar presente entre nós o tempo todo. Quando estamos diante da necessidade de tomar uma decisão importante, é a sabedoria divina em nosso interior que nos indica a ação correta. Temos que aprender a distinguir essa verdade dos equívocos do medo e da negação que nos impedem de acreditar na providência de nossa mente superior. Ela também está conosco quando estamos estudando, pesquisando, escrevendo ou compondo. Ela está a nosso lado quando estamos embalando um recém-nascido, rindo com uma criança ou cuidando dos idosos. Sua sabedoria profunda toca todas as áreas da nossa vida. É por isso que é tão importante nos mantermos em sintonia com a consciência superior. É como levamos a nossa vida no dia a dia que realmente importa. Nossa vida cotidiana é o nosso santuário. Ela é sagrada.

Na medida do possível, procure colocar uma disposição para a paz interior em sua vida cotidiana. Ao fazer isso, busque enxergar além das impressões, das sensações e dos impulsos da realidade externa para poder cultivar seus próprios potenciais superiores. Tenha a certeza de que o afastamento por alguns breves períodos das rotinas da vida mundana não vai aliená-lo(a) do território familiar de seu mundo exterior. Diferentemente, esses períodos de afastamento darão força e estabilidade a seus negócios mundanos. Pelo treinamento esotérico – acompanhado de uma auto-observação disciplinada e objetiva – a alma humana alcança novos e mais elevados níveis de desenvolvimento.

Remédios Naturais: Tulipa Estrelada (Star Tulip)

A sexta carta do Baralho dos Chakras de *O Tarô da Deusa Tríplice* apresenta uma bela tulipa estrelada, também conhecida como "orelhas de gato", na testa da Deusa, representando o Terceiro Olho e a capacidade de ouvir, harmonizar e sonhar. Essa tulipa é uma flor bela para ser admirada ou tomada oralmente como essência floral, porque ela abre suavemente o centro do amor no fundo da alma. Essa flor tem o poder especial de entrar em sintonia com a anima, ou espírito feminino. Ela serve de cálice da natureza, que guarda os dons divinos do feminino entre suas pétalas brancas e púrpuras. Contemple a imagem da flor em seu coração e sua alma, deixando sua própria consciência fundir-se com essa bela joia da natureza.

Mensagem da Alma

Quando cada dia
é sagrado
quando cada hora
é sagrada
quando cada instante
é sagrado
a terra e você
o céu e você
pleno e sagrado
por todo o tempo
você alcançará
os campos de luz.

GUILLEVIC

3. A Plenitude da Vida

E não se esqueça de que a terra gosta de sentir os seus pés descalços e de que o vento anseia por brincar com os seus cabelos.

Kahlil Gibran

Carta do Tarô Tradicional:
A Imperatriz

Interpretação Tradicional

A Imperatriz está ligada ao planeta Vênus, regente do signo de terra Touro e do signo de ar Libra. Esses dois arquétipos zodiacais representam o estado de equilíbrio personificado na Imperatriz, uma vez que ela é a manifestação física da força da terra (Touro) associada à sabedoria da inteligência cósmica (Libra). Ela reúne facilmente essas duas contradições aparentes em seu hermético caldeirão sagrado sem cair na dualidade. Ela reconcilia as forças opostas pelo poder do amor universal que impregna cada átomo de sua forma divina. Ela une as forças do Céu e da Terra, *yin* e *yang*, espírito e matéria, fazendo surgir algo novo dessa união. Enquanto A Papisa está sentada numa postura receptiva, com os braços pousados, guardando em seu interior os segredos da Terra, A Imperatriz abre seu corpo para a plenitude da vida. A Imperatriz é a manifestação mágica da visão da Papisa.

A Imperatriz é regida pelo número 3, que representa a Trindade Divina Feminina. Pode-se comparar o seu corpo com a base do triângulo. Sem base, as outras duas linhas do triângulo divergem em tal ângulo que se distanciam cada vez mais. Quando essas duas linhas são ligadas por uma terceira, temos o triângulo. Da mesma maneira, A Imperatriz concretiza a intenção divina. Sua essência torna-se manifesta no mundo da experiência humana. Ela introduz a possibilidade de imanência e transcendência.

Alquimia e Transformação

O universo surge em forma esférica e espiralada. Situadas na Europa das eras neolítica e precedente, narrativas mitológicas, inscrições e gravuras humanas repetem muitas e muitas vezes esses padrões para representar as origens da Terra e de todas as suas espécies vivas como padrões espiralados. O grande círculo, o ovo cósmico, a Lua, o zero, a roda da fortuna, as galáxias, a estrutura do DNA, o movimento de rotação da

Terra em torno do Sol, ondulações na superfície das águas, tudo isso e mais são expressões microcósmicas do Grande Útero Primordial. Ventres prenhes, seios redondos e belos quadris cheios são todos partes do círculo da vida que engloba o Feminino Divino e seu mundo natural de flores, árvores e plantas.

O mundo ocidental necessita prementemente de equilíbrio e harmonia. Para irmos ao encontro desses estados de equilíbrio, temos de aprender a respeitar os ritmos naturais da eterna mudança, o aspecto tríplice do ciclo de nascimento, morte e renascimento. Temos de superar os impulsos rígidos de querer dominar e controlar, impulsos esses que não reconhecem nem respeitam as leis mais básicas da natureza.

A figura da carta A Plenitude da Vida mostra a Deusa grávida, representando os aspectos básico e sensual da realidade humana. A grande espiral em seu ventre simboliza a morte e o renascimento: a entrada no útero secreto da Terra, a descida para suas profundezas escuras e o retorno pelo mesmo caminho.

O amor é o principal regente da Deusa que representa A Plenitude da Vida; apesar de parir e manifestar-se por meio de seu útero, ela também manifesta o amor divino por meio de seu coração. Em seu Chakra do Coração, encontramos a iconografia da *yoni*, ou abertura vaginal, representando a energia feminina criativa, a Deusa Tríplice que dá à luz a vida como um todo. O lugar desse símbolo serve como metáfora da Deusa. A verdadeira passagem para a vida é pelo útero do coração. A partir dessa essência do amor divino, todas as manifestações são inerentemente perfeitas.

A Plenitude da Vida é a *Natura*, a alma da natureza. Ela reflete o milagre do mundo natural por meio de sua própria existência. Seu corpo, como as folhas, contém um código de perfeição. Seu corpo é a Dama Verde da natureza. Neste estágio de iniciação, a vida começa a espelhar para nós as nossas crenças e os nossos padrões mais profundos de relacionamento com o mundo. O arquétipo da Mãe Terra pode tanto proporcionar maior segurança ao indivíduo como pode trazer uma consciência do que não está estável na sua vida. De qualquer modo, o poder da terra e o recurso do seu próprio valor ficam evidentes quando este arquétipo está desperto e ativado na vida da pessoa.

Despertar para o Arquétipo: Mãe Terra e Mãe do Mundo

A Mãe Terra é a Grande Deusa dos antigos, a Deusa Geradora de tudo o que pare a si mesmo e todo o universo. Ela incorpora todos os estágios da vida como Deusa Tríplice: a Velha Sábia, a Mãe Generosa e a Donzela. Em cada um desses aspectos, ela é considerada virginal, que significa "uma mulher autossuficiente". Em muitas culturas, a Mãe Deusa continua até hoje enraizada na terra. Cultuada como a terra com todas as suas manifestações, a Mãe Terra é a totalidade da natureza da qual provêm todas as formas de vida.

A Mãe Terra tem muitos nomes. Ela é conhecida como "Mulher Bezerra Búfalo Branco", na mitologia Lakota; Ísis, no Egito; e Kunapippi, que quer dizer "Mãe de Tudo", na cultura aborígine. Ela é Gaia, a governanta terrena que protege a agricultura e o ecossistema. Seu mistério vive nas cavernas da terra. O sangue que jorra em seu fluxo de consciência reflete-se nos rios e nas cachoeiras. Ela é a beleza de um jardim ou de uma paisagem indomada, assim como o farfalhar tranquilo das folhas num claro dia de outono. O corpo de cada mulher é seu templo; os olhos são como suas estrelas brilhando no céu escuro; o sorriso é uma lembrança renovada de seu amor.

Você está convidado(a) a entrar no templo sensual da Deusa. Sinta a sua carne. Ande com os pés descalços sobre a terra. Deite-se sobre a grama úmida. Sinta o perfume da natureza ao caminhar entre as flores. Toque a pele dela ao escalar uma montanha ou plantar sementes em seu jardim.

Aplicações no Cotidiano

Para entrar em comunhão com a Mãe Terra e aceitar as inúmeras dádivas que ela tem para oferecer, é preciso uma boa dose de amor para consigo mesmo(a), uma vez que a nossa mente humana foi condicionada a acreditar que não merecemos tudo isso. A Plenitude da Vida nos dá a oportunidade para estabelecer uma base e concentrar nossa atenção no plano físico. Trabalhar com o arquétipo da Mãe Terra é ir fundo. Quanto mais você penetra nesse campo de experiência, melhor você entende sua relação com a abundância. O que significa abundância para você? Na realidade, é algo diferente para cada um de nós. O que quer que signifique para você, prepare-se para receber as riquezas que a vida lhe oferece diariamente. Quais são suas necessidades? O que você faz para satisfazê-las? Do que você se dispõe a abrir mão?

As tensões da vida numa cidade grande ou os conflitos da vida familiar podem comprometer a capacidade para progredir de uma pessoa. O sentimento de opressão pode bloquear os sentidos, deixando predominar uma sensação de cansaço e apatia. Existem muitas maneiras de atrair A Plenitude da Vida de volta para seu cotidiano. Examine os modos com os quais você trata seu corpo no dia a dia. Talvez seja hora de amaciar sua pele com algum creme perfumado ou de mergulhar num banho de espuma. Existem pessoas que preferem entregar-se à natureza e, para isso, fazem uma aventura na selva. Mergulhar nas águas cristalinas de um rio sob as estrelas ou sentar-se num campo de flores silvestres pode curar mais a alma do que somos capazes de imaginar. Sinta a abundância da Terra e contemple o milagre da natureza recriando cada dia sua mágica multicolorida. Lembre-se de que o mundo da natureza é um espelho de seu próprio potencial divino.

Remédios Naturais: Manzanita

A Plenitude da Vida está representada em *O Tarô da Deusa Tríplice* pela manzanita. É uma espécie sempre verde, cujo tamanho varia do de um arbusto ao de uma arvorezinha redonda. A manzanita é admirada pela beleza de seus galhos arqueados, bem torneados e de coloração vermelho-púrpura. Muitos pássaros adornam seus galhos. A manzanita comum dá flores em forma de sino, nas cores que vão do branco ao rosa, e frutas que parecem pequenas maçãs.

Essa planta tem várias características do Feminino Divino: produz pequenas frutas semelhantes à maçã, que é um antigo símbolo da fertilidade e da sensualidade. Sua casca é renovada periodicamente, como a pele de uma cobra, revelando uma grande variedade de cores em suas camadas interiores. Assim, ela está sempre renascendo e se transformando, morrendo para o velho e deixando-o ir, ao mesmo tempo que produz flores e frutos. Os galhos têm diversas formas e curvas, celebrando as inúmeras formas e os tamanhos do corpo humano. O elixir da flor da manzanita é um tônico maravilhoso que ajuda a pessoa a respeitar e aceitar o seu corpo. Isso é especialmente benéfico para homens e mulheres que sofrem de distúrbios alimentares ou que têm dificuldade para se relacionar com o mundo material.

Mensagem da Alma

*Que o meu corpo
seja uma vara de oração para o mundo.*

JOAN HALIFAX

4. A Linha do Equilíbrio

Estão vendo, meus irmãos e irmãs? Não é caos nem morte, mas forma, união e plano; é vida eterna, é felicidade.
WALT WHITMAN

Carta do Tarô Tradicional:
O Imperador

Interpretação Tradicional

Nos Arcanos Maiores dos antigos baralhos, a ênfase recaía sempre no mundo primitivo do inconsciente. Agora, estamos entrando na esfera do mundo civilizado. O mundo criativo que antes permanecia no interior é exteriorizado hoje em obras e atos. O poder do Imperador é fortalecido na pessoa que usa a racionalidade, assenta-se na ordem e concentra-se num alvo sem se deixar levar por crenças rígidas ou atitudes dominadoras em seus relacionamentos com o mundo. Na carta anterior – A Imperatriz – a premência para encarnar e fundir-se com o mundo natural é inerente. O corpo dela é o vaso, o cálice de ouro, o santuário, pronto para receber a plenitude da vida diária, inclusive a manifestação da comunidade organizada e da responsabilidade pública.

O número 4 simboliza a totalidade e a perfeição. Seu equivalente geométrico, o quadrado – representado pela santa cruz –, cria ordem e solidez, de modo que podemos, respeitando os limites da forma, continuar livres e inspirados interiormente. Tanto no plano do céu como no da Terra, o número 4 exerce um papel importante. Vemos o princípio ordenador do quatro nos quatro pontos cardeais, nos quatro cantos da Terra, nos quatro elementos (Terra, Ar, Fogo e Água) e nas quatro estações do ano.

O número 4 do Imperador nos traz para a realidade de diversas maneiras. Os eventos em forma tridimensional podem se concretizar por meio do Imperador. Pode-se sugerir que o triângulo de três lados abre a extremidade superior, o pináculo do espírito, para incorporar a outra linha que faz oposição à linha reta. Essa nova forma cria uma imagem do céu e da Terra tornada manifesta por obra da esfera humana.

Alquimia e Transformação

A carta da Linha do Equilíbrio exibe a figura do que pode ser um sacerdote ou uma sacerdotisa maia carregando sobre a cabeça um vaso contendo as águas essenciais da vida. Os antigos centros da cultura maia mostram-nos uma civilização que procurava integrar as qualidades do mundo espiritual ao plano terreno. Como os egípcios, os maias construíram estruturas arquitetônicas na forma de pirâmides, dando ênfase ao modelo geométrico triangular do Feminino Divino. Sistemas hidráulicos e canais eram construídos para abastecer a comunidade com água, o que, por sua vez, daria força vital e estabilidade ao povo.

Na maioria das civilizações antigas, podemos observar o desejo de alcançar o Céu com estruturas na Terra. Belas catedrais e castelos góticos foram, por exemplo, construídos em toda a Europa cheios de espirais, abóbadas, labirintos misteriosos, cavernas subterrâneas e janelas ornamentais com vidros coloridos em formas geométricas perfeitas. O desejo de infundir a harmonia do Feminino Divino nos espaços arquitetônicos deu origem a inúmeras obras admiráveis, aumentando a possibilidade de um mundo unificado.

Aproximadamente na época em que ocorreu a Revolução Agrária, a Deusa começou a se retirar, deixando o caminho livre para a humanidade iniciar-se no ego. Iniciamos, então, o processo de tentativa e erro que teve resultados extremamente antagônicos para a raça humana e para o planeta em geral. No curso evolutivo da humanidade, o medo começou a dominar. A necessidade de controle foi alimentada pelos ímpetos da ganância, da cobiça e das ideias autoinfladas de autoridade. A humanidade como um todo envolveu-se nesse cenário, mas agora é hora de nos perdoarmos pelos atos de destruição e fazermos o que é preciso para mudar a situação.

A Linha do Equilíbrio mostra a beleza e o foco daquele que segue o caminho sagrado. O corpo foi concebido na forma de um quadrado, indicando seu potencial de integrar forma e estrutura e, ao mesmo tempo, manter-se em equilíbrio com a natureza. Sua cor é o vermelho intenso, a cor do Chakra da Base. É ele que nutre as flores desabrochando, indicando os potenciais de unificação e de participação na criação dos seres humanos e do mundo natural.

A chave é servir. O caminho para a totalidade é sagrado. Apenas um governante seguro de sua autoridade pode traçar esse caminho de paz, sem temer nem possíveis ataques de fora nem traições de dentro. A iniciação é óbvia. O caminho de vida na Terra é feito de reverência e perdão. O aspirante terá de tornar-se o arco-íris, a ponte que liga os dois mundos, o obreiro da luz, o servidor da terra. Ele terá de aprender a "cortar lenha e carregar água".

Despertar para o Arquétipo: Atena

O arquétipo de Atena integra a lógica, a perspicácia e as habilidades práticas femininas. De acordo com o mito, Atena inventa ferramentas: o arado, o ancinho e outros implementos que promovem o desenvolvimento da agricultura e da lavoura. Sua imagem está ligada à da "fêmea do cavalo", para uso tanto na guerra quanto na agricultura, e com o navio, para exploração do mundo e incentivo do intercâmbio comercial. Sob sua orientação, A Linha do Equilíbrio é respeitada, pois Atena é cautelosa e estratégica. Seu objetivo é dominar a natureza para finalidades positivas. Ela procura respeitar o mundo natural enquanto busca satisfazer as necessidades da comunidade humana.

Quando necessário, Atena não tem medo de encarar o poder, nem mesmo a guerra. Ela demonstra o uso da intuição e do conhecimento quando formula seu plano. Ela entende a tendência humana para fazer guerra e, como a coruja, seu animal totêmico, enxerga tudo e vê além dos instintos e impulsos irrefletidos nesse sentido. Ela é capaz de manter a mente clara quando desafiada e tem o dom de colocar-se acima dos conflitos para encontrar soluções.

Atena nos ensina o uso correto do poder. A mulher Atena pode ser uma excelente profissional, consultora, política ou orientadora profissional.

Ela é um exemplo arquetípico de alguém engajado no mundo prático, que cria novas possibilidades em sua estrutura sem causar nenhum dano.

Atena é uma representação positiva do princípio masculino em nossa cultura. Por intermédio dela, você é convidado(a) a explorar novas maneiras de usar o poder. Tanto os homens quanto as mulheres têm a ganhar seguindo o código de conduta de Atena. Ela acredita na verdade, na justiça e na honra e não hesita em agir em defesa desses valores. Ela demonstra seu poder de inúmeras maneiras, mas jamais se permite fazer tentativas de controlar, violar ou dominar. Ela vive cada dia na Linha do Equilíbrio.

Aplicações no Cotidiano

Diariamente, são dadas a nós oportunidades de observar como usamos o nosso poder e como a autoridade e a liderança se expressam por meio dos valores comunitários, dos líderes políticos, dos valores familiares e das interações globais das múltiplas culturas. Estamos à vontade com o poder? Exercemos o poder com integridade e disciplina? Entendemos o que é A Linha do Equilíbrio?

Na vida cotidiana, se quisermos evoluir e participar com um nível de consciência mais elevado, teremos de começar a aceitar a ideia de que, em última instância, não existem nem vítimas nem carrascos. Para isso, os testes e autoexames atentos são cruciais. De que perspectivas observamos a nossa própria vida?

Existem leis e regulamentos que devem ser respeitados. Nesse estágio de realização, o indivíduo aprende a integrar as leis e o desejo de poder às propriedades espirituais da orientação superior. Sem essa disciplina e o uso da cautela, existe dentro do ser humano a tentação de ignorar as regras do equilíbrio e do discernimento. Os atos falam mais alto do que as palavras. Seus atos demonstram um desejo de cocriar com a natureza? Você demonstra sabedoria e compaixão em todos os seus relacionamentos? Pratica a generosidade? Trilha um caminho de paz?

Esta carta oferece a oportunidade para você descobrir o poder da sua vontade superior e colocá-lo em prática em tudo que vê e faz. Você tem, a cada dia, a opção de incorporar os valores de Atena ou viver fora dos limites do equilíbrio e do autorrespeito. Que lugar de seu corpo fica tenso quando você visualiza o uso do poder? Procure entender as diversas maneiras pelas quais você pode aliviar ou curar as tensões. Não tenha medo de exercer poder. Poder tem força. Poder é coragem. E, o que é mais importante, quando A Imperatriz, A Plenitude da Vida, encontra o Imperador, A Linha do Equilíbrio, a força dinâmica de suas polaridades cria o maior poder do mundo: o poder do amor.

Remédios Naturais: O Carvalho (Oak)

Talvez nenhuma outra árvore tenha sido tão amplamente reverenciada quanto o carvalho. Para os druidas, o carvalho era *"duir"*, a letra D do alfabeto druida, representando o poder. As igrejas irlandesas eram conhecidas como *"Dairthech"*, cujo significado era "casa de carvalho", um antigo nome druida para designar "bosque sagrado".

Existem diversos relatos sobre folhas de carvalho, madeira e galhos usados em antigos rituais e cerimônias da realeza. Muitas vezes, uma figura heroica foi recompensada por sua façanha com algum tipo de ornamento de carvalho. Por exemplo, qualquer soldado romano que tivesse salvado a vida de um cidadão seria homenageado com a mais cobiçada das coroas, que era a feita de folhas e bolotas de carvalho.

As pessoas que são capazes de enfrentar provas de resistência e arcar com tremendas responsabilidades são consideradas "fortes como o carvalho". *Oak* é um dos 38 remédios florais do Dr. Edward Bach. A essência da flor do carvalho ajuda a equilibrar a pessoa para que ela não sinta a necessidade de carregar o peso de todo o planeta nas costas. Essa essência permite à pessoa saber quando é hora de render-se ou de aceitar os limites. Com a ajuda desse remédio, a necessidade de afirmar o poder e de influenciar é equilibrada no âmago do feminino.

Mensagem da Alma

Siga diligentemente o Caminho no seu próprio coração,
mas não faça nenhuma exibição dele ao mundo.
Mantenha-se atrás, e será colocado na frente;
mantenha-se fora, e será colocado dentro.
Aquele que é humilde será preservado intacto.
Aquele que se curva será erguido.
Aquele que está vazio será preenchido.
Aquele que está gasto será renovado.

LAO-TSÉ

5. O Desabrochar do Espírito

O espírito é a vida. A mente é a que constrói.
O físico é o resultado.
EDGAR CAYCE

Carta do Tarô Tradicional:
O Sumo Sacerdote

Interpretação Tradicional

A carta número 5, O Sumo Sacerdote, dos Arcanos Maiores simboliza a quintessência da vida, aquela qualidade eterna do ser humano que transcende os quatro elementos terrenos comuns a todos os seres que vivem no planeta. A procura pela realização do Feminino Divino, ou Divindade, é crucial neste estágio de evolução. Agora há uma intensa busca de algo mais significativo do que o mundo exterior estabelecido pelo Imperador, ou A Linha do Equilíbrio. Há agora o anseio por um novo paradigma de equilíbrio, que possa reconciliar o mundo manifesto da abundância terrena com as leis espirituais de ordem superior. No sentido tradicional, esta carta une o Estado e a Igreja. O comércio abundante e a autoridade do Imperador devem agora encontrar conforto e sentido em outros lugares. Hoje em dia, o aspirante espiritual busca um significado mais elevado e uma união sagrada com o Divino como meio de iluminar o caminho da encarnação. Exemplos arquetípicos disso são observados em diversos estilos de culto e serviço representados por funções como de papa, sacerdote, monja e monge, bem como por chefes de família e leigos em geral.

Alquimia e Transformação

Este estágio de desenvolvimento passou a ser conhecido como "a face visível de Deus", porque a pessoa foi dotada da essência da graça divina. Essa bênção, ou "manto de luz", vem àqueles que se tornaram tão familiarizados com o infinito poder do amor e da sabedoria do universo, que ela acaba se fundindo com seu ser profundo. Esse tipo de beleza impregnada pelo espírito não poderia existir sem que houvesse um entendimento das leis superiores da liberdade e da forma. O Sumo Sacerdote vem para curar quaisquer crenças rígidas ou abusos de poder praticados pelo Imperador. Este estágio lembra a humanidade da eterna necessidade de união entre corpo, mente e espírito.

A imagem representada na carta é a da Mulher Sábia, envolta pela sua aura luminosa de sabedoria. O mundo natural tornou-se um holograma vivo no seu corpo, pois ela sabe que a Natureza e ela mesma são um único ser, ela é a Alma da Natureza. Ela está ajoelhada reverenciando a luz sagrada que a envolve. A aura verde de beleza divina representa o poder de seu coração, o quarto chakra, que foi ativado, alinhado e utilizado como fonte primeira de inspiração para a jornada que seguirá à frente.

Neste estágio da iniciação, a essência da centelha divina, ou eterna bem-aventurança, torna-se acessível a todos os seres vivos. Apesar de sua inspiração divina, o Desabrochar do Espírito é também humano, pois sua luz entra em ação e serviço por sua própria escolha. A paixão intensa do mundo material e a do mundo espiritual desejam unir-se. Essa união foi tanto exaltada quanto violentada por todas as religiões do mundo. Em O Desabrochar do Espírito, vemos o resultado positivo da intervenção divina, pois a união do espírito com a matéria acendeu o potencial de bem-aventurança no coração da humanidade.

Despertar para o Arquétipo: A Virgem da Luz

O centro luminoso de todas as manifestações é feminino em sua natureza. Por exemplo, a luz de Cristo é um reflexo do amor incondicional da Mãe Divina, ou Nossa Senhora. Em última instância, a face invisível da Deusa – às vezes percebida nas imagens de luz solar filtradas pelas paisagens naturais da Terra – é ofertada como "a Luz do mundo". A luz da criação nasce da centelha do amor incorporada no interior do ser humano. Sua fonte é a Grande Mãe Deusa, que, em união partenogenética consigo mesma, deu à luz o Filho, ou Sol, do "Útero Sagrado".

As muitas manifestações dessa luz se refletem numa miríade de arquétipos da Deusa, todos conhecidos como "Virgens da Luz". A *Shekinah* da mística judaica oferece à humanidade a luz de seu Ser Divino para que possamos sentir a essência de Deus em nosso interior. Ela veste o manto da divindade. Seus mantos e véus são o mundo como o conhecemos. A essência de sua luz é tão universal que ela passou a ser chamada de "Música das Esferas" ou de "Árvore da Vida".

Você é convidado(a) a encontrar O Desabrochar do Espírito em sua vida cotidiana. A cada dia, há uma semente de inspiração procurando terreno fértil para germinar e crescer. Essas diferentes inspirações e ideias estão prontas para serem realizadas em sua vida. A luz gloriosa da Virgem do Céu envolve você com sua luminosidade, o desabrochar do prazer de seu destino supremo.

Aplicações do Cotidiano

A vida produtiva do mundo material nem sempre tem lugar para a expressão do feminino mais luminoso. Na busca por atender o que esperam de nós, ou mesmo quando adotamos posturas tidas como mais eficientes para dar conta das infindas tarefas do dia a dia, podemos reproduzir sem perceber uma mentalidade rígida, repetitiva e apática que nos conduz sempre aos mesmos resultados.

Por outro lado, quando nos conectamos à nossa expressão mais criativa e divina, isso enriquece nossa experiência de mundo, pois o fluxo da abundância é a própria emanação do feminino na materialidade. Ultrapassar um estágio de rigidez e engessamento do pensamento dominante faz com que enxerguemos como a vida pode ser mais abrangente.

Sua vida hoje reflete a abundância da Deusa? Você se sente inspirada a criar uma realidade que vá além dos limites que você conhece hoje? Ou seus sonhos só alcançam até um determinado ponto permitido?

A Virgem da Luz nos inspira ao reconhecimento de que somos maiores do que aquilo que conhecemos e que a Deusa pode se manifestar em nós à medida que nos aceitamos em nossa integridade e nos permitimos ir além. Sinta como esse feminino mais luminoso já está presente em você, trazendo a inspiração necessária para a vida desabrochar em mais beleza e alegria hoje.

Remédios Naturais: Angélica

A angélica é uma planta também conhecida como "raiz de anjo", que é usada há séculos como tônico espiritual tanto no Oriente quanto no Ocidente. O corpo da planta, com suas raízes, está firmemente fixado na terra. Sua flor em forma de guarda-chuva exibe um luminoso espetáculo de flores brancas-esverdeadas que funcionam como uma auréola de proteção angelical. Suas raízes profundas simbolizam a importância de termos uma base firme no plano terreno, enquanto sua flor em forma de majestoso guarda-chuva representa a auréola de luz que nos guia e protege.

Essa planta pode ser usada como essência floral para ser tomada oralmente ou como óleo para untar o corpo. A flor ativa a cura e fortalece a relação da pessoa com seus auxiliares e protetores divinos. Ela também ajuda a equilibrar e manter a integridade dos planos espiritual e temporal.

Mensagem da Alma

A Terra, nós mesmos,
Respirando e despertando,
folhas agitando-se,
tudo se movendo,
novo dia amanhecendo,
a vida se renovando.
PRECE DOS PAWNEES

6. O Coração Aberto

> Isso é amor: voar para um céu distante;
> fazer uma centena de véus cair a cada instante.
> Primeiro, deixar a vida seguir seu curso.
> E, finalmente, dar um passo sem os pés.
> — Rumi

Carta do Tarô Tradicional:
Os Amantes (O Enamorado)

Interpretação Tradicional

A carta O Enamorado está ligada ao número 6 e às qualidades da lealdade, do compromisso e da união. Pitágoras considerava que o 6 era o primeiro número perfeito devido ao fato de ser formado por suas partes (1, 2 e 3). Tradicionalmente, o 6 é representado simbolicamente como uma estrela de seis pontas formada por dois triângulos sobrepostos, um apontando para cima, o outro, para baixo. O triângulo apontando para cima está associado ao espírito ígneo do Masculino Divino, enquanto o triângulo voltado para baixo se refere ao espírito aquático do Feminino Divino. Juntos, esses dois triângulos representam o casamento alquímico do masculino e do feminino bem como a reconciliação dos opostos.

Alquimia e Transformação

Pelo casamento sagrado dos aspectos do Feminino Divino e do Masculino Divino, a alma obtém o conhecimento íntimo e direto do Amado. Esse é o êxtase supremo. O casamento interior manifesta-se como uma grande celebração cósmica, sobre a qual jorram sabedoria e amor divinos, impregnando todo o universo, inclusive cada uma das almas humanas, com um sentimento de paz e clareza que não deixa nenhuma dúvida. A Alma do Mundo revela-se e rejubila-se nessa suprema expressão de amor.

A carta mostra uma linda mulher abraçando a semente geradora do novo amor. Ela a acaricia junto ao coração. Sua roupa cor de fogo emana ondas de vibrações que sobem da terra através de seu corpo. Essa é a energia luminosa do tantra, a arte do amor impregnado de espírito, ensinada pelos mestres das escolas orientais de iniciação. Ela ilumina seus dois primeiros chakras, os centros da procriação e da criatividade. Seu desejo sexual fundiu-se com o aspecto que tudo sabe do amor divino. A parte superior do seu corpo é azul, a cor da verdade. É como se a vastidão do céu estivesse unida ao seu corpo para que uma pequena esfera lunar pudesse brilhar no seu interior. Essa Lua interior reflete a Lua da verdade original, revelando a fonte divina do amor que é seu direito natural, o dom eterno do Feminino Divino.

Este estágio de iniciação exige dedicação e compromisso, pois as tarefas envolvidas são as mais difíceis para a alma humana compreender. A pessoa tem de aceitar que a essência do amor encontra-se dentro dela e evitar a tentação de procurá-la em outro lugar. Cada ser humano é um instrumento da divindade. O amado com o qual escolhemos compartilhar nossa vida íntima é apenas um reflexo da nossa natureza amorosa. Enquanto procuramos o amor fora de nós, só encontramos decepções e desilusões. O verdadeiro amor requer disciplina, compromisso e paciência. É um caminho de domínio pessoal e devoção que requer compaixão e perdão.

A luz do verdadeiro amor por si mesmo nunca o abandona. Seja amoroso e generoso para com você próprio(a) e ouse trilhar o caminho do amor incondicional.

Despertar para o Arquétipo: Afrodite, a Deusa do Amor e da Beleza

Na mitologia grega, Afrodite é a Deusa do Amor. Nascida do mar da criação, Ela traz o hino do amor para homens e mulheres. Segundo a narrativa mitológica, os ventos e ondas a levaram a Chipre, a ilha que se tornou o seu lar, e, quando Ela colocou seus pés na terra, surgiram flores por toda a sua volta. Ela atraía tanto homens quanto deuses ao seu leito de rosas: daí muitas poções e fragrâncias serem consideradas "afrodisíacas".

O amor está tão perto de nós quanto o ar que respiramos; é tão natural quanto o ir e vir das ondas, tão simples quanto os raios do sol acariciando a terra; mas nós, com nossa mente dividida, o transformamos em algo complicado, distante e, em muitos casos, inatingível. Em realidade, a ignorância a respeito da verdadeira natureza do amor é a principal causa do sofrimento humano. Portanto, sejamos mais atentos e contemplativos em nossa aproximação do amor. Imagine por um instante que o amor tem duas dimensões: a horizontal, confinada e limitada pelo tempo e espaço, e outra vertical, representando o vínculo infinito e eterno com o espírito. É comum o amor humano ficar restrito ao plano horizontal, fomentando o desejo de ser dono, possuir e controlar o "objeto de amor". Essas estratégias, motivadas pelo medo, estão fadadas ao fracasso.

Afrodite oferece à humanidade o amor do plano vertical. O amor dela não é limitado pelo tempo; ele é eterno e profundamente satisfatório. Ele envolve cada um de nós em todos os instantes de cada dia. Ele habita a caverna do nosso coração e dali expande-se para fora, incondicionalmente, uma vez que a virtude do amor por si próprio tenha sido dominado no interior do corpo anímico da pessoa. As qualidades arquetípicas do amor de Afrodite provêm da esfera transcendental da unidade e da liberdade. A união com o amor dela leva à totalidade, uma vez que Ela é como uma ponte que liga os dois polos opostos do masculino e do feminino no interior de sua luz dourada.

Você é convidado(a) a penetrar nas câmaras douradas da Deusa do Amor. Quando somos tocados por Afrodite, ficamos envoltos numa auréola de êxtase. Deixe que o elixir do amor que Afrodite derrama em seu coração/cálice transborde sensualidade, liberdade, generosidade e amor incondicional para com você mesmo(a) e com os outros. Encontre mais tempo para cuidar do seu corpo, do seu cabelo, de suas roupas e de sua casa. Ouse ser a beleza arrebatadora que vive em seu coração.

Aplicações no Cotidiano

Afrodite está ligada a tudo o que tem a ver com beleza, amor, cuidado, adoração e sensualidade. Quando encontramos o arquétipo da Deusa do Amor em nosso cotidiano, temos a oportunidade de trabalhar com o Chakra do Coração, o centro de energia sagrada em nosso corpo humano. Quando esse chakra está com as energias bloqueadas em consequência de traumas de infância, perda de amor, rejeição ou medo da intimidade, a pessoa tem dificuldade para receber amor.

Uma prática muito eficaz é colocar-se de pé com os braços estendidos para o céu de modo a formar um cálice. Imagine que você está transbordando o elixir do amor divino. Deixe que a luz irradiante de Afrodite inunde o seu coração. É comum a gente esquecer a força que tem nosso próprio amor. Ofereça o seu amor ao mundo em todos os seus atos, por menores e mais insignificantes que possam parecer. Você perceberá que as pessoas não conseguem resistir a você, porque o amor que emana de sua conduta tanto cura quanto contagia.

Diariamente, ao fazer a jornada arquetípica de Afrodite, reserve seu tempo para estimular a abertura de seu coração. Acenda uma vela em sua casa para simbolizar a pureza do amor que você deseja compartilhar com o mundo. Sua chama lembrará você do amor que arde no seu interior.

Remédios Naturais: A Rosa

De todas as flores do jardim mágico da natureza, a rosa é uma das mais reverenciadas. No sentido esotérico, ela tem relação próxima com o lótus. Ambas essas flores remetem a *yoni*, referindo-se ao mistério criativo da maternidade. A rosa é relacionada à Vênus, pois com suas cinco pétalas representa a estrela do amor que vive no coração da Deusa. Está também ligada à Mãe Divina, e sua linda flor é a encarnação do espírito.

O óleo de rosa é uma das vibrações mais puras que existem. Ele abre o Chakra do Coração e faz expandir a alma. O caule espinhento da rosa está em clara oposição à sua agradável fragrância, refletindo o sofrimento e a dor que temos de suportar para perceber e sentir a doçura do verdadeiro amor.

As raízes da roseira aprofundam-se na terra, dificultando que a planta seja arrancada. Assim como a roseira é resistente e suporta as árduas intempéries, o ser humano pode vencer grandes obstáculos, especialmente se tiver como base a pureza do amor por si mesmo.

Mensagem da Alma

*Encha de tal maneira o meu coração de Amor
que cada lágrima minha se transforme numa estrela.*

HAZRAT INAYAT KHAN

7. Jornada de Volta para Casa

Mostraram-me um passarinho aprendendo a voar. Suas primeiras tentativas foram extremamente débeis; mas, usando cada vez mais as asas, elas foram ficando mais fortes, até que, finalmente, ele descobriu a liberdade de voar, de conseguir alçar voo para grandes alturas e percorrer grandes distâncias sem nenhum esforço. Eu ouvi as palavras: A fé vem com a prática. Viva com fé até ela se tornar como uma rocha, inabalável, e encontrará a verdadeira liberdade do Espírito.

Eileen Caddy

Carta do Tarô Tradicional: O Carro

Interpretação Tradicional

Toda jornada oferece inúmeras oportunidades para o desenvolvimento da consciência a um patamar que pode mudar o curso da vida de alguém para sempre. O Carro sugere muitas associações com a mente. Na mitologia grega, Apolo, o Deus do Sol, rege o firmamento e conduz uma carruagem de ouro reluzente. O Carro nos abre o caminho para olharmos mais profundamente em nosso interior e descobrirmos os recursos que ali guardamos. Vitória e coragem são manifestações externas de algo muito mais nobre e significativo, pois é a força do mundo interior que infunde a esfera consciente da atividade e do triunfo humanos.

A carta O Carro – simbolizada pelo poder mitológico do número 7 – é regida pela força do inconsciente, que impulsiona a pessoa a sondar as cavernas profundas da alma. O número 7 é inerentemente místico. Sob influência da força desse número, é comum a pessoa dedicar-se a estudar e refletir silenciosamente, pois tem necessidade de aprofundar seus conhecimentos e se entender melhor.

Nessa fase, o casamento sagrado simbolizado pela carta O Enamorado fixou um cálice, que tem a forma de útero, no interior da psique. Isso vai ajudar muito na vida, pois a síntese dos aspectos masculino e feminino proporciona uma base para a pessoa atuar no mundo em outro patamar. O Carro dá início à próxima sequência de sete Arcanos Maiores no Caminho Régio da Sabedoria. Aqui, a ênfase passa de um curso evolutivo mais pessoal e primário para o refinamento dos princípios da iniciação e do serviço.

Alquimia e Transformação

O Carro marca um momento decisivo no desenvolvimento da consciência humana, pois é nesse estágio da iniciação que o indivíduo toma consciência de sua individualidade e tem de encontrar um caminho de volta "para casa", ou para seu espírito. Essa "jornada" rumo à consciência interior marca o momento na vida de uma pessoa em que surge um nível mais elevado de amadurecimento, pois ela terá, dali para a frente, de enfrentar o desafio da individuação. A busca de identidade expandiu-se para fora, mas, ironicamente, o significado cósmico do propósito da própria vida tem de ser encontrado interiormente.

A figura na carta Jornada de Volta para Casa mostra o movimento para a frente da força da alma representada pelo Voo da Deusa, cujo corpo está cercado por seus anjos alados, os pássaros brancos que a guiam. Ela voa em direção à Lua, que simboliza as águas interiores ou as emoções humanas. A Lua, do ponto de vista da astrologia, guarda o código ou a memória da alma humana. Seus braços estendidos cingem a esfera luminosa da Lua, significando sua disposição de encontrar o "lar de origem" de onde veio o corpo anímico. Dessa perspectiva, a pessoa assume inteiramente os atributos celestiais do Feminino Divino. O céu azul representa sua busca da verdade suprema. Os pássaros brancos representam a liberdade pura que resulta da busca interior de união e harmonia do espírito com a matéria.

Nessa etapa da iniciação, o aspirante espiritual busca ter uma relação pessoal com o mundo. Para conseguir isso, ele tem de se privar daquilo que é transitório nas esferas exteriores e assumir o que é fluido e eterno. Enquanto o ser humano viver com base nos prazeres e nas dores da vida, ele não chegará a conhecer o mundo imutável e suprassensível. Ele poderá aprender a fazer isso com a intermediação da alma e viver por meio do eu intuitivo que, com o tempo, vem a tornar-se o principal órgão de percepção.

A relação entre o eterno em nós e o eterno nas coisas do mundo tem de ser perfeitamente assimilada. Por exemplo: ao observar uma pedra, uma planta ou uma estrela, faça a seguinte pergunta: "Qual é a realidade permanente que vive nessa manifestação provisória?". Cada folha, cada inseto, por mais minúsculo que seja, desvendará o eterno mistério que está além da capacidade de enxergar de nossos olhos físicos. Quando o olho é dirigido para o espírito, quando o indivíduo abre a janela da alma e aprofunda sua busca da verdade universal, então, e só então, cada matiz e cada lampejo tornam-se parte da Jornada de Volta para a Alma.

Despertar para o Arquétipo: A Mulher-Pássaro

A figura da Deusa em forma de pássaro é encontrada em inúmeras culturas, sendo uma das mais antigas a da Mulher-Pássaro das cavernas paleolíticas de Lascaux, na França, datadas de vinte mil anos a.C. Outra imagem da Mulher-Pássaro é a que existe na mitologia dos Maoris da Nova Zelândia. As Deusas – junto às inúmeras figuras femininas com máscaras representando o poder do falcão, da coruja, do corvo e da pomba – atuam como mensageiras entre o Céu e a Terra, levando presságios, comunicando-se com guias e guardiões celestes, bem como transportando a essência da alma iluminada.

O pássaro simboliza a expansão da consciência e, desde o início dos tempos, foi ligado à reencarnação e ao renascimento. De fato, a palavra latina *aves* significa tanto "pássaros" quanto "espíritos ou anjos ancestrais". Também na mitologia budista, é dito que, para empreender a jornada da transcendência, a pessoa tem de tornar-se "como um pássaro" ou ser acompanhada por um pássaro. Os pássaros nascem duas vezes: a primeira dentro do ovo e, depois, fora dele. Além disso, o pássaro – como uma grande carruagem celeste – cumpre sua missão de permanecer em curso por todos os diversos estágios de seu ciclo de vida.

Você é convidado(a) a alçar voo para a vastidão do seu céu interior, em sua jornada ao poço infinito de sua verdade e sua sabedoria profundas. Vá além do ego pessoal. Busque refúgio dentro do céu da nova percepção. Seja como os *dakinis* budistas – conhecidos como *Dançarinos Celestes* –, que habitam um palácio celestial de luzes e lótus.

O 7 é um número sagrado. Os iniciados nos Mistérios Mitraicos subiam uma escada de sete degraus, cada um feito de um metal diferente, correspondendo às setes esferas planetárias e suas divindades. Identifique sua própria jornada e voe diretamente para o êxtase da autorrealização e do renascimento.

Aplicações no Cotidiano

A oportunidade de entender e conhecer mais surge a cada dia para a alma de cada um. Em nossa rotina diária, percorremos de carro, de bicicleta ou a pé os mesmos caminhos, dia após dia, completamente insensíveis em relação aos mistérios e à mágica que nos cercam. Quase sempre apressados, deixamos que nossa vida seja conduzida por relógios externos feitos pelo homem, até nos levarem a um estado de total exaustão. Essa forma de viver determinada por cronômetros cria uma aceleração cada vez maior, numa espécie de ciclo fechado ou círculo vicioso. Trabalhamos arduamente em busca do sucesso material e depois continuamos levando uma vida agitada para manter *a status quo* adquirido.

A Jornada de Volta para Casa vem a você num momento auspicioso. O próximo estágio de evolução está batendo à porta do seu coração. É hora de desacelerar, de abrir a porta e ir ao encontro do seu destino. Mergulhe na natureza. Observe o mistério da vida com novos olhos. As flores irradiam uma luz iridescente para além da estrutura atômica de suas formas. Algo mágico está acontecendo. Você está a caminho "de casa". Saiba que, indubitavelmente, você é mais do que pode ser visto com o olho físico. É a hora certa para você estabelecer a devida relação entre corpo, alma e espírito.

Remédios Naturais: Estrela Cadente (Shooting Star)

Essa linda florzinha parece uma estrela, um cometa ou uma carruagem precipitando-se para a Terra. A estrela cadente lembra que você veio ao mundo com muitos dons e talentos especiais, como também com uma missão e um destino só seus. A pequena carruagem, ou estrela cadente, é uma bela metáfora do caminho que você pode seguir para o cumprimento de seu destino. Não protele. Vá diretamente ao centro da questão. Viva cada dia como se fosse o último da sua vida.

A essência dessa flor pode ajudar você a encontrar a verdadeira missão de sua alma. A esta altura, talvez você sinta uma profunda integração com os espíritos das plantas e os elementos das flores, já que o mundo material ao seu redor ampliou-se de repente. É como se as minúsculas partículas que constituem a estrutura atômica da matéria estivessem dançando e tremeluzindo de prazer. Isso pode não ser visível a olho nu, mas pode ser sentido e intuído pela energia do prazer de despertar.

Mensagem da Alma

*Transpomos o véu do medo,
iluminando o caminho uns dos outros.
A santidade que nos conduz
está dentro de nós, como também está a nossa casa.*

Um Curso em Milagres

8. A Força

Dando comida aos outros, adquirimos mais força.
Vestindo os outros, ganhamos mais beleza.
Oferecendo moradas de pureza e verdade, adquirimos grandes tesouros.
BUDA

Carta do Tarô Tradicional: A Força*

---

* Nesta versão do tarô, as cartas de número 8 e 11 – A Justiça e A Força respectivamente – estão trocadas com relação à ordem do Tarô de Marselha. (N. da T.)

Interpretação Tradicional

A carta que representa A Força tem muitas conotações mágicas a ela associadas. O iniciado que – por meio da carta O Carro – entrou na "casa" da alma ficou fortalecido e abriu-se para novas experiências. Sua vontade foi domada. O impulso para o poder e a dominação – simbolizado pelo leão na carta referente à Força do tarô tradicional – pôde agora ser domado e humanizado. Os animais selvagens em geral correspondem à autorrealização, porque são leais para com sua natureza instintiva, que é pura e bruta. Como aparece na carta do tarô tradicional, a jovem que representa A Força abre a boca do leão e coloca sua vida nas mãos da "besta do amor". Ela atua como uma espécie de barômetro para o delicado equilíbrio entre a força de vontade do ego e a vontade divina. Assim, ela submete sua vontade ao leão, enquanto o leão oferece a ela seu aspecto suave.

Passamos a entender a Força de outra maneira por meio do testemunho dessa interação. O verdadeiro poder é "o poder do amor", e não "o amor pelo poder". Ele não é um ato externo, mas uma energia pura que vem do coração. O leão, associado ao signo zodiacal do mesmo nome, rege o coração. Também a mulher, como representante do Feminino Divino tornado mortal, rege a humanidade a partir do coração. A ponte que liga a alma humana à busca do amor verdadeiro fica evidente na carta A Força.

Alquimia e Transformação

A existência do corpo humano é visível a todos. A experiência da alma, entretanto, é pessoal e única para cada indivíduo. Ela permanece invisível, a não ser para a visão interior. À medida que o iniciado passa pelos diversos estágios de evolução, os mistérios do mundo exterior vão se revelando aos sentidos internos e surge uma nova harmonia entre a humanidade e a natureza.

Representando a carta da Força em *O Tarô da Deusa Tríplice*, há uma mulher forte cujo corpo, com exceção de parte de uns dos pés, está envolto de uma esfera em forma de lágrima. Seu pé direito estende-se para fora dessa "lágrima universal", indicando que ela está preparada para ir ao encontro do mundo das formas e do sofrimento de maneira palpável. É como se ela estivesse saindo do útero da Deusa, pronta e apta para exercer o verdadeiro poder em benefício do mundo. As pedras sobre as quais ela está sentada têm a forma oval, representando as sementes da terra que guardam dentro de si a memória da eternidade. Penas púrpuras parecem cair do seu coração, simbolizando as qualidades suaves que ela carrega na alma. A montanha atrás dela, diferentemente, representa o poder da Força inabalável. Na verdade, ela é "forte como uma montanha e suave como uma pena".

Neste estágio da iniciação, é imprescindível que a pessoa aplique a sabedoria da carta anterior, Jornada de Volta para Casa, às suas tarefas cotidianas. Esse passo para A Força é uma verdadeira prova de caráter para a pessoa. Como ela vai usar esse poder? Como vai usar a sua vontade? Como entende a relação entre a sua vontade e a vontade divina? Ao dar um passo para dentro da esfera da vida consciente, ela terá de superar as limitações do passado e começar a assumir as habilidades e os atributos do autodomínio. Assumir uma tarefa como essa sem a força do coração é um erro. A suavidade das penas púrpuras indica a doçura da alma que tem de impregnar todos os seus atos. A carta A Força assegura a obtenção dos meios capazes para enfrentar os desafios do plano físico.

Despertar para o Arquétipo: A Mãe Terra

São abundantes os mitos de criação referentes à nossa Mãe Terra. Em seu processo de despertar para A Força de seu verdadeiro propósito e seu destino, aprenda a recriar o mundo à maneira dela, utilizando as forças do amor e do poder. Quando você rasga o véu das ilusões e defronta-se com o mundo, completo e intacto, tudo é possível. Você só precisa mover suavemente uma ou duas montanhas!

Para o povo Lakota das Planícies, era a Mulher Búfalo Branco que aparecia como a Mãe Terra. Ela ensinava à sua tribo as leis supremas da virtude e mostrava-lhes o caminho por onde chegar à pureza de coração. Seu legado é ritualizado até hoje, numa cerimônia em que as preces de seu povo são levadas para o Grande Espírito na concha sagrada de um cachimbo de madeira. Essa concha – versão indígena americana do vaso hermético – representa tanto a Terra quanto o coração das pessoas. Diz-se que nela cabe o universo inteiro. A Mulher Búfalo Branco inspirou o povo Lakota a ir além dos desejos individualistas e procurar alcançar a pureza de coração. Ela veio como uma mensageira para curar a Terra.

A Força do corpo feminino da Mãe Terra é celebrada em inúmeros mitos e lendas de todas as partes do mundo. Essas lendas de cunho cultural saíram da própria Terra, já que ela é a nossa mais antiga fonte de inspiração, como também o nosso melhor mestre. De todas as manifestações naturais da Terra, talvez a montanha seja a mais frequentemente associada ao poder e à majestade da Grande Mãe. Em todos os países, as montanhas são identificadas com seios, barriga e vulva – O Paraíso dos Deuses.

As montanhas cobertas de neve eram vistas de cima como seios cheios de leite, constituindo, portanto, fonte de alimento para os povos. Além disso, em geral, a Mãe Montanha era considerada uma fonte de água vivificante. Uma das mais antigas referências à trindade divina hindu formada por Parvati-Kali-Uma era a de "Filha do Himalaia". Também as pirâmides eram consideradas montanhas feitas pelos homens, construídas para servir de trono para o casamento divino com a Deusa, como úteros na terra e santuários.

Com a carta A Força, o(a) consulente é convidado(a) a entrar no santuário da Mãe Terra, onde a força e a integridade do Feminino Divino são guardadas, fortalecidas e regeneradas. Essa fonte está disponível a qualquer um, seja homem ou mulher. À medida que a jornada vai descendo para as profundezas da alma humana, torna-se possível uma nova relação fortalecida com a Terra. A força vem do coração. O coração da humanidade jaz no útero da Grande Mãe. Ela mostra sua força de diversas maneiras, mas o mais importante é que ela aprimora a força primitiva, bruta e agressiva da humanidade. A mulher que aparece nesta carta personifica esse potencial de humanização. Ela não tem asas nem coroa, pois é inteiramente mortal. Sua missão é aprimorar a natureza da humanidade, abrindo-a magicamente para a possibilidade de estabelecer uma relação correta com o mundo.

Aplicações no Cotidiano

Existem inúmeras maneiras de cada um fortalecer sua relação de harmonia com a Terra, assim como com o caminho de vida ou destino pessoal. A relação com a natureza é um dos modos mais seguros de tocar o manto da Deusa e abrir as portas do coração para uma nova coragem. Há pessoas que talvez nunca venham a conhecer essa energia vital, pois a cultura ocidental perdeu o contato com a vitalidade da Mãe Terra. Quando o Chakra da Base está bloqueado ou desequilibrado, é difícil fincar os pés na terra e obter os benefícios da força do Feminino Divino.

A mulher que aparece na carta correspondente à Força em *O Tarô da Deusa Tríplice* está aprimorando as forças instintivas. Você é convidado(a) a fazer o mesmo. Dominar a força da terra no seu íntimo, dedicando-se a cultivar uma relação íntima com a natureza, por exemplo por meio de caminhadas nas montanhas e nas selvas, deixando o vento acariciar a sua pele. Agache-se para examinar os primeiros botões de flores da primavera. Deite-se de costas sobre a terra nua e observe a Lua aparecer e desaparecer. Deixe que a Terra lhe dê o alimento. Abra o seu coração para o corpo dela e terá renovada a sua força.

Remédios Naturais: Mountain Pride

Trata-se de uma flor originária das partes mais altas da Sierra Nevada. Ela tem a forma tubular, parecendo indicar algo como uma trombeta em conclamação. Sua cor vermelha intensa sugere o amor humano profundo, enquanto sua base compacta simboliza a energia que dá firmeza e estabilidade.

A essência dessa flor ajuda a pessoa a fazer o que precisa ser feito, especialmente na área de trabalho e objetivo de vida. Na etapa atual do processo de evolução do mundo, é vital o retorno de cada ser humano à fonte do saber que constitui o nosso direito natural. *Mountain Pride* contém as qualidades arquetípicas do guerreiro espiritual. A essência dessa flor inspira força, coragem e convicção à pessoa e, ao mesmo tempo, aumenta o poder do amor no coração.

Mensagem da Alma

Ó flor (Mountain Pride) de beleza majestosa,
Ensina-me a aceitar a minha responsabilidade
Para seguir o meu caminho irradiando amor,
Fazendo da minha jornada
Um Caminho com O Coração.

ISHA LERNER
(do livro *The Power of Flowers*)

9. Os Ancestrais

Mas é nesta solidão que as atividades mais profundas têm início.
É aqui que você descobre a ação sem movimento,
o trabalho que é um repouso profundo, a visão na escuridão e,
além de todo desejo, uma realização cujos limites se estendem até o infinito.

THOMAS MERTON

Carta do Tarô Tradicional: O Eremita ou A Velha

Interpretação Tradicional

Prosseguindo no Caminho Régio da Sabedoria através dos Arcanos Maiores, o iniciado acaba chegando à caverna de concentração e convergência do Eremita. Na carta A Força, o aspirante fixou uma base segura no mundo do cotidiano, acumulando ideias e estratégias que pudessem suportar atos de poder. Quando você começa a negociar um novo mundo de poder, falsas expressões de poder não podem se sustentar, porque elas não apoiam as visões do indivíduo desperto. Ajustes e reconsiderações são o que a hora exige. Junte-se ao Eremita, que vai levar você ao âmago da situação, qualquer que seja, e iluminar as áreas que demandem reflexão. Algo pode estar totalmente errado no centro vital. A pessoa pode estar se sentindo vazia e sem rumo, ou simplesmente precisando de "uma folga" para recarregar-se e renovar-se interiormente. Neste estágio de desenvolvimento, a pessoa começa a contemplar a paisagem interior do inconsciente. O Eremita acende uma luz no plano inconsciente e ilumina o caminho para que outros níveis de desenvolvimento e crescimento possam ocorrer no âmago do indivíduo.

Nove é o número que rege O Eremita. Nove é igual a 3×3. O importante aqui é que A Imperatriz, a carta número 3, atravessa a grande tríade do Feminino Divino três vezes para chegar à Velha. A carta O Eremita ou A Velha é, portanto, um aspecto da Deusa Tríplice, simbolizando o ponto no qual a pessoa começa a preparar o inconsciente para o renascimento ou o recomeço de uma vida em outro nível de sabedoria e serviço.

Alquimia e Transformação

A carta número 9 mostra a figura da mulher experiente, que encontrou o seu centro no âmago da vida. Com os braços abertos e as palmas das mãos voltadas para o chão, ela controla os vórtices energéticos que emanam das profundezas. Sua vestimenta tem a cor do Chakra da Base, o vermelho da paixão, indicando a sua ligação profunda com a terra. Seu corpo reluz dentro do útero vermelho-rubi da Mãe Terra. Sua caverna, ou espaço interno, está cercada de símbolos de ascendência nobre, como O *ankh* egípcio, símbolo de seu espelho de mão, como também da vida; a cobra, símbolo da vida eterna e da transformação; O Sol, representando a luz consciente da humanidade; e vários animais totêmicos. A cabeça dela é adornada com uma cabeleira branca macia. Ela representa o amadurecimento da consciência que só o tempo, a paciência, a experiência e a persistência podem proporcionar.

Este estágio de iniciação exige, para trazer revelações e discernimentos, períodos prolongados de meditação, contemplação e reflexão silenciosa. A palavra *revelação* provém de *revelatio,* que significa "tirar o véu". É comum a figura arquetípica da Mulher Sábia ou Velha aparecer usando véu para simbolizar os tesouros ocultos de antigas verdades guardados no seu vaso de vida.

Em nossa vida atarefada, é difícil encontrar tempo para relaxar e sentir a tranquilidade que pode facilitar a jornada interior. Entretanto, neste nível de purificação e crescimento, é de importância máxima a pessoa saber estabelecer seus limites com cuidado. A jornada essencial aos recantos do inconsciente auxilia o conhecimento interior que vai determinar as bases de um futuro iluminado.

Despertar para o Arquétipo: A Mulher Sábia ou Velha

A Velha nos introduz nos grandes mistérios da vida. Tipicamente, ela representa a fase pós-menopausa da vida da mulher ou a fase de coroamento. Ela é a Deusa da Lua Escura, cujo ser interior colhe os frutos da sabedoria resultantes de sua rica experiência de vida. Nas tradições antigas, essa fase da vida iniciava a mulher nos poderes de orientar, curar e aconselhar, cujas funções eram honradas e respeitadas pela comunidade por implicarem tanto domínio de conhecimentos quanto dons de profecia e ritual.

A passagem das fases de donzela e mãe (ou de menino e pai) para a posição mais avançada da Velha instiga-nos a explorar os tesouros ocultos que estão embaixo da superfície da vida cotidiana. Esse ciclo constitui uma cura – a pessoa é capaz de estabelecer contato com os fios internos da psique, trançados com diversas experiências de vida que ela acumulou até o momento da iniciação. O antigo símbolo da Mulher Sábia ou Velha é uma energia arquetípica que pode ser ativada em diferentes momentos da vida dessa pessoa. Ela não precisa estar na menopausa ou ter mais de 50 anos de idade para alcançar essa posição de poder. Existem momentos em nossa vida, independentemente da idade, nos quais temos de penetrar nas cavernas escuras da alma e responder aos apelos de mudança e transformação.

O trabalho interior empreendido nesses momentos acionará a cadeia kármica de causa e efeito a fim de trazer recompensas futuras. Essa passagem não pode ser evitada. Cada um de nós vai se deparar com diferentes níveis ou estágios de consciência na estrada para uma consciência mais elevada. A iniciação da carta Os Ancestrais, ou A Velha, é um processo realmente transformador, que leva uma pessoa mais longe no Caminho Régio da Sabedoria.

Aplicações no Cotidiano

Quase todas as crianças têm medo do escuro. Elas olham debaixo da cama, examinam os armários e todos os cantos à procura do temido "bicho-papão". No mundo ocidental, nos relacionamos com "o escuro" de maneira totalmente superficial, associando-o à negatividade e ao perigo. Por isso, não sabemos ou não queremos integrar a profundidade do saber guardado nos cantos escuros da psique. Ironicamente, é quando recusamos o convite para empreender a viagem interior – quando essa se faz realmente necessária – que podemos entrar em estado de depressão ou melancolia. Acabamos nos retirando do mundo para uma espécie de isolamento torturante, sem nunca perceber que o bicho-papão só é bicho-papão enquanto não nos voltamos para encará-lo.

Existem, entretanto, muitas maneiras de empreender com êxito essa descida ao inconsciente. Como sempre, quanto mais prestamos atenção às nossas necessidades e aos nossos padrões internos, mais capazes somos de nos libertar das forças obstrutivas do medo e da negação que sabotam nossos sonhos e propósitos de vida. Encontrar o poder dos Ancestrais na vida cotidiana nos expõe ao antigo potencial de nossa alma, que está suplicando por aprimoramento e integração. A jornada ao longo desse percurso é suavizada pela doce fragrância da nova vida. O elixir, ou bálsamo, que torna a jornada agradável é uma vida contemplativa.

O propósito da meditação e da contemplação é criar novas capacidades no interior do indivíduo espiritualizado como um modo de fortalecer sua intuição, sua imaginação e sua visão. As "forças da mente" e as "forças do coração" se entrelaçam, criando uma nova base sobre a qual o conhecimento superior pode se desenvolver. A alma – quando envolvida nesse estágio de iniciação – tem de afastar-se das impressões do mundo exterior para manter a conexão com a riqueza interior da criatividade fértil.

Procure encontrar um lugar tranquilo para abrir seu coração e sua alma à beleza interior. A meditação favorece a concentração em um foco e a vinda da inspiração. Deixe seu coração e sua mente se abrirem e relaxarem, enquanto você mantém a atenção em um foco. Sinta a expansão da luz e do amor que impregna todo o seu ser. Essa luz que toma conta de tudo é a matriz geradora do seu novo ser.

Remédios Naturais: Artemísia (Sagebrush)

Essa planta sagrada tem na origem de seu nome a palavra "saga", ou "mulher sábia". Cresce abundantemente em áreas secas de planícies e desertos bem como utiliza a força total do sol de forma a armazenar em suas folhas e seus botões de flor o poder curativo da consciência pura.

Em certo sentido, é a "lanterna da natureza", pois suas pequenas flores amarelo-luminosas dão luz e sabedoria à alma humana.

Em varetas de incenso, a Artemísia, ou *Sagebrush*, serve para purificação e expressão de reverência à Grande Mãe Terra. Tradicionalmente, é usada em antigos rituais, saunas e danças cerimoniais de tribos indígenas norte-americanos. Ela purifica o coração, o corpo e a mente, abrindo os canais de luz e cura do planeta. Como agente de purificação da alma humana, suas propriedades terapêuticas ajudam a alinhar o mundo interior com novas possibilidades para o futuro.

Mensagem da Alma

A luz dourada da sabedoria que brilha no fundo da caverna do meu coração acende a centelha divina que jaz no fundo de minha alma. A sabedoria de meus ancestrais está adormecida na minha memória. Eu entro na caverna escura onde posso resgatar os tesouros da clareza e do discernimento.

10. O Útero Fértil

Como devo começar o meu canto na noite azul que está caindo?
Na longa noite, o meu coração vai partir,
Ao meu encontro vem chocalhando a escuridão,
Na longa noite, o meu coração vai partir.

CANTO DE UMA PAJÉ DA TRIBO PAPAGO

Carta do Tarô Tradicional: A Roda da Fortuna

Interpretação Tradicional

A Roda da Fortuna representa movimento e mudança. Regida pelo planeta Júpiter, esta carta indica possíveis desenvolvimentos e mudanças no futuro do consulente. A vida é um processo de transformação e movimento incessantes, envolvendo criação, destruição, integração e desintegração. Ao concluir um ciclo de morte e renascimento, a pessoa está preparada para ampliar a sua visão do universo. Antes de saudar A Roda da Fortuna, O Eremita ou A Velha havia descido às profundezas do mundo interior para reconciliar os dilemas inconscientes ou não resolvidos de sua vida. As novas visões e os novos discernimentos resgatados pela Velha podem agora ser colocados em prática. Novas inspirações, esperanças e ideias estão ansiosas por ganhar forma e expressão no mundo.

A Roda da Fortuna dramatiza a ideia de que a vida está em constante movimento. O tempo é infinito e a alma é eterna. Nossas limitações só são reais de um ponto de vista relativo e muitas delas não passam de produtos de nossa imaginação, mesmo desse ponto de vista relativo! O ser humano é fundamentalmente ilimitado, mesmo quando obedece às leis da gravidade que condensam o espírito e a matéria em nossa experiência terrena. A Roda da Fortuna é um passo muito importante no Caminho Régio da Sabedoria, proporcionando-nos mais clareza ao que concerne à nossa relação com o universo maior.

Alquimia e Transformação

O Tarô da Deusa Tríplice ajuda-nos a entender que a divindade do Sagrado Feminino é expressa pela trindade formada por terra, céu e mundo inferior. Cada aspecto da sua generosidade provém da inspiração divina e é um componente necessário da sua totalidade. Cada indivíduo nascido do útero da Grande Deusa Mãe contém o código de sua consciência expandida.

Na carta O Útero Fértil, vemos a essência primordial do Feminino Divino envolta num círculo ou numa esfera de vida. Suas mãos se estendem para além do limite do círculo de luz de seu útero, representando com isso a necessidade do ser humano de ir além e mais fundo no grande mistério de seu nascimento. A luz vibrante do nascer do Sol circunda o útero enegrecido de seu mistério, enquanto o brilho da Lua, a esfera de luz em constante mutação no céu, coroa a sua essência.

Ela está aberta. Seu útero em forma de mamão papaia contém todas as sementes a serem geradas e cultivadas em sua vida. O mamoeiro cresce nos trópicos onde a luz do Sol está no apogeu. As plantas que crescem nessas regiões são revigoradas por essa poderosa luz. Essa fruta macia da cor do pôr do sol é um remédio que facilita a digestão; por isso, o mamão significa aqui um lembrete para que tiremos tempo para digerir nossas experiências de vida com clareza e discernimento. Seu centro opulento e escuro, cheio de sementes, simboliza o potencial misterioso que jaz no fundo de cada ser humano. Sentada sobre o arranjo de lindas penas, que exprimem estados aprimorados de consciência, a figura representativa de O Útero Fértil recebe com prazer novas inspirações.

Neste estágio do processo de iniciação, o aspirante espiritual confronta-se com um número cada vez maior de oportunidades de crescimento e desafios, para que uma identidade individual mais permeável e transparente possa ser forjada além dos limites do apego e do medo. Esse momento da vida prenuncia uma liberdade interior profunda e definitiva. Ao dar esse passo no processo de evolução, o aspirante é guiado na direção da transformação e, por último, da passagem alquímica para uma nova vida com níveis elevados de percepção espiritual. Para que essa metamorfose possa ocorrer, a pessoa terá de se pôr em sintonia com o princípio do caos criativo e da mudança, representado pela Roda da Fortuna. Essa iniciação, empreendida com dedicação e objetividade, vai, inevitavelmente, levá-la a um referencial mais sábio.

Despertar para o Arquétipo: A Deusa do Arco-Íris

O arco-íris multicolorido é uma das dádivas mais preciosas da Terra. Esse belo arco multicolorido serve de ponte entre as esferas humana e espiritual. Quando um arco-íris aparece no céu é prenúncio de boa sorte; daí a associação com o metafórico "pote de ouro".

O arquétipo da Deusa do Arco-Íris, com sua consciência em múltiplas dimensões e múltiplas cores, entrelaça os múltiplos mistérios da Terra formando um belo manto de luz. Os mitos que falam desse manto podem ser encontrados em diversas culturas. Por exemplo, os antigos egípcios faziam referência às "sete estolas de Ísis", ou aos "sete véus de Ishtar", que, às vezes, eram entendidos como peças de vestuário e, outras, como colares de pedras preciosas.

Os gregos personificaram o arco-íris na forma da deusa Íris, que acreditavam ter acesso tanto ao mundo superior quanto ao inferior, estabelecendo uma ponte entre os dois. Atuando como mensageira de Hera, Íris tinha o poder de transmitir visões e trazer consciência ou discernimento maior para os que necessitavam de sua ajuda. Por isso, uma parte do olho recebeu seu nome. A Deusa do Arco-Íris é ativa, vital e criativa. Ela tem o potencial para manifestar-se em todas as esferas e em todas as circunstâncias da vida, pois está sempre tecendo e trançando seus fios de luz multicolorida.

Você é convidado(a) a entrar no Útero Fértil no qual, como a Deusa do Arco-Íris, pode gerar seus sonhos. Uma fonte de abundância jorra do "pote de ouro" que existe no fundo de seu coração. Tesouros escondidos dentro de você esperam ser descobertos. Teça sua teia, gire sua roda e abra seu coração para um futuro de grandes proporções.

Aplicações no Cotidiano

Ao tirar a carta que contém o arquétipo do Útero Fértil, você está sendo convidado(a) a abrir o coração e a alma para as múltiplas oportunidades que cada dia está lhe oferecendo. Não é hora de ser dogmático ou de querer impor suas opiniões. A roda do destino está mudando, e novos valores, conceitos e ideias estão se formando interiormente.

Existem muitas maneiras positivas de trabalhar com as energias do Útero Fértil. Talvez a sua seja iniciar um curso, reformular sua agenda de prioridades ou ampliá-la para incluir as coisas que você vem querendo fazer, mas não encontra tempo. Você não ganha nada permanecendo na velha rotina, temendo as mudanças significativas que despontam em seu horizonte.

O corpo físico contém energia. Durante a fase de transição, procure perceber se há no seu corpo alguma área rígida ou presa a velhos hábitos ou padrões negativos. Movimente seu corpo de maneira a abrir seus canais energéticos para que possa sentir mais liberdade interior. Viajar pode ser muito estimulante, assim como conhecer outras culturas, religiões e mitos. Receba essa oportunidade maravilhosa com a mente aberta. O Útero Fértil está preparando você para o nascimento de uma nova consciência.

Remédios Naturais: Madia

Essa flor assemelha-se a uma linda mandala. Seu centro, aparentando a íris do olho, é envolto de um círculo de cores fortes.

Trata-se de uma mensagem visual da natureza, lembrando-nos de que devemos permanecer centrados, especialmente quando houver dificuldades e mudanças inesperadas. O afluxo de novas informações e atividades que A Roda da Fortuna oferece, às vezes, pode ser sentido como opressivo e exaustivo, por isso esse importante estágio da iniciação pode ser um peso para mente, corpo e espírito. A Madia, então, traz harmonia e focaliza a atenção nas situações de crise. Em relação à sua essência, infunde essas qualidades na alma, possibilitando a clareza e o discernimento mais profundos, além de funcionar como um remédio eficaz quando se está enfrentando uma situação particularmente conturbada.

Mensagem da Alma

A roda da vida me leva na direção de horizontes ampliados. O céu parece maior; as montanhas, mais altas; e o espaço ao meu redor vibra com novas possibilidades. Em meio às turbulências da vida e empurrado por correntes avassaladoras, eu continuo centrado, permitindo que o arco-íris, enquanto ponte das oportunidades, conduza-me ao meu destino.

11. A Árvore da Vida

*Elogio e repreensão, ganho e perda, prazer e dor vêm e vão como o vento.
Para ser feliz, descanse como uma árvore gigantesca em meio a tudo isso.*

Buda

Carta do Tarô Tradicional: A Justiça*

---
* Ver observação referente à carta número 8. (N. da T.)

Interpretação Tradicional

A pessoa acabou de atingir um ponto decisivo no Caminho Régio da Sabedoria. A Justiça assume o papel de mediadora entre o plano espiritual de perfeição e o plano material de limitação, iniciação e esforço humano. O tema principal da carta A Justiça pode ser expresso resumidamente pela seguinte verdade alquímica: "O equilíbrio é a base da Grande Obra". A balança da Justiça representada nesta carta corresponde à necessidade de equilíbrio em tudo e sugere a relatividade da condição humana.

De todas as criaturas da Terra, só o ser humano – entre as estrelas, o Sol e a Lua – tem plena consciência das escolhas que priorizará para suas ações. Nesta vida e além dela, somos colocados frente a frente com as consequências de nossas escolhas e nos são oferecidas inúmeras oportunidades de avaliar as atitudes que tomamos. Com o tempo, acabamos entendendo que cada ação, por mais insignificante que possa parecer, tem efeitos em cadeia que se propagam por todo o universo. Um piscar de olhos chega de fato a tocar a estrela mais distante. Saber disso nos torna mais humildes e nos dá um sentimento maior de responsabilidade pelo mundo.

Alquimia e Transformação

A psique está em constante movimento, com o propósito de alcançar o equilíbrio e a integração. Todos nós precisamos estabelecer firmemente o princípio do equilíbrio e da harmonia do universo em nosso interior para podermos estar seguros de que, por trás de todas as aparências, por mais cruel e fortuita que pareça, jaz uma verdade maior, que expressa as leis supremas do mundo espiritual.

No lugar da carta A Justiça, temos aqui A Árvore da Vida, também conhecida como Árvore do Mundo ou Árvore Verde da Abundância. A

Árvore da Vida participou miticamente da criação do universo e do surgimento da raça humana. Seu aspecto horizontal – os galhos – representa a forma e os aspectos materiais da vida cotidiana, enquanto sua linha vertical – o tronco – simboliza a dimensão divina que liga a humanidade ao plano celestial. A base da árvore costuma ser circundada por uma fonte, expressando as águas do Feminino Divino que enchem o "cálice da vida".

Sentada no centro da árvore, aparece a coruja sábia, associada a várias formas da Velha enquanto Deusa. Na base dessa árvore sagrada, em seu interior profundo, encontra-se a origem embrionária da humanidade – o eterno espírito da criação – cercada de água azul, exprimindo a fonte da vida eterna. O sapo e a tartaruga simbolizam os totens da água e da terra. Os dois galhos estendidos para os lados parecem formar uma cruz, em cada um dos quais está enroscada uma serpente com sua potente energia regenerativa: uma azul, indicando a verdade e a dignidade, e outra vermelha, correspondendo às paixões carnais. Duas Deusas Irmãs estão ajoelhadas em postura de reverência, cada uma com um buquê de três lírios – representando a Deusa Tríplice que pariu a Árvore da Vida –, que são as flores do equilíbrio e do renascimento.

Neste estágio de iniciação, o aspirante faz uma pausa para refletir sobre as origens da vida e procurar entender melhor suas circunstâncias kármicas. A iniciação na Justiça, ou Árvore da Vida, proporciona ao aspirante consciente uma espécie de revisão da vida. Ele é livre para observar sua vida de uma perspectiva distanciada. Olhando para sua vida de cima, ele percebe que tem muito para aprender. Finalmente, pode perceber com clareza que, por bem ou por mal, "cada um colhe o que planta". A Árvore da Vida é um lembrete constante das bases sólidas de um saber e um equilíbrio maiores, que suportam nossa vida interior e exterior.

Despertar para o Arquétipo: Atena

Atena, Deusa da Justiça, é uma das inúmeras deusas da sabedoria que fazem parte do panteão da Deusa Tríplice. Ela costuma ser apresentada com uma coruja, o pássaro noturno. Os mitos a seu respeito contam que ela nasceu da cabeça de Zeus e que costumava aparecer em situações estratégicas para prestar socorro aos deuses guerreiros necessitados. Ela aplicava sua grande sabedoria ao comércio, à agricultura e a muitos outros âmbitos da vida mundana. Como a coruja, Atena observa os movimentos, os impulsos, as estratégias, as táticas, bem como os pontos fortes e fracos do mundo ao seu redor. Com um olho aberto e o outro fechado, ela também observa por sua "visão intuitiva", percebendo instintivamente tudo o que a circunda. Ela é capaz de manter a mente serena mesmo em momentos de fortes emoções e de encontrar soluções práticas para situações complexas.

Atena descende da linhagem de Maat, a Deusa da Justiça e da Verdade. Na mitologia egípcia, o símbolo de Maat é a pena, que representa o ar, a esfera mental e a coruja. Era função de Maat pesar as almas dos mortos para determinar o destino que teriam. Ela colocava uma pena em um dos lados da balança e o coração humano em outro. Aqueles que carregavam algum peso no coração continuariam a carregá-lo no além.

Com esta carta, você é convidado(a) a entrar no templo de Atena, onde o equilíbrio e o discernimento são levados à excelência. A Árvore da Vida coloca a pessoa no caminho da prudência. Considerações e observações atentas dão a ela a chance de corrigir seus registros kármicos. O olho que tudo vê da coruja atravessa o céu da ilusão, libertando a humanidade das prisões da ignorância, a principal causa de todos os tipos de injustiça.

Aplicações no Cotidiano

Temos de nos esforçar para viver de acordo com princípios e verdades mais elevados, percorrendo um caminho de graça com consciência das leis espirituais que regem a justiça. O aspirante espiritual aprende tanto a não culpar os outros por seus infortúnios quanto a não julgar seus amigos e familiares pelas imperfeições deles. A energia espiritual vem para esta vida trazendo muitas impressões e memórias kármicas que acabarão levando-a para a realização e a libertação. Cada um de nós tem seu próprio destino. Cultive, de todas as maneiras possíveis, o discernimento em sua vida, mas aprenda a desfazer-se do peso da crítica, do julgamento e da condenação. Entenda que os seus julgamentos são sempre fundamentalmente sobre você próprio(a), e não sobre a outra pessoa. Estamos sempre criando em nossa vida as circunstâncias e condições que nos ajudarão a enxergar a nós mesmos com mais clareza. Aprenda a dispensar as preliminares e ir direto ao que interessa. Olhe diretamente para a sua imagem refletida no espelho. Sorria com compaixão ao pedir perdão e integração para si mesmo(a).

Remédios Naturais: Oliveira (Olive)

Trata-se de uma árvore sagrada para Atena. Segundo a mitologia grega, ela plantou a primeira oliveira na Acrópole de Atenas quando a Grécia estava emergindo como sociedade agrária. Posteriormente, a oliveira foi associada à Pomba que carrega um ramo dessa planta no bico como símbolo da paz e da boa vontade de Atena. Coroas de ramos de oliveira eram feitas para adornar aqueles que retornavam vitoriosos da guerra. Até hoje, na Grécia, o azeite de oliva é considerado o elixir da Deusa e um componente necessário na alimentação.

Além disso, o remédio floral de Bach *Olive* ajuda as pessoas a conectarem-se com estados mais elevados de consciência espiritual, revitalizando o corpo e a alma.

Mensagem da Alma

Encha a sua taça até a borda
e ela transbordará.
Continue afiando a sua faca
e ela perderá o fio.
Corra atrás de dinheiro e de segurança
e o seu coração jamais se abrirá.
Busque a aprovação dos outros
e será eternamente prisioneiro deles.
Faça o que tem de fazer e depois esqueça.
Este é o único caminho para a serenidade.

Lao-Tsé
(da tradução para o inglês de Stephen Mitchell)

12. A Paixão da Entrega

Faça tudo com uma atitude de entrega.
Não se preocupe em obter elogios, vantagens ou qualquer outra coisa.
Se você renuncia um pouco a isso, terá um pouco de paz;
se renuncia totalmente, terá toda a paz.

A<small>JAHN</small> C<small>HAN</small>

Carta do Tarô Tradicional: O Pendurado

Interpretação Tradicional

Depois da revelação da carta anterior, A Justiça, agora O Pendurado está no caminho do seu próprio destino. Mas antes ele terá de esvaziar-se das ilusões e entrar em uma sintonia mais elevada com a Deusa Tríplice. Nunca o Pendurado é amarrado à força a uma árvore ou lhe é imposta alguma restrição. Sua posição de cabeça para baixo sempre é uma opção voluntária, que ele assume para livrar-se dos entulhos do passado. Com a cabeça e os ouvidos próximos do chão, ele ouve o chamado da Mãe Terra. Os pés (regidos pelo signo zodiacal Peixes, que simboliza entendimento) apontados na direção do Sol evidenciam que está acontecendo algum tipo de iniciação.

O Pendurado, regido pelo planeta Netuno, transmite uma mensagem importante para a humanidade, pois sua cabeça – o símbolo do ego, da nossa consciência – está em posição invertida. Tirar essa carta indica ao consulente a necessidade de mudar radicalmente o seu modo de pensar. Esvaziar o ego, abandonar as formas estreitas de pensar e entregar-se às circunstâncias da vida são todos processos xamânicos que conduzem a pessoa ao perdão e a uma maior compaixão para com o mundo. Em última análise, O Pendurado prepara a pessoa para o batismo, para uma nova vida espiritual.

Alquimia e Transformação

A carta O Pendurado corresponde em *O Tarô da Deusa Tríplice* à Paixão da Entrega. Esta carta atua como um bálsamo suave que induz gentilmente a pessoa a entrar nas cavernas silenciosas da alma. Aqui o fogo da paixão e da transformação aquece a consciência interior. Em profundo repouso, o mundo dos sonhos vem à superfície, as forças da imaginação e da intuição são liberadas e a mente racional deixa de ser controlada por medos e preocupações.

A Paixão da Entrega aparece entre folhas caindo, representando o outono, quando a natureza perde sua folhagem e expõe a nudez de seus galhos, ramos e raízes. Essa Deusa de compaixão salta para a luz de seu renascimento. Não é preciso inverter a sua imagem, já que a entrega é a sua natureza mais básica. Esvaziar-se e voltar a encher-se são os eternos movimentos rítmicos de sua vida. Ela jamais resiste aos desígnios da natureza.

Seus pés estão acima do chão, indicando que ela está entregue. Sua alma superou a gravidade dos fardos da vida. Com os olhos fechados e os braços envolvendo a luz interior, ela é profundamente receptiva às forças espirituais que enchem seu coração e sua mente de compaixão. Raios de luz amarela iluminam seu caminho. Seus pés estão envoltos dessa luz dourada do Sol, simbolizando sua busca de nova consciência e conhecimento.

Neste estágio da iniciação, nosso senso de identidade passa do pequeno eu – motivado pelo medo e pelos instintos de sobrevivência física – para o eu espiritual, que se caracteriza pelo amor incondicional e pelo entendimento de que nada que tenha realmente valor jamais poderá ser perdido ou tirado de nós. Tudo o que não tem valor real acaba indo embora; o que sobra é o nosso verdadeiro eu e a nossa verdadeira vida. A Paixão da Entrega aparece aqui para lembrar você de que as coisas são realmente simples.

Despertar para o Arquétipo: Mãe Compassiva

Entre os Arcanos Maiores do baralho tradicional de tarô, O Pendurado faz parte do mistério da trindade. A Imperatriz está relacionada ao número 3 e o Pendurado também se torna um 3 quando somamos seus algarismos, 1 + 2. O Pendurado representa, portanto, outro estágio de iniciação relacionado à Imperatriz/Deusa Tríplice. O passo seguinte dessa Trindade Divina é O Mundo, a carta número 21, cuja soma dos algarismos em ordem invertida, 2 + 1, também resulta no número 3.

No segundo estágio da Trindade Divina dos Arcanos Maiores, vemos A Imperatriz em processo de esvaziar o útero de suas riquezas. Sua matriz geradora uniu as energias masculina e feminina para poder trazer uma nova consciência ao mundo, exatamente como a Virgem Maria deu à luz o Menino Jesus. A relação íntima de Maria com a natureza e o espírito da harmonia cósmica prepararam seu útero para gerar o fruto que foi Jesus. Ela, então, esvaziou-se e entregou-se para dar ao mundo um Sol, ou "Filho de Deus".

Kwan-yin é a personificação da compaixão no budismo chinês. Conta a lenda que ela foi, no início, uma divindade masculina chamada Avalokitesvara, mas mudou de sexo na China antiga, porque se acreditava que só o princípio feminino pudesse inspirar e guiar adequadamente os aspirantes até o grande abismo conhecido como vazio: o grande desconhecido em que o ego desaparece e resta apenas a verdade a respeito da natureza original de si mesmo.

No ato da entrega, a pessoa descobre que o vazio é uma espécie de "vazio pleno", sempre se esvaziando das limitações para poder encher-se com aquilo que não tem qualquer limitação. A carta A Paixão da Entrega convida você a tirar os véus de seu próprio ego e entrar no domínio da Grande Mãe Compassiva que deseja acolhê-lo(a) em seu calor e sua proteção. Liberte-se das garras do medo e da dúvida. Acredite na possibilidade de sua própria ressurreição e iluminação. Deixe que as visões ultrapassadas morram e salte no abismo de luz e beleza. Esvazie-se. Encha-se. Liberte-se.

Aplicações no Cotidiano

Algo maravilhoso acontece quando sentimos compaixão e damos atenção aos nossos semelhantes. É como se as estrelas irradiassem uma nova luz e o mundo inteiro se tornasse mais vivo e luminoso. Existe um antigo provérbio japonês que diz "Uma palavra amável pode aquecer três meses de inverno". Ao absorver, no dia a dia, a imagem arquetípica da Paixão da Entrega, tente ver a vida da perspectiva das pessoas ao seu redor. Você tem plena consciência das necessidades e do bem-estar delas? Há alguma maneira de você acolher com compaixão, generosidade e boa vontade outras pessoas em seu coração? A Paixão da Entrega oferece a paz e a tranquilidade de "quem não tem nada mais a perder". Compartilhe essa dádiva com as pessoas que ama.

No plano pessoal, viver a essência da Paixão da Entrega requer uma grande disposição e capacidade. Nem sempre é fácil se desfazer de falsas promessas de segurança para dar um salto no abismo. Entretanto, quando a pessoa tira esta carta, é sem dúvida hora de ela desfazer-se de algo velho, de libertar-se dos velhos padrões de vergonha, medo, dúvida, culpa e negação. É hora de perdoar-se e trazer sua alma à luz. Uma vez que ela tenha testemunhado o seu sofrimento e sua dor da perspectiva vantajosa da entrega, nada jamais será o mesmo. É hora de ela erguer-se e reclamar seus direitos naturais.

Remédios Naturais: Flor-da-paixão (Passion Flower)

Foi dado esse nome à flor em razão de sua grande semelhança com o talhe extremamente fino da corola no centro da coroa de espinhos de Cristo. A crucificação de Cristo tem sido associada à imagem do Pendurado. As fontes arquetípicas referem-se à renúncia voluntária do poder pessoal e ao esvaziamento do ego enquanto identidade pessoal para servir ao todo maior. A flor-da-paixão, por estar ligada à consciência de Cristo, mostra para a humanidade a beleza da força espiritual ressurgida. As trepadeiras da planta sobem para os topos das árvores, onde suas flores exóticas convivem com a luz dourada do Sol. Sua fruta tem uma fragrância exuberante; trata-se, com certeza, de um indício de seus poderes divinos.

Enquanto essência floral, a Flor-da-paixão *(Passion Flower)* ajuda a humanidade de um modo extremamente puro e sutil. A alta vibração da planta tem propriedades especiais de cura que harmonizam a personalidade com níveis superiores de consciência. Essa essência estimula em nosso ser os sentimentos de amor e compaixão e nos ajuda a entender o significado mais profundo de nosso sofrimento. Ela nos sustenta quando nos entregamos a uma vida de serviço abnegado e abre as portas para a felicidade eterna.

Mensagem da Alma

*Assim como os nadadores ousam
ficar de cara para o céu
enquanto se deixam levar pela água,
assim como os falcões descansam no ar
e são por ele sustentados,
eu posso aprender a saltar de paraquedas e flutuar
no abraço profundo do Espírito Criador,
sabendo que nenhum esforço merece
essa graça todo-abrangente.*

DENISE LEVERTOV

13. A Passagem

*Você saberia o segredo da morte.
Mas como poderia encontrá-lo sem o procurar no âmago da vida?*
Kahlil Gibran

Carta do Tarô Tradicional: A Morte

Interpretação Tradicional

Nas versões tradicionais do tarô, A Morte é comumente representada por um esqueleto, porque é só quando somos reduzidos a "um monte de ossos" – a estrutura básica da nossa existência – que a verdade sobre quem somos pode se revelar e a transformação alquímica ocorrer. O esqueleto é o nosso eu interior oculto, despido das formas carnais da realidade consensual e das preocupações convencionais. As juntas e articulações que mantêm o esqueleto de pé, e permitem seus movimentos, são semelhantes aos conectores da psique e do espírito humanos que tornam possíveis sua verdadeira interligação e sua transcendência.

A carta A Morte é a porta para uma iniciação que tem o potencial de reformular profundamente nossa realidade atual. O esqueleto é testemunha de que continuamos evoluindo enquanto seres psicoespirituais depois da morte. Metafórica e literalmente, nós atravessamos o ciclo de nascimento, morte e renascimento da Deusa Tríplice muitas vezes no curso de muitas vidas. A fim de que possamos desmantelar velhos hábitos e padrões arraigados, frequentemente passamos pelo limiar da morte, levando conosco as ferramentas necessárias para nos reestruturarmos em níveis cada vez mais elevados de coesão e harmonia interior. Do caos da mudança, voltamos a nascer muitas e muitas vezes.

Alquimia e Transformação

No mundo ocidental contemporâneo, estamos sempre procurando modos de evitar a experiência da morte, seja das pequenas mortes que ocorrem muitas vezes durante a vida ou da grande morte que marca o seu fim. Nós a intelectualizamos, espiritualizamos, mistificamos, banalizamos e negamos – qualquer coisa que possa mantê-la "afastada". Entretanto, existem fortes evidências sugerindo que o nascimento e a morte ocorrem no contexto de um fluxo contínuo de consciência, como o fluxo e o refluxo das ondas formadas pelas águas do grande oceano.

Todos os dias, em estado de vigília e de sono, temos experiências transformadoras de receber e renunciar, de amar e perder, de nascer e morrer. Na realidade, de acordo com O Livro Tibetano dos Mortos,* é apenas pelo ato de total rendição à morte de cada instante que nascemos plenamente para a vida. Tirar a carta A Morte significa a necessidade de abrir-se para o mistério da morte, erguendo o véu para poder aceitar verdadeiramente os ritmos naturais da vida.

Em O Tarô da Deusa Tríplice, A Passagem é a carta que nos oferece uma imagem fértil do Útero da Vida. Nela, vemos um portal florido pelo qual está sempre passando a abundância da vida, enquanto as almas são levadas de um nível de consciência para outro. A cada lado desse Útero Sagrado está uma Irmã de Destino, representando juntas o aspecto dual do nascimento e da morte. Uma espelhando perfeitamente a outra, elas dissolvem a percepção dual do ciclo nascimento e morte numa única imagem de unidade última. No centro da imagem, ergue-se uma pomba branca, simbolizando a liberdade do espírito e o entrelaçamento do espírito e do corpo. A esfera de luz lunar ao fundo representa as três fases lunares da Deusa Tríplice: minguante, crescente e cheia de vida.

Neste momento da iniciação, tudo o que exige renúncia e conclusão neste ciclo de vida específico é revelado. O indivíduo espiritualizado toma consciência da necessidade de transformar as manifestações externas da vida para poder manter e apoiar a vida do espírito. Algo terá de ser mudado para que possa emergir e prosperar uma nova vida. Este caminho de iniciação torna-se uma fonte de inspiração para o desenvolvimento interior, levando a uma nova intimidade com as forças misteriosas da criação.

Despertar para o Arquétipo: A Madona Negra

Os mistérios do nascimento e da morte eram reverenciados e ritualizados no mundo antigo. No Ocidente de antes de Cristo, por exemplo,

---

* Publicado pela Editora Pensamento, São Paulo, 2ª edição, 2020. (N. do E.)

o culto à Madona Negra estava ligado ao processo alquímico de morte e renovação. A corrente espiritual de seu mistério percorreu as eras e chegou até nós com uma vasta série de imagens arquetípicas que foi tomando emprestado no caminho. Na mitologia grega, ela ficou conhecida como Deméter e, mais tarde, como Sofia; para os egípcios, como Ísis; e finalmente, no contexto cristão, como a Virgem Maria, Mãe de Deus. Em inúmeros lugares sagrados de toda a Europa, ela foi venerada abertamente milhares de anos antes do domínio patriarcal, cerca de cinco mil anos atrás.

Hoje podemos encontrar a Madona Negra como uma bela relíquia na Catedral de Chartres, na França. Tradicionalmente, a imagem dela era escurecida a cada outono e levada para a gruta subterrânea da catedral, de onde era retirada na primavera seguinte para iluminar o caminho do renascimento e da renovação. Sua temporada no mundo subterrâneo ritualizava a ideia de que apenas pelo processo da morte se pode alcançar a vida nova. Seu ressurgimento a cada primavera simbolizava o nascimento do Sol e a possibilidade de florescer uma nova consciência no coração e na mente da humanidade. Do útero escuro da Madona Negra nasce o Sol, ou o Filho da Luz, cujos ensinamentos eram a própria respiração da Mãe.

Você é convidado(a) a saudar a Madona Negra como uma representação das forças espirituais em ação em sua vida cotidiana. Você está precisando de um período de gestação em que o fogo da transformação interior purifique e libere tudo que possa estar pesando em sua vida? É tempo de renascimento e renovação. O que está morrendo? Que novas oportunidades estão à sua espera? A promessa de mudança enche a sua vida. Não tenha medo. Confie no mistério da Mãe Deusa e na "Passagem" reveladora do mistério da vida.

Aplicações no Cotidiano

Há inúmeros modos de convidar a transformação da Passagem a entrar em sua vida. Todas elas envolvem necessariamente o processo de "entrega" de algo importante, permitindo a reconstituição do futuro. A força desse potencial arquetípico vem do âmago de sua existência. Reduzir-se a um "monte de ossos" – e dar atenção àquilo que é essencial na vida –, sem resistência, vai trazer a melhor das recompensas.

Muitas vezes, o simples ato de esvaziar nossos armários e gavetas afirma a nossa disposição para um novo ciclo de morte e renascimento, simbolizado pelo arquétipo da Madona Negra. Reforma ou mudança de casa, mudança de emprego, abandono de velhas amizades e relacionamentos, início de um novo programa de atividades físicas, casamento, divórcio, gravidez, morte de alguém próximo, recuperação da saúde e doença constituem algumas manifestações da carta A Passagem ou A Morte em nossa vida cotidiana. Não hesite em descer às suas cavernas subterrâneas. Cultive uma afinidade pelo desconhecido obscuro. Familiarize-se e deixe que os seus olhos se acostumem com a escuridão. Aceite a incerteza da mudança. Sua recompensa será a paz, a clareza e a criatividade que advêm do fato de não ter nada mais a perder.

Remédios Naturais: Black Cohosh

Essa erva é um remédio incrível que ajuda em todos os estágios do processo de perda e regeneração. O poder de seu efeito vem de suas raízes escuras e retorcidas, profundamente enraizadas na terra, espelhando a nossa própria relação primitiva com a Mãe Terra e seus ritmos e ciclos naturais. A haste da flor branca que emerge de suas raízes simboliza a luz que nasce do caos da mudança.

É uma planta, muitas vezes, prescrita para mulheres na fase final da gravidez como um meio de ajudar a abrir o canal do nascimento. Para as mulheres na menopausa, funciona como um importante tônico para equilibrar o organismo enquanto ele passa por várias mudanças hormonais. Em relação à sua essência floral, *black cohosh* facilita o processo de libertação mental e emocional.

Mensagem da Alma

Eu sou um aspecto da Deusa Tríplice em eterna mutação, representada por Sofia, Madona Negra, Mãe Maria, Deméter e por todas as outras manifestações sagradas do seu mistério. Eu atravesso os portais de seus processos de transformação, como os da morte e do renascimento. Sou infinito e eterno, e entrego-me às profundezas do meu renascimento espiritual.

14. O Anjo que Voa Sentado

Cada folha de capim tem o seu Anjo que se curva sobre ela e sussurra:
"Cresça, cresça!"

T<small>ALMUDE</small>

Carta do Tarô Tradicional: A Temperança

Interpretação Tradicional

Tradicionalmente, a Temperança simboliza conhecimento iluminado e equilíbrio. Vista como "Arte" nos baralhos da atualidade, a inteligência arquetípica inspirada pela Temperança é alquimia em sua forma mais elevada. A representação típica é a de uma linda mulher entornando as águas da vida de um vaso de ouro e prata. Ela tem um pé na terra e o outro na água, equilibrando os aspectos consciente e inconsciente da vida. Suas asas de anjo indicam que ela é divina e inspirada, ainda que também totalmente humana. Ela é um Anjo da Terra cujo objetivo, segundo a descrição maravilhosa de Vickie Noble em seu baralho *Motherpeace Tarot,* é "fincar no solo a energia cósmica".

A Temperança sobrepõe-se à natureza dual da humanidade. Seu propósito é ajudar-nos a superar os medos do ego para podermos nos unir às forças espirituais em ação no cosmos maior e no coração dos seres humanos. Os anjos sempre foram considerados como nossos protetores em momentos auspiciosos, abençoando-nos com a oportunidade de perceber as várias dimensões do Céu e da Terra. O anjo da Temperança é um mensageiro abençoado que encontramos no Caminho Régio da Sabedoria dos Arcanos Maiores.

Alquimia e Transformação

O anjo da Temperança segue em silêncio à nossa frente com graça e propósito. Esse ente feminino revela o coração desperto dos seres humanos, pois nesse nível de consciência já transpomos outro véu de ilusão. A parte mortal foi mais impregnada pela dimensão última do eterno e tem de, cada vez com mais consciência, descobrir como entrelaçar essas duas realidades na vida cotidiana. A pessoa tem de aprender a "temperar" o ímpeto para abrir demasiadamente as asas da nova consciência e, ao mesmo tempo, harmonizá-lo com o movimento para fora das condições restritivas da existência temporal.

A carta O Anjo que Voa Sentado representa um Anjo Terreno em forma feminina que, estando firmemente ancorado na Terra, volta seu foco de atenção para o céu. Suas asas, assim como suas mãos, emitem energia de cura para fora e para cima. As espirais em suas mãos representam a eternidade de seu útero divino. Suas mãos parecem extensões da cauda da baleia, que guarda a memória da história ancestral da Terra. A baleia era vista como um Grande Útero pelas mitologias antigas. De maneira semelhante, no contexto cristão, Jonas é engolido por uma baleia como meio de prepará-lo para um eventual renascimento e despertar.

Neste estágio de iniciação, o aspirante está começando a compreender a força do destino e do propósito. A carta número 14 dos Arcanos Maiores prepara você para a subida ao apogeu e clímax do trabalho espiritual da sua vida. Você está destinado a encontrar satisfação e autorrealização ao alcançar as profundezas de sua vida, equilibrando as verdades alquímicas do saber interior sobre os planos terreno e espiritual. Ao aproximar-se de uma nova vida, seu interesse, tanto pelo mundo interior quanto pelo exterior, aumenta. Você aprende a acolher a alma para contemplar a verdade do domínio espiritual. Neste nível de desenvolvimento, você é, finalmente, capaz de ser inteiramente da Terra, ao mesmo tempo que é um ser espiritual. Você é a personificação do Anjo que Voa Sentado na vida cotidiana, integrando as experiências da realidade exterior à realidade mais sublime do mundo espiritual.

Despertar para o Arquétipo: O Anjo

Os anjos – tradicionalmente representados na forma feminina – são mensageiros do céu que ilustram o adágio egípcio: "Assim na Terra como no céu". No antigo Egito, as sacerdotisas de muitos templos usavam asas artificiais para simbolizar a união dos mundos espiritual e material. As figuras de anjo, como também as de fada e duende, despertam em nós os potenciais mágicos da vida. Apesar de a igreja cristã basicamente condenar a prática de invocar a ajuda dos anjos, existem muitas evidências sugerindo que, para a maioria dos cristãos leigos – e para as pessoas em geral – os anjos funcionam como uma ponte que os conecta com o mundo espiritual. O próprio Jesus disse que podia invocar 72 mil anjos da guarda sempre que quisesse (Mateus 26:53).

De fato, os anjos representam os espíritos estelares do Firmamento, cujos reflexos inspiram a alma dos seres humanos, batendo suavemente à porta do coração humano com a esperança de despertar nele uma maior consideração e interesse pela jornada misteriosa da vida. O Anjo que Voa Sentado simboliza a proteção e a participação dos anjos na esfera humana. Nossa missão aqui na Terra é entrelaçar inteiramente as dimensões espiritual e material, misturar o ouro do espírito com a prata da existência corpórea.

Você é convidado(a) a explorar a essência da vida através do ciclo de nascimento, morte e além, pois a alma não restringe suas aventuras unicamente ao plano espiritual, mas envolve-se no grande laboratório da experiência aqui no planeta Terra. A vida é uma constante interação das leis de causa e efeito. A Temperança oferece-se a nós como um canal arquetípico. Ela abre ainda mais as portas da alma para que possamos viver dentro dos limites da vida terrena e, ao mesmo tempo, descansar no vasto útero do espírito. A alma une esses dois mundos como meio de ultrapassar a dualidade e, com isso, alinha a totalidade do ser dentro da estrutura tríplice formada de corpo, alma e espírito.

Aplicações no Cotidiano

O espírito humano tem a cada dia a oportunidade de renovar a base sobre a qual descansa. Seu corpo é o templo que guarda a marca de suas origens gloriosas, daí a importância de viver cada dia de um modo que reflita verdadeiramente o seu eu mais profundo. O Anjo que Voa Sentado, ou a Temperança, serve de mediador entre as paixões do desejo humano e o céu azul límpido do eu superior. Na carta do tarô tradicional, a Temperança tanto entorna quanto recebe num movimento fluido. O Anjo que Voa Sentado, por sua vez, está em casa na Terra mesmo quando está atuando como mensageiro de notícias do céu. Seu corpo é o vaso por meio do qual as águas místicas de sua alma recuperam a vitalidade e nutrem a essência original de nosso ser.

É hora de avaliar de que modo você responde às provas e lições que a vida lhe apresenta. Por exemplo, você pode fazer uma lista dos cinco desafios mais importantes que enfrentou até hoje em sua vida. Em que medida e de que maneira você conseguiu enfrentar os desafios? Em que medida e de que maneira você fracassou? Em breve, terá início um ciclo que exigirá de você nada menos do que rearranjar totalmente as prioridades de sua vida cotidiana, para poder tirar melhor proveito das oportunidades de crescimento que aparecerão em seu caminho. Enquanto estiver "ancorando a energia cósmica" em sua rotina diária, por quais novas formas de abordar os dilemas da vida você vai optar?

Uma boa maneira de entender o poder desta carta é observar a natureza dual dos seres humanos de uma perspectiva mais ampla. Quando a alma tem sede, ela torna-se um vaso, pronto para ser enchido e em seguida despejado em nossas novas circunstâncias de vida. Uma consciência maior do próprio passado, do presente e do futuro transforma a arena da experiência humana, infundindo nela revelações importantes que matam a grande sede que a alma tem de sentido e significado. Com que você enche diariamente sua taça? É hora de explorar a questão esotérica. Junte os cacos de seu próprio vaso cósmico para confortar sua alma e recuperar sua energia vital.

Remédios Naturais: Lírio dos Alpes

O lírio simboliza o "cálice" feminino que contém a essência divina da vida. A palavra *cálice* é derivada de *calyx*, o copo dessa flor. O lírio era uma flor sagrada para a Deusa Juno, representando seu aspecto virginal ou o útero sagrado. Conta a lenda que o lírio saltou do seio de Juno como as águas da vida. Mais tarde, o lírio foi transferido para Maria; várias imagens de Nossa Senhora mostram o cruzamento do lírio com a rosa, simbolizando o cálice fértil (lírio) do amor (rosa) que emana do seu coração.

Existem muitas variações que fazem parte da família do lírio e cada uma delas tem suas próprias propriedades medicinais. Os lírios são representações que brotam da umidade fértil da esfera emocional e servem para equilibrar as dimensões espirituais e emocionais da experiência humana. O lírio dos Alpes ajuda a alma a desenvolver uma relação mais intensa com o corpo humano. Enquanto essência floral, é benéfico para as pessoas que estão sentindo-se divididas entre o eu espiritual e o material. A flor é vermelho-alaranjada, cor essa que estimula a energia vital por meio dos dois primeiros chakras, aumentando as energias criativas e reprodutivas. O cálice do lírio contém o tônico espiritual que liga o espírito da humanidade ao espírito da natureza e aos planos superiores.

Mensagem da Alma

Meus anjos e guardiões me orientam e protegem amorosamente. Seus elixires de energia curativa me envolvem e eu fico em paz ao constatar o quanto esses maravilhosos agentes divinos do céu e de além dele me amam e adoram. Eu trago a beleza cósmica da sabedoria angelical para dentro das raízes da minha vida terrena.

15. Padrões Kármicos

Você, escuridão de onde eu venho, Eu amo você mais do que todos os fogos que cercam o mundo, pois o fogo faz um círculo de luz em torno de cada um e, então, ninguém do lado de fora sabe de você. Mas a escuridão junta tudo: formas e fogos, animais e eu mesmo, com que facilidade ela os une! – poderes e pessoas. E é possível que uma grande energia esteja se movendo perto de mim. Eu tenho fé nas noites.

RAINER MARIA RILKE

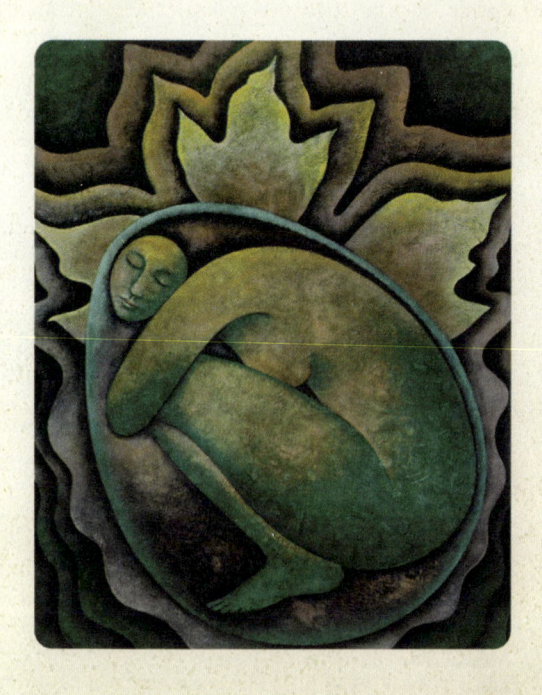

Carta do Tarô Tradicional: O Diabo

Interpretação Tradicional

O arquétipo do Diabo atravessou os tempos sob disfarces diversos. Tradicionalmente, o Diabo tornou sua presença conhecida na forma de serpentes, morcegos, dragões, monstros e de todos os tipos de criaturas dotadas de chifres. O Demônio atua como a personificação dos recantos sombrios e ocultos nas partes inconscientes da psique, onde os pensamentos humanos são desordenados, indomados, primitivos, rudes, brutos e proibidos. Ele representa culpa, tentação, vergonha, ganância, luxúria e muitos outros "males" que nos espreitam a partir do baixo-ventre da alma.

Com o passar do tempo, o Diabo foi se tornando cada vez mais parecido com o ser humano, assumindo características humanas, com asas de morcego ou chifres. O fato de o Diabo ter-se tornado mais humanizado é um indício de que estamos mais dispostos a aceitá-lo como um aspecto de nossa sombra do que como um demônio que está fora da possibilidade de integração. Muito embora o Diabo tenha sido associado ao mal, nós o vemos como um jogador extremamente virtuoso no Caminho Régio da Sabedoria. Na verdade, os esgalhos ou chifres dourados que adornam sua cabeça em muitos baralhos tradicionais são antigos símbolos de vida nova e regeneração espiritual; sem as tentações demoníacas de nossa psique, jamais aprenderíamos a discernir ou compreender como chegar ao refinamento e à verdade. A carta que representa o Diabo serve de entrada para esses lugares sombrios de nosso interior.

Alquimia e Transformação

Cada pessoa é, em certo sentido, uma estrela caída – uma alma repleta de luz que veio ocupar um corpo na Terra. A coroa celestial de amor e sabedoria que adorna a alma pressiona outra vez a testa da humanidade, tornando-se uma coroa de espinhosos desafios e lições terrenas. Mesmo sendo o núcleo do ser humano luminoso e perfeito, de cores e tonalidades vibrantes, a experiência de sofrimento e isolamento provém das profundezas da alma, do lugar em que as sementes kármicas começam a germinar e se transformar nas condições e circunstâncias específicas da vida de cada um.

O karma é constituído de padrões ou crenças e percepções inconscientes equivocadas que persistem no corpo etérico de uma encarnação a outra. Parte da alegria de ser humano deve-se à possibilidade real de poder se libertar das imposições desses padrões kármicos. Em *O Tarô da Deusa Tríplice*, a carta do Diabo corresponde à dos Padrões Kármicos, identificados como os arquivos das ilusões que encobrem nosso verdadeiro e glorioso eu. Encontrando o caminho de volta para nosso verdadeiro lar no útero da Deusa Tríplice, nós violamos a tumba do confinamento e podemos sentir o júbilo e a exaltação da vida humana. A carta mostra a alma encarnada confinada dentro do ovo, ou útero, da existência mortal. O útero tem a forma de uma lágrima, porque as lágrimas contêm a marca do sofrimento humano em sua torrente líquida de emoções. Dentro do útero, vemos a forma humana perfeita, cheia de luz, preparando-se calmamente para renascer. As folhas secas em torno do útero representam o outono, a estação do ano em que tudo tem de morrer para poder "saltar" de novo para a vida na primavera. O formato das folhas reproduz o da planta, mostrando como nossas crenças e ações se refletem exteriormente. Elas continuam no plano de nossa alma, reproduzindo-se de várias formas até finalmente nós as removermos, por completo, do espelho de nossa vida. Cada encarnação nos oferece a oportunidade de libertação da velha prisão feita de medos e restrições.

Neste estágio de iniciação, o ego enfrenta a tarefa assustadora de se desembaraçar e se desmascarar numa atitude de rendição ao Divino. O preço da busca da verdadeira liberdade pode ser muito alto, pelo menos do ponto de vista do ego; e quem não consegue se livrar das armadilhas do falso eu pode acabar em alguma forma de sofrimento espiritual profundo. A oportunidade de libertação ocorre muitas vezes no curso de uma vida e, na verdade, de muitas vidas. A cada vez, o risco é maior, e o esforço exigido, mais requintado e sutil.

É preciso lembrar que o amor da Deusa é incondicional. Nesse processo, não há nenhum julgamento imposto de fora, pois cada um de nós tem de se incumbir de fazer a revisão de sua própria vida. Temos de entrar no caminho do despertar por meio do amor. Enquanto o amor por si mesmo não está profundamente enraizado na alma, é difícil libertar-se dos padrões kármicos. Quando o indivíduo identifica claramente as causas do sofrimento, resta-lhe a tarefa de entregar todas as percepções equivocadas e de permitir-se descansar no Grande Útero do Eterno Amor Materno. A verdadeira liberdade resulta disso e apenas disso.

Despertar para o Arquétipo: Kali

O planeta Terra é um imenso laboratório de despertar da alma para o espírito por meio do corpo físico. Toda experiência desta vida é um convite a despertar. Tudo depende de como respondemos às oportunidades que nos são dadas. Por isso, é extremamente importante o entendimento do poder de nossos atos e das lições de vida que atraímos ao longo desse, muitas vezes, árduo caminho.

A deusa hindu Kali aparece nesta ocasião para ajudar você ao longo do caminho. Ela está de guarda, espada na mão, procurando afastar os demônios do inconsciente que podem obstruir seu progresso rumo à liberação. Kali nos guia através das sombras para podermos alcançar nossa integridade. Frequentemente mal-entendida e temida como Deusa da Morte, ela é, na verdade, a Deusa da Vida Eterna. Com sangue escorrendo dos dentes e com um cinturão de caveiras humanas, Kali coloca a morte no seu devido lugar, dentro do útero daquilo que nunca morre. Ela nos mostra que a morte não tem a última palavra. Ela nos ajuda a enfrentar a nossa mortalidade sem medo ou negação, sabendo que, do outro lado da morte, há outro nascimento para a vida eterna.

Você é convidado(a) a receber os poderes profundamente transformadores de Kali enquanto avança no caminho para a liberdade. Kali ajuda você a ver o que foi escondido e negado no inconsciente e provê um meio para vencer a ignorância e a ilusão. Talvez a mais cruelmente compassiva das Madonas Negras, Kali fará o que for preciso para despertar você do sono de sua vida. Ela confronta você num nível extremamente profundo, porque ela o ama de um modo tão intenso e o persegue tanto que fará com que por fim você se volte para acolhê-la; nesse instante, ela se dissolve no êxtase supremo de seu próprio eu verdadeiro. Não tenha medo. O amor cura tudo.

Aplicações no Cotidiano

Para sermos livres, temos de encarar aqueles aspectos de nossa vida que foram relegados para as sombras e que passaram a ser vistos como horríveis pelas lentes distorcidas da ignorância. Ao fazer isso, começamos a polir a joia de nosso eu perdido. Ao aceitar nossas fraquezas, encontramos nossas maiores qualidades. Essa verdade metafísica é entendida por todos os grandes mestres e professores. Ela requer muita disciplina, uma vez que pensamentos negativos e dúvidas interferem no processo de liberação. Quando descobrimos a causa do nosso sofrimento, podemos remover os entulhos do passado e trazer nossos medos à luz.

Neste ponto do processo, o trabalho corporal, a técnica de imposição das mãos e o tratamento para recuperação da alma podem ser extremamente eficazes, visto os padrões kármicos estarem profundamente alojados no corpo. A carta astrológica também pode ajudar, em especial se o astrólogo souber ler os padrões kármicos na configuração da carta. Remédios energéticos como os homeopáticos e as essências florais podem contribuir para liberar as energias subliminais negativas bloqueadas no corpo etérico. O intelecto procura racionalizar nossos hábitos e padrões, de maneira que é melhor manter as construções mentais o mais afastadas possível do processo de cura. Sintonize-se com a linguagem do corpo. O que ele está lhe dizendo? Está com medo? Está se agarrando a algo ou a alguém que você precisa deixar ir embora? Liberte-se da prisão do passado. Deixe que Kali ajude você nesse processo de libertação.

Remédios Naturais: Alecrim (Rosemary)

Shakespeare eternizou a ideia de que o alecrim tem, entre as suas propriedades, a de fortalecer a memória. Ele era plantado sobre as sepulturas dos mortos na Inglaterra como uma promessa de que seriam lembrados. O alecrim ainda ficou conhecido por atrair fadas e duendes para diversos lugares da natureza com o propósito de fixar, com firmeza, suas energias iluminadas entre nós. Vestígios do alecrim foram encontrados também nos túmulos egípcios e evidências mostram que os antigos egípcios usavam incenso de alecrim nos rituais de purificação. O alquimista Paracelso considerava o alecrim um remédio eficaz e utilizava-o amplamente na sua prática.

A fragrância do alecrim é forte e intensa, seu uso em aromaterapia ajuda a clarear a mente bem como protege das emoções intensas e das alternâncias de humor. Como essência floral, *Rosemary* é um vigoroso facilitador do despertar espiritual. O remédio floral ajuda a fortalecer as energias espirituais para que o indivíduo possa conectar seu espírito com a realidade tangível do corpo físico. É também um remédio maravilhoso para as pessoas que desejam remover as marcas de vidas passadas do seu corpo físico. Quando a fragrância e a essência do alecrim são usadas conjuntamente, tornam-se remédios extremamente eficazes para a memória e a libertação. Por que não adicionar o alecrim em seu óleo de massagem? Quando fizer isso, utilize um pouco também em seu banho!

Mensagem da Alma

A vida é uma pedra bruta, a qual devemos moldar
e esculpir e aperfeiçoar o caráter.

GOETHE

Entrar na escuridão com uma luz é conhecer a luz.
Conhecer a escuridão, andar no escuro. Andar sem ver,
e descobrir que a escuridão também floresce e canta,
e é levada por pés e asas escuros.

WENDELL BERRY

16. A Ascensão da Kundalini

> A mesma corrente vital que atravessa o mundo percorre
> minhas veias dia e noite em compasso rítmico.
> É a mesma vida que irrompe alegremente do pó da terra
> em incontáveis explosões de flores.
>
> Tagore

Carta do Tarô Tradicional:
A Torre (ou a Casa de Deus)

Interpretação Tradicional

No tarô tradicional, a carta A Torre da Destruição (ou A Casa de Deus) simboliza entrega e libertação. As duas pessoas – representadas na carta O Diabo como presas a conflitos internos e a marcas do passado – aparecem em sua próxima fase de evolução na carta A Torre. As figuras são arremessadas do alto da torre para o espaço aberto, onde sua sorte é ainda desconhecida. Lampejos de luz irrompem no alto da torre, indicando uma intervenção divina de natureza forçada, catalítica e, muitas vezes, surpreendente – o famoso "raio com trovão de Deus". Esse tipo de mudança impõe-se quando os padrões de negatividade se tornaram arraigados ou solidificados, em geral porque a pessoa persistiu em ignorar os avisos ou em seguir os conselhos de natureza menos rígida.

Na mitologia antiga, o raio era associado às origens da vida. Na figura do tarô tradicional, a rígida estrutura externa da Torre racha-se como uma noz, revelando o organismo interior que está apto para se expandir e se transformar. Os seres humanos que caem da Torre representam as sementes que caem nas fendas da terra prontas para criar raiz e gerar nova vida. O raio atinge o âmago do ser, facilitando o processo alquímico representado na carta.

Alquimia e Transformação

A relação da carta A Torre com a Torre de Babel – símbolo das crenças dogmáticas – é amplamente reconhecida no contexto do tarô. Segundo o relato bíblico, a Torre de Babel desmoronou no meio do caos e da confusão resultantes da ira de Deus por Nimrod ter contrariado Sua vontade. Com a evolução da consciência, as estruturas ultrapassadas têm de ser substituídas por outras mais apropriadas e eficazes.

Na Antiguidade, os templos tinham suas construções projetadas com o propósito de elevar o coração e a mente dos homens e exercer um papel intermediário entre o Céu e a Terra. Eles funcionavam como canais por meio dos quais os anjos podiam ajudar os mortais a trazerem de volta o equilíbrio e a integridade para o mundo. Nesse contexto, a irrupção de um raio era uma estrutura que servia como um chamado dramático para o despertar, enfatizando a necessidade de reflexão profunda, bem como de disciplina e perseverança espiritual. A associação da carta A Torre com o planeta Urano serve para lembrar que é dever de todos os seres sensíveis colocar o dom de sua mente superior a serviço do mundo.

A carta A Ascensão da Kundalini no livro *O Tarô da Deusa Tríplice* mostra uma bela sacerdotisa de pele bronzeada dominando as forças espirituais no alto de uma pirâmide de luz sagrada que tem semelhança com o seio que nutre a vida da Deusa. Ela traz consigo o poder transformador do raio em forma da energia Kundalini, representada por uma serpente cujas qualidades refletem a infinidade de mudanças que tem de ocorrer durante todo o ciclo da vida humana. A figura iluminada acima da Sacerdotisa assume a sua forma perfeita, simbolizando o casamento do plano espiritual com o plano físico imperfeito. Uma flor salta miraculosamente para o alto, lembrando-nos do nosso vigoroso potencial de renascimento. Do pó, a flor voltará a desabrochar. As penas no céu revelam a presença de uma mensagem espiritual superior.

Nesta fase de iniciação, a alma supera o julgamento, o erro e a limitação, porque o raio tocou uma corda profunda e sensível. Ao aspirante é mostrado o poder de suas escolhas mortais e espirituais. Nesse nível de consciência, a oportunidade para a autotranscedência é revelada. A pessoa é tomada por um estado de silêncio e rendição. Os sistemas e estratégias de defesa e negação caem por terra e tudo o que resta é o conhecimento de sua verdadeira natureza. Nas palavras de Sócrates (*Fédon* 313):

Quando a alma, retornando a si mesma, se vê refletida, ela vai diretamente para o que é puro, e eterno, e imortal, e igual a si mesma; e, por afinidade, adere a isso, quando a alma está livre e desimpedida. E então, a alma descansa de seus erros e fica em comunhão com o que é igual a si mesma. E esse estado da alma é chamado de sabedoria.

Despertar para o Arquétipo: Oiá (Deusa dos Ventos, Furacões e Raios)

Na Nigéria, Oiá é a personificação de um furacão em ação, acompanhado de raios que cortam a escuridão do céu. Com sua luz penetrante, ela revela tudo que está oculto, obrigando-nos a encarar os recantos sombrios de nossa alma. Oiá é também um importante Orixá (divindade) no candomblé do Brasil. Nesse contexto, ela é representada com uma chama, cuja força espiritual ilumina o mundo. Diz-se que Oiá cavalga as ondas da paixão com coragem e tenacidade impetuosas e que – como a energia Kundalini que anima o corpo humano – simboliza o impulso dinâmico para uma nova vida.

Você é convidado(a) a conhecer a força de Oiá. Por sua capacidade para mudar e alterar rapidamente a realidade, ela acende a chama da transcendência em nossa alma. Na cultura Iorubá, Oiá liga as pessoas ao Divino, dando a elas o poder do vento – o sopro do céu – para que possam dizer as verdades sobre a vida e a morte. Ela ajuda a queimar os véus do apego que impedem as pessoas de seguirem inteiramente seu destino. A luz do seu raio, junto com sua tempestade de ventos, eletriza nossa vida interior.

Aplicações no Cotidiano

Acontecimentos avassaladores podem surgir inesperadamente neste momento, exigindo que você examine de modo profundo as circunstâncias de sua vida atual. O surgimento da carta A Ascensão da Kundalini é garantia de que essa "crise" é, na verdade, uma dádiva da Deusa Tríplice. Seu corpo está sendo despertado e eletrizado pelo poderoso rugido interior de Oiá. A tocha dela ilumina o fundo de sua psique.

Só você pode discernir o que está escondido atrás dos acontecimentos de sua vida cotidiana. Que oportunidades de crescimento estão batendo à porta de seu coração? Que flores estão desabrochando nas fendas de sua alma? É hora de você assumir a força impetuosa da transformação.

Quando se está diante de uma irrupção de forças dessa magnitude, é normal a gente se sentir ansioso(a) e impotente. Tenha fé na suprema benevolência da Deusa. Confie em si mesmo(a). Confie nas mudanças que você está sendo convidado(a) a realizar agora. Confie no processo. Tenha certeza de que, no fundo, tudo está bem. Mova-se com essa energia, falando sua verdade e realizando as mudanças necessárias para libertar-se dos condicionamentos do passado.

Remédios Naturais: Rescue Remedy

Na década de 1930, o Dr. Edward Bach descobriu o potencial de cura das flores e criou as essências florais do Dr. Bach. Junto com os 38 remédios florais do seu receituário, Bach criou também uma essência floral chamada *Rescue Remedy*, um composto de essências de cinco flores: *Star of Bethlehem, Rock Rose, Impatiens, Cherry Plum* e *Clematis*. Essa fórmula tem muitas qualidades maravilhosas, especialmente para a pessoa que sofreu algum tipo de choque ou trauma, e é ótima para se ter à mão o tempo todo. Ela pode, literalmente, salvar uma vida.

Em meu livro *The Power of Flowers*, eu relato dois casos que demonstram a rapidez com que esse remédio atua. A essência pode ser usada em casos de bloqueios físicos, emocionais ou mentais; ela suaviza e apara as arestas ásperas da psique. Use esse remédio quando estiver se sentindo atingido por mudanças energéticas em seu corpo, bem como quando estiver em estado generalizado de choque, perplexidade ou perda de controle. Coloque gotas da essência na água do banho ou ainda na água de beber e nos sucos. Passe-a no corpo.

A energia arquetípica da Ascensão da Kundalini costuma aparecer na menopausa, para as mulheres, e na adolescência, para as meninas. O *Rescue Remedy* ajuda a abrir o coração, permitindo que o corpo se torne um farol de luz, pronto para ser curado. À medida que o corpo relaxa e libera as tensões, é conveniente usar também outras essências florais que atuem em áreas específicas nas quais a crise e a mudança estejam se manifestando.

Mensagem da Alma

*A chave de sua felicidade e satisfação está dentro de você,
no seu coração e na sua mente.
O modo como você inicia cada dia é muito importante,
pode ser com o pé direito ou com o esquerdo.
Você pode despertar com um canto de alegria e gratidão
no coração pelo novo dia, por estar vivo,
pelo milagre da vida e por estar em sintonia e harmonia
com o ritmo da vida como um todo.
Você pode esperar o melhor do dia que tem pela frente e,
com isso, atrair o melhor. Ou pode começar o dia amuado,
insatisfeito e fora do prumo. Você é responsável pelo modo como vai ser o
dia de hoje, e o fato de saber disso dá a você uma responsabilidade ainda
maior do que às pessoas que não têm consciência disso e,
portanto, não sabem fazer diferente. Você não pode culpar ninguém
pelo seu estado de espírito. Ele depende totalmente de você.*

Eileen Caddy
(extraído de *The Spirit of Findhorn*)

17. A Iniciação

Você não tem de agradar a ninguém.
Nem tem de atravessar o deserto de joelhos para fazer penitência.
Você só tem de deixar o animal dócil de seu corpo gostar do que ele gosta.
MARY OLIVER

Carta do Tarô Tradicional: A Estrela

Interpretação Tradicional

Neste ponto do Caminho Régio da Sabedoria, avançamos na vastidão infinita do cosmos e alcançamos uma nova dimensão do saber. A Estrela é a primeira carta a revelar as dimensões aparentes da galáxia; quando você tira esta carta, está recebendo as boas-vindas à dança cósmica da jubilosa iniciação. A Estrela – representada no centro da carta – irradia o alto nível de consciência que guiará você. Surge a visão da totalidade.

A carta A Estrela significa um passo decisivo à frente no processo de individuação. A geometria da estrela de cinco pontas é uma réplica microcósmica do corpo humano com seus quatro membros mais a cabeça. Ela simboliza o potencial criativo a ser realizado pela alma humana. A figura da mulher na carta do tarô tradicional despeja tranquilamente as águas da vida de dois cântaros. Outra vez, pares de opostos se unem em uma corrente de vida universal. Seu fluxo de consciência, com sua vasta visão do conhecimento espiritual, percorre livremente as incontáveis curvas e voltas de sua vida. Sua aura luminosa incandesce de júbilo de gratidão e amor pela doçura da iniciação que acontece nesta fase do percurso do Caminho Régio da Sabedoria.

Alquimia e Transformação

Para os povos antigos, as estrelas eram seres vivos e a cada pessoa correspondia um "espírito estelar". Uma estrela podia representar uma criança não nascida, uma pessoa querida morta ou anjos da guarda que iluminam a humanidade a partir do céu estrelado. Formulamos nossos desejos para as estrelas e seguimos seu curso pelo céu noturno. Em um nível arquetípico, elas invocam na nossa imaginação as próprias origens do universo. As estrelas são mágicas; elas nos enchem de fascínio e encantamento, renovando as esperanças e inspirando novas visões.

A carta A Iniciação mostra uma linda Deusa, a Rainha das Estrelas. Essa Deusa se materializou a partir do vaso da Temperança ou do Anjo que Voa Sentado, pois foi nesse lugar arquetípico que pela sua mágica alquímica ela foi concebida. Como Afrodite, ela ergue-se do mar, o grande útero primordial da Deusa. As águas a lavam e purificam. Ela mantém em seus braços a rosa de cinco pétalas, que simboliza o poder da estrela, que ela mesma manifesta agora na Terra. Sem asas, é totalmente humana e, das asas do Anjo que Voa Sentado, ela leva as marcas gravadas no coração. A montanha ao fundo representa o poder da Terra, que sustenta a Rainha Estrela-Rosa percorrendo o caminho de iniciação dela. Ela anda com graça e beleza à luz do céu estrelado, deslizando entre as rosas abertas, como se estivesse sendo levada em procissão por peregrinos devotos.

Neste estágio da iniciação, a Rainha Estelar oferece a você modos mais elevados e requintados de entender as leis que governam o mistério da vida. Você não está mais preso aos limites que confinavam a sua alma. Você já pode perdoar e curar as feridas do passado, como também livrar-se dos julgamentos e das visões estreitas do mundo. Você expandiu a sua força espiritual de maneira a poder abarcar tudo que é infinito e sagrado. Seu futuro brilha como uma estrela luminosa. O amor da Deusa Tríplice voltou para você e suas bênçãos são abundantes.

Despertar para o Arquétipo: Rainha do Céu

Existiram muitas imagens no decorrer da História relacionando o Mistério Divino aos mundos da humanidade e da natureza. Através dos tempos, a necessidade humana de entender suas origens divinas foi belamente transformada em arte, iconografia religiosa e mitologia. Entre os árabes, o Grande Mistério era conhecido como *Athtar*, que significa "Vênus da Manhã" ou "Estrela da Manhã". Em aramaico, ela era

Attar-Samayin, "Estrela da Manhã no Céu". Astarte, "a Rainha das Estrelas", é uma das mais antigas formas da Grande Deusa no Oriente Médio. Ela foi identificada com Hathor, Deméter e Afrodite, bem como considerada protetora dos mortos que viviam no Céu vestindo corpos de luz, que eram vistos da Terra como estrelas. Aqueles que observam profundamente verão sua manifestação na linhagem da Virgem Maria, que é, muitas vezes, representada sobre uma Lua Crescente com uma auréola de estrelas em volta de sua cabeça. Como fruto bendito de seu ventre, nasceu o Filho de Deus, ou Sol, que no cristianismo é celebrado como a "Luz do Mundo". Igualmente Inanna, "a Rainha do Céu", que se dizia usar um manto de estrelas envolto de um círculo que indicava a faixa zodiacal da nossa galáxia.

Você é convidado(a) a entrar no universo estelar da Rainha do Céu. Imagine-se totalmente radiante, um exemplo da intensidade da luz de sua suprema manifestação. Algo de mágico e misterioso aconteceu em seu interior. Quer isso tenha se realizado como experiência concreta ou permanecido como experiência interior, você foi iniciado(a) e desperto(a). Tome o tempo que precisar para absorver a bela imagem da consciência arquetípica que enche a taça da sua vida. Abençoado seja!

Aplicações no Cotidiano

Você é um produto grandioso da mente universal. É hora de colocar sua beleza a serviço do mundo. As dádivas que lhe foram concedidas não são propriedade exclusivamente sua e devem ser compartilhadas. Assim como o Sol, as estrelas e a Lua compartilham seus raios luminosos de esplendor transcendente com todos que os recebem, chegou sua hora de compartilhar a sabedoria reluzente que guarda em seu interior com seus semelhantes. A luz que você oferecer ao mundo virá, às vezes, da órbita inconsciente de sua Lua interior e, em outras, aparecerá como um Sol vermelho-alaranjado no céu do amanhecer.

Este estágio – como todos os que já vieram e os que ainda virão – requer um sentimento bem desenvolvido de humildade. A carta A Estrela, ou A Iniciação, simboliza o brilho e a "qualidade estelar" que está à sua disposição neste momento. Entretanto, é importante não se confundir nem se perder num falso deslumbramento. Este estágio de iniciação ocorre quando os aspectos e ciclos astrológicos chegaram a um ponto culminante, revelando os potenciais favoráveis. Permaneça centrado no fato de que é hora de colocar em movimento, para fora e para a frente, seus planos e visões e de realizar seus sonhos. Troque ideias com outras pessoas bem como procure os amigos e conhecidos com quem tem afinidades e sente sintonia. É hora de procurar alcançar as estrelas. A iniciação é um caminho de serviço. De que maneira você pode melhor servir ao mundo?

Remédios Naturais: Rosa Silvestre (Wild Rose) e Flor-de-Maçã (Apple Blossom)

Durante séculos, a Deusa foi associada à rosa. A rosa de cinco pétalas reflete a beleza divina da estrela de cinco pontas e ambas têm ligação esotérica com o planeta Vênus, que rege o caminho místico do Feminino Divino. Uma famosa conexão entre a rosa e a Deusa Tríplice é a que pode ser vista no belo vitral, conhecido como Rosácea, da Catedral de Chartres – relacionado com o culto à Madona Negra em suas diferentes manifestações, entre elas Ísis, Sofia e Virgem Maria. É interessante notar que, no contexto cristão, o "rosário" era entendido originalmente como "grinalda de rosas". Como a rosa, a flor-de-maçã de cinco pétalas representa a manifestação terrena da Deusa Tríplice; no núcleo da maçã, magicamente escondido, existe um pentagrama perfeito. Esse é o significado esotérico da relação de Eva com a maçã no Jardim do Éden.

A essência de rosa é um regalo para a alma. Ela abre o canal do coração, deixando fluir a energia pura do amor incondicional. A essência floral da rosa silvestre (*Wild Rose*) ajuda o corpo emocional a livrar-se das dúvidas e a dissipar a depressão. A essência da flor-de-maçã (*Apple Blossom*) é perfeita para ser usada no banho ou enxaguar o corpo, pois ela atua como purificador da alma. Ela purifica e revigora como nenhum outro remédio. Se for ingerida, libera pensamentos e emoções que podem interferir na energia do amor universal da Deusa.

Essas dádivas maravilhosas da natureza favorecem o meio ambiente, pois só a sua presença já é uma dádiva do jardim da Deusa. Encha seus potes com maçãs silvestres. Espalhe vasos com rosas frescas por toda a casa. Acenda velas em todos os lugares, a fim de que a luz sirva para lembrá-lo(a) do poder da estrela no cerne de seu ser, que reflete o poder estelar da rosa e da maçã. Abandone-se à sua deliciosa fragrância.

Mensagem da Alma

Eu sou a beleza da terra verde e da lua
branca entre as estrelas
e os mistérios das águas,
Eu peço que seu espírito venha a mim.
Pois Eu sou o espírito da natureza que dá vida ao universo.
De Mim, emanam todas as coisas e para Mim elas têm de retornar.
Que a minha adoração esteja no coração que se rejubila, pois veja
– todos os atos de amor
e prazer são Meus rituais.
Que haja beleza e força, poder e compaixão,
respeito e humildade,
alegria e reverência no seu interior,

*E você, que procura Me conhecer, saiba que a sua busca
e aspiração serão em vão, se não conhecer o Mistério:
porque, se o que você procura não for encontrado no seu interior,
jamais será encontrado fora de você.
Pois veja: eu estou com você desde o começo,
e eu sou aquilo que
é alcançado no fim do desejo.*

Tradicional "Exortação da
Deusa Estelar"
(Tradução da versão de Starhawk)

18. O Nascimento da Lua

A Lua Nova ensina a ponderar, deliberar e a ir dando-se lentamente à luz.
A paciência para com os pequenos detalhes torna perfeita
uma obra grandiosa como o universo.
Rumi

Carta do Tarô Tradicional: A Lua

Interpretação Tradicional

No Caminho Régio da Sabedoria, a carta A Lua desafia a pessoa a entrar, novamente, no domínio das trevas, desta vez uma escuridão grandemente luminosa. Depois do desmoronamento da Torre e do dinamismo da Estrela, você se encontra, outra vez, na descida, agora iluminada pela Lua. É hora de encontrar a corrente coletiva que espreita as profundezas da psique humana. Para muitos, essa jornada é traiçoeira. Se, até então, você evitou o território úmido e fértil da Deusa, o caminho que leva à sabedoria dela pode ser assustador no escuro.

A jornada interior em direção à Deusa da Noite simboliza a necessidade humana instintiva de descer às profundezas para resgatar a sabedoria primitiva do corpo. A Lua é a Matriz, o Útero, o Cálice Sagrado de luz, o arauto dos sonhos, a luz noturna no céu que reflete a face do Sol. A interação do Sol com a Lua indica a participação humana na dança misteriosa da luz e das trevas, do consciente e do inconsciente, da razão e da intuição.

A Lua, a sombra da noite, oferece uma visão da vida que incita a imaginação e abre os canais intuitivos da alma. Numa paisagem iluminada pelo luar, os sons e as formas adquirem uma qualidade surreal, como nos sonhos. A Dona *Luna* só mostra uma face sua de cada vez para a Terra. O seu lado invisível simboliza as forças misteriosas e ocultas do Feminino Divino. Esperamos entender a totalidade da vida com nossos olhos bem abertos. Entretanto, temos de encontrar a Lua nas cavernas escuras de nosso mundo das emoções para podermos ascender a uma nova consciência e um novo nível de entendimento.

Alquimia e Transformação

Os mistérios da Lua e os ritos e rituais das mulheres estiveram ocultos nos últimos cinco mil anos. Essa ausência da Deusa Tríplice causou uma ferida na psique humana com graves consequências para o mundo todo. Guerreiros espirituais como Carl Jung e Anaïs Nin – junto com inúmeros outros grandes artistas do passado e do presente – invocam o mundo das águas da psique como forma de invocar as energias sutis e intuitivas da alma. Segundo a psicologia junguiana, por meio da descida ao inconsciente, a pessoa é capaz de resgatar os fragmentos perdidos de seu eu e, com isso, tornar-se inteira e completa.

A carta número 18 do Baralho Alquímico de *O Tarô da Deusa Tríplice* refere-se à jornada de volta para casa, ao lugar do "Nascimento da Lua". A energia sublime da Deusa Tríplice vibra através da esfera azul e púrpura, as cores do céu à noite, expondo a órbita de luz, ou pérola da sabedoria, que será a Lua em nossa esfera celeste. A imagem dela traz à memória uma antiga lenda da Dona Lua. Nas palavras de Sallie Nichols:

> Toda noite Dona Lua recolhe para si todas as lembranças rejeitadas e os sonhos esquecidos da humanidade. Ela os guarda em seu cálice de prata até o raiar do dia. Então, ao primeiro raio de luz, todos esses sonhos esquecidos e lembranças rejeitadas voltam à Terra na forma de seiva lunar ou orvalho. Misturado às *lacrimae lunae*, "lágrimas da Lua", esse orvalho alimenta e regenera toda vida na Terra. Com a compaixão amorosa da Deusa, nada de valor fica perdido para a humanidade.

Nas tradições xamânicas, a jornada interior abre caminho para as regiões acima e abaixo do terreno da alma. O caminho do xamã põe a pessoa em contato com os espíritos auxiliares, ou guias, que servem de mediadores entre o passado e o presente, a mente consciente e o inconsciente, bem como a vigília e o sono. Nessa jornada mítica da alma, a pessoa pode muitas vezes invocar a ajuda de um espírito animal para exercer o papel de companheiro da alma ou aliado de confiança.

A Deusa Lua costuma ter contato próximo com o reino animal. Por exemplo, na mitologia grega, a Deusa Lua Virgem, Ártemis-Diana ou "Senhora dos Animais", é representada correndo pelos bosques e protegendo os animais. Nas cartas dos baralhos tradicionais de tarô, o espírito animal, ou inconsciente primitivo, costuma aparecer como um cão uivando para a Lua. Mas, em O Tarô da Deusa Tríplice, o cão uivador é um estranho veado pavoneando-se para a Deusa Tríplice, "Nascimento da Lua", no encalço de sua forma fugaz. O veado – relacionado à sexualidade masculina e à mobilidade do espírito – protege e respeita sua misteriosa jornada pelos reinos natural e espiritual. Essa imagem indica uma relação de apoio, cura e fortalecimento entre a anima e o animus, os aspectos feminino e masculino da psique.

Nesta altura do processo de iniciação, o aspirante empenhado ergue outra vez o véu da Deusa. O mundo estrelado da Deusa Lua é revelado como sendo o lugar da alma. Nele, nós nos ocupamos com sentimentos e ideias que ainda não têm forma à luz do dia. Esse estágio é muito semelhante à projeção do movimento de um dedo, no teatro de sombras, contra o fundo de uma parede ou tela branca. As formas são fugazes, maleáveis e fluidas, já que o reino aquático da Deusa Lua não é estagnado. Sua profunda sabedoria ocupa tanto a imaginação da psique quanto o caráter da alma.

Despertar para o Arquétipo: A Deusa Lua

No Ocidente, das muitas Deusas que representam os aspectos fértil e maternal do espírito feminino, Ártemis (a Donzela com o Arco de Prata), Diana (a Deusa da Caça) e Ísis (a Guardiã do Cálice) são as mais proeminentes. Ártemis e Diana simbolizam o ímpeto primitivo para percorrer as regiões desconhecidas da psique, ou a "mata virgem", enquanto Ísis é O "Caldeirão Matricial" que contém a Energia Vital Suprema. Conta-se que foi de seu vaso sagrado que surgiram o Sol, a Lua e a Terra. Ela precede a Santa Sofia e a Virgem Maria, cada uma delas um tributo à estirpe nobre da Deusa Tríplice.

As Deusas Lunares são sempre divindades protetoras que cuidam amorosamente de todos os seres vivos da Terra. Elas nos ensinam, pelo exemplo, a ultrapassar os limites do ego individual para alcançar a esfera de serviço aos outros. Por isso, a carta da Lua anuncia um passo muito importante no Caminho Régio da Sabedoria. Ela lembra que precisamos aprender a resistir às dores do parto espiritual que fazem parte do processo de amadurecimento para podermos "Parir a Lua" em nossa vida. Cada um de nós foi feito para tornar-se um farol emitindo o brilho intenso da Lua ao descobrir uma esfera maior de entendimento e sabedoria no mundo.

Você é convidado(a) a entrar na esfera luminosa da Lua e deixar que o fascinante piscar da luz da Deusa ilumine a sua jornada. A Deusa Lua nos mostra o caminho "virginal" para a intimidade. Ela demonstra o truísmo espiritual de que apenas por meio do "casamento imaculado" em nosso interior nos tornamos aptos para o casamento mundano. O caminho da Lua permite a cada um de nós explorar a vastidão do inconsciente coletivo e desvendar o mistério profundo da alma.

Aplicações no Cotidiano

É lamentável o fato de muitas mulheres temerem a noite e a mata densa e escura, pois é nesses ambientes que a alma feminina viceja de modo natural. Infelizmente, em vez de associá-los ao êxtase do Grande Útero Primordial, nós invocamos imagens de possível estupro, violência sexual ou assassinato. Na vida cotidiana, existem maneiras de reafirmar a nossa afinidade natural com a noite e a escuridão. Os serviços de transporte e as marchas em favor de "resgatar a noite" nos *campi* universitários permitem que as mulheres andem à noite. Homens e mulheres juntos precisam formar uma única tribo com o propósito de resgatar a confiança e a segurança, cuja perda é atualmente a principal preocupação do mundo.

Essa imensa tarefa envolve muito mais do que meros serviços de transporte e marchas. Para vivermos de acordo com os princípios desta carta do tarô, temos de nos recusar a ver filmes e programas de televisão que perpetuam a imagem da mulher como "vítima indefesa da violência". A carta A Lua invoca o arquétipo da mãe em todo ser humano. Você está em segurança? Você contribui para a criação de um ambiente seguro, nos quais os outros possam se desenvolver? Você se sente à vontade no escuro de sua própria alma? Você protege aquelas pessoas dentre nós que são especialmente vulneráveis? Você cuida bem de si mesmo(a)? A Lua é a pérola da sabedoria que mora no coração dos seres humanos, iluminando o caminho para o mistério do inconsciente coletivo.

Remédios Naturais: Cacto Rainha da Noite

Esse cacto recebeu um nome bastante apropriado, pois com sua forma de coroa brilhante ilumina a noite escura do deserto, fechando suas flores ao nascer do Sol. Essa planta armazena uma grande quantidade de água em suas enormes raízes, que podem chegar a pesar cerca de 32 quilos. Esse prodígio natural tem uma semelhança metafórica com o acúmulo de sabedoria que jaz abaixo da superfície da personalidade humana. Assim como esse cacto recorre a seu armazém de energia vital quando chega a hora de trazer ao mundo sua magnífica flor, também nós podemos mergulhar nas profundezas do nosso ser para trazermos à tona nossa verdadeira magnificência. A fonte de sabedoria que tem origem no útero da Deusa está à disposição de todos nós. A dádiva dessa fonte de alimento vem a nós por meio do canal de nascimento da Mãe Divina. A rainha da noite ajuda a pessoa a sintonizar-se com a sua fonte abundante de energia vital.

Como essência floral (*Queen of the Night*), ela revela o segredo dos potenciais ocultos para que a pessoa possa se alimentar dessas qualidades espirituais profundas. A essência é para ser tomada quando a pessoa "secou" no sentido psicoespiritual. Mergulhe nas correntes profundas de sua psique e descubra as raízes úmidas e férteis da sua vida interior. Essa planta vai ajudar você a entrar em sintonia com a Lua, o céu noturno e a magia das esferas invisíveis.

Mensagem da Alma

Eu sou o grande oceano do Útero divino. Os cursos-d'água da Terra respondem aos meus reflexos em movimento. Eu permito que a luz mágica da minha Lua ilumine meu caminho interior para o lugar em que a sede de minha alma é saciada. Eu sinto, sonho, imagino e abro-me para o espírito da órbita feminina de luz que envolve minha alma na doçura luminosa da noite.

19. Dançando com o Sol

Que a eterna luz do Sol te ilumine,
Que todo o amor te envolva,
E a luz verdadeira, no teu interior,
Guie o teu caminho para casa.
Guie o teu caminho para casa...
Bênção Sufi Tradicional

Carta do Tarô Tradicional: O Sol

Interpretação Tradicional

O Sol é a carta número *19* dos Arcanos Maiores. O número 19 é reduzido a um (19 = 1 + 9 = 10 = 1 + 0 = 1), significando que um rito de passagem foi negociado com êxito. O Sol representa o centro dinâmico e luminoso da alma humana, irradiando a luz dourada da alegria e da exuberância. Neste ponto da jornada, saímos das águas inconscientes da Lua e entramos na claridade ofuscante do Sol, cuja presença nos lembra de que a vida é uma gigantesca bola flamejante de prodígio e aventura. Isso assegura-nos que a pureza de pensamento, a razão e a ação estão assomando no horizonte.

As crianças que aparecem na carta O Sol do tarô tradicional simbolizam as forças vitais lúdicas e inocentes que estão livres na alma. Este é um novo estágio de desenvolvimento espiritual, já que a criança representa o eu natural, a criança interior redescoberta que traz as joias da felicidade e da satisfação para a vida cotidiana. A "insustentável leveza do ser" torna-se sustentável por meio da inocência da criança. Por intermédio do Sol, nós nos religamos com o potencial de transcendência iluminada, para uma vida livre da confusão de emoções e medos.

Contemplar a carta O Sol é uma grande alegria. O corpo, a alma e o espírito rejubilam-se porque o amor incondicional do espírito uniu-se ao corpo – o que, com certeza, não foi nada fácil. O Sol representa a exaltação da alma após uma árdua caminhada pelo Caminho Régio da Sabedoria. Agora, o iniciado está um passo mais próximo da meta final da iluminação, depois de ter passado por muitos momentos de vislumbres de êxtase e transcendência. Temos de lembrar, entretanto, as palavras sábias de Buda: "Todos os seres nascem iluminados, mas levam a vida inteira para descobrir isso".

Alquimia e Transformação

A carta Dançando com o Sol representa o ponto em que a pessoa deixa para trás o dogma do passado e recebe a visão de um grande céu de conhecimento e uma nova experiência. Todos nós já presenciamos o milagre e o esplendor do nascer e do pôr do sol. A cada dia, o raiar do Sol reflete a nossa beleza natural e a promessa de novos tesouros e recompensas. A luz do Sol da manhã inspira a Mãe Natureza a descobrir a face de suas belas flores para que possam erguer-se e saudar o brilho intenso do céu. À luz do dia, nossos olhos humanos apreendem as cores esplêndidas das flores e árvores, bem como os intricados desenhos que parecem ser obra das próprias fadas. Nos textos alquímicos, o Sol é um elemento ígneo mágico, que espalha sobre as águas e a terra chamas cristalinas cintilantes. Ele transmuta, transforma e une as polaridades do céu e da terra. O Sol – como alma gêmea da Lua – ilumina a face da Lua, o nosso inconsciente, para que possamos enxergar melhor nossas partes sombrias. O Sol é a nossa estrela ascendente, e todos nós vivemos no calor de sua dádiva luminosa.

Na carta correspondente de *O Tarô da Deusa Tríplice*, vemos uma Deusa exuberante que, em sua jubilosa inteireza, está "Dançando com o Sol". A imagem fala por si mesma. Seu "vestido solar" é da cor intensa de um glorioso nascer e de um pôr do sol. A faixa escura em sua cintura simboliza o mistério que é guardado no bojo da dança rítmica da vida. O maravilhoso céu atrás dela, adornado com pétalas de flores, representa a chuva de luz e abundância da natureza. A órbita circular do Sol parece a roda maia da vida, pois os maias adoravam o Sol como fonte da vida, assim como muitos povos antigos. A mulher que aparece na carta "Dançando com o Sol" personifica esse poder divino de procriação.

Neste estágio de iniciação, a pessoa é abençoada com entusiasmo ilimitado e com o prazer de criar. Dance para essa vida maravilhosa com respeito e gratidão. Você mereceu o êxtase dessa luz dourada; entretanto, ela só é sua na medida em que você a compartilha com o mundo. Essa luz é a tocha de serviço que tem de ser irradiada do coração dos homens. Esta carta é regida pelo signo zodiacal de Leão, que, por sua vez, rege a energia do coração. Todas as ações e os empreendimentos criativos têm de, portanto, provir dessa fonte de amor incondicional.

Despertar para o Arquétipo: A Mulher do Poente

Pela leitura do livro de Jamie Sam, *The Thirteen Original Clan Mothers*, tomamos conhecimento da linhagem matriarcal do Sol entre os povos indígenas da América do Norte. Por exemplo, nos é apresentada a Mulher do Poente, a guardiã dos sonhos e objetivos para o futuro. Ela nos ensina a vontade de viver, sobreviver e desenvolver como guardiões do planeta Terra. Ela nos mostra como garantir um futuro promissor, instilando verdade e integridade em tudo que fazemos. A Mulher do Poente fica no Oeste da Roda da Medicina, o lugar do princípio feminino.

Você é convidado(a) a dançar com a Mulher do Poente. Esteja você na praia, escalando uma montanha, trabalhando em seu jardim ou assistindo a uma partida de *baseball,* abra-se às experiências sagradas dos seus sentidos. O calor do Sol abarca cada partícula de seu ser. Dê graças pela luz da Deusa. Abra as cortinas para deixar entrar a luz do dia. Beba da água que o Sol nutriu com seus raios. Absorva os raios do Sol que penetram nas profundezas do seu ser. Curta a vida.

Aplicações no Cotidiano

O Sol representa o eu consciente e a identidade de cada um. Um ego que seja transparente e permeável deixa que a luz do espírito se irradie. Somos mais generosos e amorosos quando estamos aliados com as forças do arquétipo do Sol, pois estamos aceitando e reafirmando o poder da vida.

No dia a dia, quando este arquétipo se faz presente, é favorável estabelecer novas metas e novos sonhos. Olhe para além da beira do precipício. Amplie seus horizontes de maneira a incluir interesse e atenção pelas próximas sete gerações. Cultive a empatia e a compaixão pelo nosso planeta e viva de acordo com a sabedoria ecológica. Fale com autoridade e não tenha medo do seu poder. Caminhe com humildade e sirva com orgulho e espírito de doação. Coloque-se acima das preocupações mesquinhas das pessoas ao seu redor. Seja um farol de luz e compartilhe sua alegria com o mundo.

Remédios Naturais: Girassol (Sunflower)

A palavra grega que designa girassol é *helianthus*, que significa literalmente "Sol" (*heli*) e "flor" (*anthus*). Essa flor vigorosa, que pode crescer até chegar a quase quatro metros de altura, é originária da América do Norte. Ela se volta na direção do Sol durante os meses do verão. Suas flores amarelo-douradas encerram intricadas florzinhas minúsculas arranjadas na forma de espiral, uma representação microcósmica dos ciclos de rotação do Sol através do céu. No final do seu ciclo, a flor do girassol inclina a cabeça para a terra e oferece sua abundância de sementes para a Mãe Terra voltar a fertilizá-las.

Essa linda flor de verão, cuja presença esplendorosa reflete a do Sol, é a dádiva da Deusa Solar para a humanidade. Podemos ver a flor do girassol como um exemplo de autoridade e liderança benevolentes, pois, mesmo elevando-se acima das outras flores, ela nunca as subjuga. Pelo contrário, ela ergue-se com nobreza e prudência. O girassol se destaca pela sua dança, pois sua cabeça luminosa segue o curso do ciclo do Sol, do nascente ao poente. Em vários sentidos, essa flor é a dança solar da natureza.

O elixir de girassol (*sunflower*) é um remédio fantástico para a pessoa tomar quando estiver concentrada em desenvolver a vontade superior e colocar a atenção em novos níveis de liderança e independência. Ele fortalece a autoconfiança e aumenta as energias vitais do corpo. Ao tomar essa essência, é possível que você sinta como se estivesse sorvendo o néctar dourado do Sol, pois, de fato, é o que você está fazendo.

Mensagem da Alma

        Faça todo o bem o melhor possível,
        Por todos os meios possíveis,
        De todas as formas possíveis,
        Em todos os lugares possíveis,
        A todas as pessoas possíveis,
        Enquanto lhe for possível.

JOHN WESLEY

20. Alquimia

Do êxtase eu vim,
De êxtase eu vivo
E, em teu sagrado êxtase,
Eu voltarei a me fundir.
YOGANANDA

O que a lagarta chama de fim do mundo, o mestre chama de borboleta.
RICHARD BACH

Carta do Tarô Tradicional: O Julgamento

Interpretação Tradicional

No baralho tradicional, a carta O Julgamento mostra um homem e uma mulher de pé diante de uma tumba reverenciando a alma que acaba de ressuscitar. A figura do meio, recebida por um mensageiro divino ou anjo, responde ao chamado da trombeta para o despertar. Simbolicamente, as duas figuras ao lado da tumba acolhem de volta a parte de sua psique que antes chafurdara na lama dos antigos julgamentos.

Na carta anterior, o Sol – que significa um estado elevado de consciência – apareceu ajudando a alma humana a levantar-se e a curar as feridas do passado. A liberação associada à carta O Julgamento é ainda mais profunda, pois a pessoa assume a responsabilidade por todos os atos e atitudes do passado. Esse passo no Caminho Régio da Sabedoria anuncia a ressurreição e a manifestação da alma, quando é alcançado um novo nível de cura e amor por si mesmo. A pessoa centrada no coração está apta para perdoar e amar a si mesma de um modo que até este estágio de amadurecimento e crescimento era impossível.

A carta O Julgamento marca o começo de um ciclo de vida, cuja força cinética leva até a carta seguinte, O Mundo. O iniciado constitui agora um novo eu; a antiga personalidade é purgada e purificada. Independentemente de a pessoa ter gozado de sucesso exterior, esta carta indica uma grande transformação na vida da alma, culminando numa maravilhosa união entre corpo, mente e espírito e no despertar para o seu verdadeiro eu. A preparação envolvida, embora muitas vezes cruel, é necessária e apropriada.

Alquimia e Transformação

No tarô tradicional, a carta O Julgamento simboliza o "Dia do Juízo", quando a alma é julgada de fora por um "Criador". Se, entretanto, somos responsáveis por nossa vida e capazes de aprender as lições da consciência superior, podemos enxergar além desse mito assustador. No Caminho Régio da Sabedoria, tivemos inúmeras oportunidades para pesar os prós e contras de nossos atos passados. Descemos às profundezas do nosso interior, encontramos nossas sombras e procuramos resgatar nossos tesouros espirituais. Agora, na situação atual, temos de encarar as consequências de todas as escolhas que fizemos e de todas as experiências que tivemos. Neste estágio, tem de ocorrer uma última limpeza e tudo que foi negado ou ocultado terá de vir à tona, por bem ou por mal. Na realidade, a carta Alquimia é um chamado para o despertar. A cura da alma é profunda e penetrante e, se o iniciado tiver a sorte de ter chegado até aqui, ele certamente encontrará conforto neste período de introspecção e purificação.

Na carta, aparece uma mulher balançando-se, cercada de borboletas brancas. Seu manto parece formar correntes de água, como se fossem cascatas, lavando e purificando o altar interior da energia do seu coração. Ela celebra a cura de sua alma. O lírio perfumado, que tradicionalmente simboliza a concepção imaculada de Cristo, abre-se no seu manto. A forma tubular da flor assemelha-se à da trombeta que é tocada no dia do despertar. Seu corpo verde sinaliza a religação com o espírito da terra, pois essa alma está altamente sintonizada com a alegria da encarnação.

Em *O Tarô da Deusa Tríplice*, esta carta representa um tributo ao processo de cura que está ocorrendo no interior da pessoa e do planeta como um todo, pois, quando cada um responde ao chamado de uma consciência superior, o planeta todo se beneficia. Neste estágio de iniciação, o aspirante disciplinado toma consciência da própria identidade que existia antes de a alma fazer sua entrada neste plano terreno. Com o trabalho ativo das forças psíquicas e espirituais, a alma humana realizou muitas experiências nesta vida e acumulou inúmeras impressões e aprendeu muitas lições. O ser humano leva consigo as experiências vividas na sua jornada em suas muitas encarnações.

Por meio de inúmeros casos de morte literal e metafórica, a alma humana passa por uma metamorfose quando a totalidade de sua vida até o momento é avaliada. A carta da Alquimia oferece a imagem arquetípica para fazer exatamente isso. Nós despertamos cantando e abrimos o nosso coração para a cura de nós mesmos e do planeta.

Despertar para o Arquétipo: Eva

No contexto judeu-cristão, a Deusa Tríplice foi reduzida ao arquétipo de Eva, aquela que foi, em última análise, responsável pela "Queda" da humanidade à condição de separada de Deus. Temos que começar a curar a profunda ferida que resultou desse poderoso mito da criação e, também, de inúmeras outras fontes. Homens e mulheres percorreram um longo caminho nos últimos trinta e cinco anos mais ou menos. São muitos os que hoje procuram restabelecer a relação com o Feminino Divino. É chegada a hora de a Deusa Tríplice retornar ao mundo. A fim de abrir caminho para o seu tão esperado regresso, temos de examinar os modos pelos quais o feminino foi deturpado e julgado erroneamente tanto através da história quanto em nossa vida cotidiana e começar a desenredar a trama de crenças e suposições distorcidas.

Na realidade, o caminho para a Terra é de natureza gravitacional. A leveza do espírito, desde que contido no corpo etérico, torna-se física, manifestando a densidade da forma associada ao corpo material. Entretanto, a ideia de que temos necessariamente que perder nossa ligação natural com o Grande Útero Primordial no processo de encarnação é tragicamente equivocada. Ensinaram-nos que essa energia de amor incondicional existe fora de nós. Agora, quando seguimos na direção da Deusa do amor universal, que é a nossa natureza essencial, nos é dada a oportunidade de viver como ela viveria, ou seja, como sinais holográficos de amor e luz.

Você é convidado(a) a entrar no jardim sagrado de Eva, que guarda as riquezas da Deusa. A terra fértil é para nós um reflexo da beleza da forma humana. Flores e plantas são feitas para espelhar os seres humanos, exatamente como os seres humanos espelham o mundo natural. Nós nos pegamos dizendo: "Ele tem bochechas rosadas", "Ela é forte como um carvalho", "Os lábios dela são como cerejas", "Ela é branca como um lírio" etc. Em nosso processo de cura espiritual e física, descobrimos que a natureza é nossa maior aliada. Ela não julga nem tem medo. Ela passa naturalmente pelos diferentes ciclos e ritmos sem resistência nem sofrimento. Com a volta ao Jardim do Éden, onde todos os julgamentos são curados e só o amor existe, nós antecipamos os últimos passos da jornada.

Aplicações no Cotidiano

A cada dia, temos a oportunidade de nos olharmos honestamente no espelho e nos vermos com clareza. Para viver uma vida feliz, como é representada pela carta da Alquimia, é preciso que nos comprometamos com um destino que nos faça avançar na direção das metas supremas da verdade e do amor. Antes no Caminho Régio da Sabedoria, a carta A Justiça* nos ensinou a seguir uma ordem cósmica e um sistema de julgamento além da nossa lógica humana. Na superfície da vida cotidiana, os acontecimentos e circunstâncias nem sempre são justos, tornando difícil, às vezes, apreciar seu significado mais profundo. Por exemplo, a morte prematura de uma pessoa querida ou uma catástrofe que tira muitas vidas podem nos fazer sentir que a vida é um mero acaso, cruel e sem sentido.

Como podemos entender essas ocorrências? Em tempos difíceis, a alma aprende a entregar-se a um plano superior, plano esse que requer fé e disposição para receber orientação espiritual e amor incondicional. As religiões e práticas espirituais podem nos ajudar a enfrentar esses períodos. A carta Alquimia aparece quando a pessoa está preparada para

---

* O número 11, nesta versão do tarô. (N. da T.)

abandonar as tentativas inúteis de chegar a um entendimento racional e para entregar-se ao amor divino. Quando passamos nossa vida pelo filtro do coração, somos mais capazes de transcender o julgamento e a culpa.

Em períodos de mudança e transformação, a oração e a meditação curam a alma. Dar-se tempo para entender a vida de uma perspectiva espiritual também ajuda. Faça longas caminhadas na natureza e observe como os passarinhos cantam inocentemente no amanhecer. Escolha uma planta ou árvore florida e siga seu curso evolutivo pela duração de seu ciclo de vida. Imagine-se capaz de mover-se de acordo com seu próprio plano de vida com graça e receptividade. Assuma o compromisso de viver em harmonia com os ritmos naturais da Deusa Tríplice. Seu caminho para o despertar envolve esse passo extremamente importante. Seja verdadeiro. Seja honesto. Tenha a mesma coragem das suas convicções. O próximo passo espera por você. Seu destino não vê a hora de ser cumprido.

Remédios Naturais: Lírio da Páscoa

A Páscoa – que, segundo a tradição, recebeu esse nome da Deusa Eostre, ou Ostara (posteriormente chamada de Astarte) – tem suas origens em liturgias e rituais pré-cristãos de culto à Deusa Tríplice. Relacionada com a primavera, que marca uma época de renascimento no mundo natural, a Páscoa tem sido associada durante toda a história com os ciclos da Lua e a Lua-lebre, sagrados à Deusa tanto nas culturas orientais quanto nas ocidentais. Nesse contexto, os ovos de Páscoa representam a fertilidade e a ressurreição da vida.

O Lírio da Páscoa, um símbolo de renascimento e pureza, é uma bela flor que se dá à humanidade na época da Páscoa. Seu cálice branco imaculado reflete o receptáculo da alma preparando-se para transbordar o elixir divino da Deusa. Como essência floral, o Lírio da Páscoa *(Easter Lily)* purifica o santuário interior do corpo, facilitando uma união harmoniosa entre as energias espiritual e sexual. Essa flor cura aflições que têm relação com os órgãos sexuais e a vida sexual. Antigas feridas do passado, crises emocionais intensas, mágoas, ressentimentos e julgamentos, tudo isso pode acabar provocando doenças no corpo humano se não forem tratados com amor e purificados. O Lírio da Páscoa ajuda no processo essencial de cura e transformação.

Mensagem da Alma

*Você será realmente livre
não quando, nos seus dias, não tiver
nenhuma preocupação e, nas suas noites,
nenhuma falta ou perda para lamentar,
mas quando, mesmo com essas coisas
em sua vida,
você se erguer acima delas,
nu e livre.*

KAHLIL GIBRAN

21. Afrodite Desperta

Aguardamos em silêncio e com expectativa.
Este é o dia em que a cura vem a nós.
É o dia em que a separação acaba,
E nós nos lembramos de Quem realmente somos.
Um Curso em Milagres

Carta do Tarô Tradicional: O Mundo

Interpretação Tradicional

A carta O Mundo representa o ponto culminante de uma longa jornada no Caminho Régio da Sabedoria. Finalmente, estamos livres das construções mentais que no passado nos alienaram de nosso eu verdadeiro. As qualidades emocionais e espirituais estão harmonizadas e, com isso, o corpo físico ganha saúde e vitalidade. Enfim, liberdade e forma estão unidas e o ser humano está tanto plenamente corporificado quanto espiritualmente alinhado. A alma da humanidade rejubila-se e celebra.

A carta O Mundo do baralho tradicional mostra uma mulher dançando dentro do espaço de uma coroa ornamental. Os quatro signos fixos do zodíaco – Leão, Touro, Aquário e Escorpião – estão situados nos quatro cantos da imagem, representando os quatro elementos da natureza: Fogo, Terra, Ar e Água. O eu no centro representa o equilíbrio do espírito – agora já totalmente nascido para o seu destino terreno – depois de ter cumprido seus "contratos sagrados". A dança da mulher representa as paixões da alma, pois, tendo-se fundido com o Feminino Divino, ela religou-se ao Útero da Criação. A dança simboliza o movimento natural da vida e reflete os movimentos da natureza. Na filosofia grega, Sofia, a Sabedoria Divina, dança. Nos ensinamentos do budismo e do hinduísmo, a dança da vida constitui o próprio tecido da vida cotidiana. A natureza, o corpo humano e o cosmos, todos dançam com uma inteligência vigorosa, expandindo-se e contraindo-se em harmonia rítmica. A carta O Mundo marca um ponto de partida: a vida espiritual e a vida humana entram em perfeita harmonia, e você passa para uma esfera mais ampla de serviço, aceitando a responsabilidade por tudo o que lhe foi dado no Caminho Régio da Sabedoria.

Alquimia e Transformação

Pela primeira vez na jornada de iniciação pelos 22 passos para uma consciência superior, encontramos a criação em sua totalidade. Os quatro cantos do zodíaco representam todos os aspectos da natureza e da humanidade, incluindo os animais, as plantas, as estrelas, os oceanos e as águas da vida e a inteligência divina. A mulher que dança no interior da esfera de unidade do Mundo está totalmente integrada a ele, mas também continua inteira e completa em si mesma. Seu caminho é único e individualizado enquanto ela dança a partir dos potenciais de serviço e contentamento. Ela coloca-se totalmente disponível e aberta, receptiva às forças da vontade e da ação. A partir de agora, a psique está plenamente consciente e presente, capaz de responder inteiramente aos desafios da vida cotidiana sem se separar do espírito.

Em *O Tarô da Deusa Tríplice*, encontramos Afrodite Desperta, a forma iluminada da Imperatriz, que encontramos na carta número 3 dos Arcanos Maiores, no início da evolução espiritual. Como Imperatriz, ela encarna o amor e a sabedoria, trazendo para a Terra as dádivas e os sonhos do Mago e da Papisa. Agora, na carta número 21, a Imperatriz alcançou seu apogeu.

Nela aparece Afrodite Desperta, considerada como tendo nascido do "Mar da Criação". Ela é conhecida como a "Virgem do Mar", simbolizando o encantamento da Deusa, ou sereia do Oceano. Ela não é uma Deusa da fertilidade, mas uma Deusa do amor e da devoção em sua ordem suprema. Ela cura o coração da humanidade, por isso aparece com uma flor de lótus no seu coração. Seus braços estendem-se para dentro e para fora, pois ela abraça tanto o mistério interior quanto o caminho iluminado do Sol. O vale interior no qual Ela se encontra é o útero da Terra, o santuário da Criação Divina, onde as águas estão em constante fluxo e renovação. A Lua Crescente acima de sua cabeça indica novos começos. Ela é suportada pela terra (visões e manifestações práticas); pelas águas (alimento, segurança e confiança emocional); e pelo céu (sintonia com o espírito, intuição e inspiração).

Neste estágio, o aspirante sabe, sem sombra de dúvida, que a escola da vida está dentro de nós e que cada um de nós tem a liberdade para despertar inteiramente por esforço e vontade próprios. Novos níveis de discernimento e satisfação espiritual fluem com regularidade e são prontamente assimilados. Poços de criatividade e vitalidade são escavados. Seu poder para servir o mundo com grande compaixão e habilidade é manifestado. Você não esconde mais os seus talentos, pois não há mais onde os esconder.

Despertar para o Arquétipo: Afrodite Desperta

O arquétipo de Afrodite atinge seu apogeu em *O Tarô da Deusa Tríplice*. Ela recupera seu sentido e seu significado originais. O conceito de amor, especialmente como é visto através das lentes dos valores do mundo ocidental, é apresentado como sendo incompleto e fundamentalmente falho – uma experiência fugaz em vez da essência imutável do Ser. Na medida em que adotamos esse falso entendimento do amor, sofremos pelo esforço vão de procurar Afrodite em todos os lugares onde Ela não está, menos dentro de nós mesmos. O espelho de Afrodite fica embaçado com as ilusões e é distorcido pelo deslumbramento. Isso nos impede de obter uma imagem verdadeira da Deusa em nosso interior.

Há milhares de anos, Afrodite esteve encoberta por véu. Agora, em *O Tarô da Deusa Tríplice,* Afrodite Desperta saúda o devoto em sua mais pura essência. Ela exsuda uma energia carismática e apaixonada, vivificada por correntes eletrizantes de amor. Quando somos dotados de seus inúmeros dons, nosso corpo move-se com graça e confiança, nosso toque é sensual e curativo e todos os sentidos ficam aguçados.

Você é bem-vindo ao mundo de abundância da Afrodite Desperta. Seus braços se abrem para recebê-lo(a), pois essa Deusa quer manter você perto do coração dela. O caminho até o seu abraço envolve discernimento constante, pois ela encarna a verdade do amor verdadeiro. Ela não confunde mais a mera sedução, que é baseada no medo, com amor, que não conhece nenhum medo. Ela encontrou a verdadeira união em sua própria alma e convida todos nós a fazer o mesmo. Afrodite Desperta é amorosa e gentil com todos os homens e mulheres e recusa-se a perpetuar as disputas por ciúmes de outras mulheres. Ela está em casa em seu corpo físico e é grata pela dádiva da vida. Ela compartilha essa satisfação com todos ao seu redor. Ela atrai muitas coisas para si, mas sabe discriminá-las.

Aplicações no Cotidiano

O arquétipo de Afrodite pode ser invocado tanto pelas mulheres quanto pelos homens. O planeta tem profunda necessidade dessa Deusa, especialmente na sua forma desperta. Podemos ativá-la em nossa vida, aprendendo a gozar apropriadamente a vida e a agradecer por tudo o que temos: saúde, qualidades inatas e disposição para encontrar nossos tesouros e compartilhá-los com o mundo. O fato de você estar lendo este livro e usando *O Tarô da Deusa Tríplice* já indica um desejo profundo de penetrar no mistério do Feminino Divino e de trazê-lo de volta para o mundo.

Tire um tempo para si mesmo(a). Durma quando sentir necessidade, tire férias e divirta-se quando for apropriado. Não se exceda trabalhando nem se deixe consumir por hábitos compulsivos de competição no trabalho. Esses hábitos só servem para perpetuar os valores patriarcais em toda a sociedade, tanto para homens quanto para mulheres. É hora de a mulher afirmar o prazer de ser mulher. Esse é o trabalho mais importante que existe. Se o seu negócio é criar uma grande obra de arte, faça isso com satisfação. Se for escritora, encontre palavras e frases novas que alimentem a sua alma. Se for dançarina, coloque o amor dos movimentos em tudo o que fizer. Afrodite Desperta aceita a vida. Ela vive de modo pleno. Acima de tudo, ela não tem medo de amar inteira e honestamente. Dê-se respeito e a retribuição do amor será multiplicada por mil.

Remédios Naturais: O Buquê de Flores da Deusa – Flor-de-Maçã, Rosa e Lírio

Três flores foram escolhidas para Afrodite Desperta, pois ela anuncia o regresso do Sagrado Feminino em todas as dimensões: espírito, psique e corpo. Ela recebe a rosa sagrada da Plenitude da Vida, a flor-de-maçã da Estrela, ou A Iniciação, e o lírio do renascimento e da purificação da Alquimia. Você é convidado(a) a ler a parte que trata dos Remédios Naturais das cartas que ajudam a entender as qualidades oferecidas à Afrodite Desperta pelas cartas do Baralho Alquímico da Deusa Tríplice. A rosa vive nas cavernas do seu coração. O lírio representa as águas da sua alma. A flor da macieira simboliza a encarnação celeste da energia da estrela. Plenamente realizada e bela, Afrodite Desperta compartilha esse buquê perfumado com o mundo todo em palavras e atos.

Mensagem da Alma

*Nós somos o espelho
e a face nele refletida.
Estamos provando o gosto da eternidade
neste minuto.
Nós somos a dor
e o que cura a dor.
Nós somos a doce água fria
e o jarro que a despeja.*

*Alma do mundo,
não resta nenhuma vida, nem mundo,
nenhuma mulher bonita ou homem desejável.
Só esse
amor antigo
circundando
a pedra negra sagrada
do nada.
Onde o amante é o amado,
o horizonte
e tudo o que ele contém.*

Rumi

22. Bem-Aventurança Infinita

Ó alma feliz,
cujo corpo ergueu-se da terra sobre a qual perambulas
e pisas durante o tempo que permaneces neste mundo.
Feita para ser o próprio espelho da Divindade, foste coroada com
imaginação e inteligência divinas.

Hildegard de Bingen

Alquimia e Transformação

No tarô tradicional, a última carta dos Arcanos Maiores, a carta número *21*, O Mundo (que corresponde à Afrodite Desperta em *O Tarô da Deusa Tríplice*), é seguida pela carta número 0, O Louco. Isso acontece porque a gente nunca acaba realmente a jornada alquímica do tarô, como nunca acaba a jornada da vida. Estamos sempre voltando, seja para aprender as lições que a vida oferece, para responder aos desafios que ela apresenta ou para celebrar uma nova volta da espiral da evolução, passando das grandes alturas representadas pela carta O Mundo para as profundezas do abandono e da carência de O Louco.

Em *O Tarô da Deusa Tríplice* – apesar de respeitarmos a natureza cíclica da jornada acima descrita – estendemos o processo alquímico para além da carta O Mundo do tarô tradicional, de modo a incluir quatro novas imagens arquetípicas associadas ao ressurgimento da Deusa Tríplice. Entre essas cartas, temos uma tríade coroando as cartas do Baralho Alquímico e mais uma quarta, a Trindade, representando a eterna centelha da evolução e o renascimento da Trindade Divina em sua forma mais pura e poderosa. A Deusa nos conduz mais longe no caminho evolutivo para uma consciência superior, na esperança de que, desta vez, tenhamos uma relação apaixonada e autofortalecedora com o Sagrado Feminino.

A Deusa Tríplice apresenta-se a nós outra vez, oferecendo as dádivas de seu coração sempre generoso a este novo milênio, para que possamos reintegrar o amor e a sabedoria ao planeta Terra e estender essa bênção na direção do céu. O aspirante centrado no espírito tem a oportunidade de nascer de novo como um ser de luz, uma flor milagrosa, o brilho radiante da Lua. Cada ser humano traz consigo o potencial de encarnar plenamente, mesmo quando já incorpora a suprema bem-aventurança do espírito. Neste ponto, o círculo da vida gira na direção da verdade cósmica, em que a pessoa abandona os esforços e disputas de experiências passadas e volta a encontrar a roda do karma com nova perspectiva e outro nível de pureza.

Nesta carta, temos representada a Deusa Tríplice da Bem-Aventurança Infinita. As águas do útero primordial a envolvem numa onda cósmica de pura essência. As folhas crescem arqueando-se na direção do céu iluminado. Seu corpo verde luminoso simboliza sua união sensual com o mundo natural. A esfera de cor vermelho intenso que suporta seu corpo representa o Chakra da Base, já restaurado e revigorado com as sementes férteis da romã. A flor de hibisco que adorna o seu cabelo simboliza o segundo chakra, a região do sacro no corpo humano, onde a paixão encontra as chamas da inspiração. Um pássaro do paraíso plana sobre ela, anunciando o alvorecer do retorno da Deusa.

Neste estágio da iniciação – por meio das práticas regulares de oração, meditação e visualização – o corpo humano começa a se transformar num ser de Bem-Aventurança Infinita. Os órgãos se fortalecem e novos níveis de percepção despertam. Os pré-requisitos necessários para alcançar a paz e a liberdade verdadeiras foram preenchidos.

Despertar para o Arquétipo: A Grande Rainha da Bem-Aventurança do Tibete

Quando esta carta aparece em uma consulta, a pessoa está invocando a energia essencial da Grande Rainha da Bem-Aventurança do Tibete. Nua e de cor vermelha, ela está parada, com um pé um pouquinho na frente do outro, sobre um luminoso disco solar. Na mão direita, ela tem um pequeno tambor de caveiras, que é tocado perto do seu ouvido. Na mão esquerda, ela segura o cabo de uma lâmina arqueada que descansa a seu lado. Ela está dentro de dois triângulos sobrepostos que formam uma estrela de seis pontas. Fora da estrela, há uma série de faixas luminosas nas cores do arco-íris, formando um semicírculo. Por fim, um círculo de chamas circunda a imagem toda.

Os dois triângulos sobrepostos – um apontando para baixo e o outro para cima – representam sua cerviz cósmica, que simultaneamente dá forma ao espírito e espírito à forma. Sua postura simboliza também a completa interdependência do espírito e da forma, com um pé na dimensão suprema e outro no mundo material. A Grande Rainha da Bem-Aventurança superou totalmente a tendência humana de tornar sólidas e materiais as coisas deste mundo. Para Ela, a vida é uma dança holográfica de padrões energéticos translúcidos e nas cores do arco-íris, que mergulham, giram e se entrelaçam. Ela nunca se deixa enganar pela aparência de solidez e separação, e esse é o segredo da ardente sabedoria de sua bem-aventurança. Ela sorri e dá risada porque é fundamentalmente livre e porque sabe que nós também somos livres! Em seu grande útero primordial, Ela reconcilia todas as falsas dicotomias como: espírito e matéria; ativo e passivo; masculino e feminino; eu e você; claro e escuro; prazer e dor; dentro e fora. Com seu facão arqueado e seu tambor de caveiras, ela espicaça toda ignorância e falsas visões, bem como despedaça tudo o que não é realmente verdadeiro.

Aplicações no Cotidiano

Você pode encontrar a Grande Rainha da Bem-Aventurança na sua vida quando está inteiramente presente, vivendo plenamente no mundo das formas e, ao mesmo tempo, totalmente entregue à ardente sabedoria da bem-aventurança. Você pode encontrá-la quando for "Além do Além" – além de todo e qualquer hábito mental, que dá origem a todas as ilusões de haver separação entre uma coisa e outra a qualquer momento. Você a encontra quando: dança selvagem e nua ao luar; geme de êxtase; urra de prazer; suspira de satisfação; ou dá uma boa gargalhada ao ver quão absurdo e maravilhoso é tudo isso.

Você encontra a Grande Rainha da Bem-Aventurança quando permite que o seu coração se abra para a agonia e o êxtase e, especialmente, quando descobre que agonia e êxtase são, afinal, uma única e mesma coisa. Você a encontra: no arrebatamento da inspiração; na majestade da natureza; na voz de um cantor de ópera; no êxtase da expressão artística; na graça do seu corpo em movimento; no primeiro som que o bebê articula ao nascer; no último suspiro que a pessoa dá ao morrer; na imperfeição perfeita deste instante; na experiência de profunda empatia; na doçura de um beijo; nos olhos translúcidos de uma avó, de um amante ou de um filho; no momento em que cai no sono e no momento em que volta a despertar. Em resumo, quem despertou para a sua própria natureza bem-aventurada encontra a Grande Rainha da Bem-Aventurança em qualquer lugar. Não existe nenhum lugar onde Ela não possa ser encontrada. Ela é Tudo. Tudo é Bem-Aventurança.

Remédios Naturais: A Romã (Pomegranate)

A romã, ou "maçã de muitas sementes", é conhecida universalmente como poderoso símbolo do útero da vida nova que contém as sementes do futuro. Figuras de romã eram esculpidas nos pilares dos templos como representação da Deusa da fertilidade. Na Europa, elas eram o símbolo da Rainha do Céu. Antigos lugares sagrados exibem Nossa Senhora com o filho numa mão e a romã na outra. A recém-surgida Deusa Tríplice da Bem-Aventurança Infinita – uma versão de Eva liberada – reaparece para nós com a essência da romã, o útero da sabedoria. A romã promove o alinhamento consciente com o eu feminino criativo, para que cada um de nós possa conhecer e se tornar cocriador do seu destino.

Como essência floral, a romã *(pomegranate)* é ótima para as mulheres em busca de equilíbrio na vida cotidiana. Ela ajuda a suavizar e resolver o conflito entre nossos deveres e responsabilidades fora de casa e os domésticos. A romã também ajuda a recuperar a energia vital que jaz nas profundezas do Chakra da Base, a região relacionada com a sobrevivência, as bases terrenas e o nascimento. Assim como a Deusa Tríplice da Bem-Aventurança Infinita assenta todo o seu ser na esfera vermelha da romã, também o feminino que acaba de emergir tem de estabelecer um forte alicerce sobre o qual construir o templo do eu divino.

Mensagem da Alma

Por meio dos centros energéticos do meu corpo que contêm a energia vital do universo, estou em comunhão com a Terra e com as estrelas. Meus pensamentos, meus atos e minha vitalidade criativa engendram o retorno da Grande Rainha da Bem-Aventurança. Percorrerei o caminho da Bem-Aventurança Infinita. Meu coração arde de amor e êxtase divinos.

23. Verdade Infinita

Você precisa entender a vida em sua totalidade,
e não apenas uma pequena parte dela. É por isso que você tem de ler,
é por isso que você tem de olhar para o céu,
é por isso que você tem de cantar e dançar, e escrever poesia,
e sofrer, e entender, porque tudo isso é vida.
J. Krishnamurti

Procure a verdade que está além da mente. O amor é a ponte.
Steven Levine

Alquimia e Transformação

Quando percorremos o caminho da Bem-Aventurança Infinita, a graça e a harmonia tornam-se companheiras íntimas da alma. O compromisso com esse caminho requer a intenção de afirmar o poder do amor em todos os pensamentos, palavras e ações, pois o amor e a verdade são inseparáveis. A concretização da Verdade Infinita inclui a prática de dizer palavras verdadeiras com uma bela voz para que nossa linguagem possa ecoar a poesia universal do Feminino Divino. Isso envolve um equilíbrio estável das forças da vontade e do amor. Uma comunicação conscienciosa e bem-intencionada, conhecida no budismo como "Fala Correta", é a fonte vital de entusiasmo nos relacionamentos. Nas palavras de Thich Nhat Hanh, "As pessoas se ocupam demais com o negativo, com o que há de errado... Por que não procurar ver as coisas positivas, simplesmente tocá-las e fazê-las desabrochar?".

O que esta carta representa em azul radiante – a cor do quinto centro de energia, O Chakra da Garganta – é o que poderíamos descrever como imagem do eco infinito da Deusa. O próprio céu contém a sua marca, pois Ela é a voz da intemporalidade e da eternidade. O vento é a própria respiração dela e ele entra e sai dela, criando o canto melodioso da vida. As sete borboletas que emanam do seu vórtice sonoro representam os sete chakras sagrados, os centros de transformação que foram ativados pelo despertar enlevado de sua consciência do mundo. A flor dessa Alma do Novo Mundo abre-se e toca a sua orelha, só permitindo que as vibrações mais puras penetrem nos compartimentos internos de sua mente. Dessa maneira, a Verdade Infinita é inteiramente realizada.

Neste estágio da iniciação, o grande mistério da luz é revelado. À medida que vamos ficando mais sábios, voltamos em nossos meandros sagrados ao centro da verdade. Entretanto, qualquer que seja a sua tradição ou prática, você oferece suas habilidades ao mundo, reconhece suas raízes e encontra o centro interior de quietude e paz. É só a partir desse lugar cheio de graça que podemos recuperar a saúde e o bem-estar, tanto os nossos quanto os do planeta. Um fogo sagrado volta a arder no coração da humanidade.

Despertar para o Arquétipo: Sofia, a Deusa da Sabedoria

O fato de a carta Verdade Infinita aparecer em uma consulta significa que a essência de Sofia, a Deusa da Sabedoria, está sendo invocada. Sofia era a Deusa do antigo povo hebraico. Ela aparece de forma velada nos três livros da Bíblia Hebraica conhecidos como Livros da Sabedoria: Provérbios, Jó e Eclesiastes. Outros livros nos quais pode ser percebida a sua presença são o Cântico dos Cânticos e a Sabedoria de Salomão. Quando a Bíblia hebraica foi traduzida para o grego, os gregos adotaram Sofia por um tempo, por meio da disciplina da "Filosofia", ou "Amor à Sabedoria". Até hoje, na Igreja Ortodoxa Grega, Sofia é cultuada como a "Mais Pura Mãe de Deus".

Na cosmologia "sofiológica", Sofia é considerada como sendo o Grande Útero do Espírito Santo do qual saem sete correntes espiraladas de energia divina. De acordo com o esquema geral da Deusa Tríplice, essas correntes eram consideradas como interativas a cada nível e frequência concebíveis, criando os sistemas solares, galáxias e universos e impregnando-os inteiramente com as qualidades espirituais da sabedoria e da verdade. Além disso, assim como Cristo tornou-se homem na pessoa de Jesus, encarnando o amor divino, também Sofia tornou-se humana na pessoa da Virgem Maria, encarnando a sabedoria divina.

Aplicações no Cotidiano

Desta vez, é você quem recebe o convite para encarnar a sabedoria divina em sua vida. Descanse profundamente no útero de sua sabedoria – o lugar em que o coração e a mente estão inextricavelmente interligados – e, a partir dele, comunique sua verdade aos outros por meio de palavras e atos, bem como, mais importante, de seu próprio ser e sua presença. Entenda que a sabedoria é seu direito natural, sua verdadeira natureza. Exerça o seu direito de ter ideias originais, vindas do coração e infundidas pelo espírito. Explore e celebre o êxtase orgânico e orgásmico da comunhão de seu coração e sua mente.

Tenha a coragem de suas convicções inspiradas e não se deixe confundir por ensinamentos falsos mascarados de verdade. Aprenda a perceber o sentido implícito da ordem social predominante. Ouse ter pensamentos subversivos. Aprenda a divertir-se com eles. Acesse a antiga corrente filosófica ou fonte de conhecimentos que realmente celebra e cultua a sabedoria de Sofia. Exerça o seu direito de "filosofar" no melhor sentido da palavra. Não aceite as invenções mirabolantes de um intelecto desencarnado como respostas adequadas aos desafios do século XXI. Use o seu verdadeiro potencial intelectual, que é expressão do poder da mente, do coração e do espírito, com o propósito de aliviar o sofrimento e transformar o mundo em um verdadeiro Jardim do Éden.

Remédios Naturais: Ipomeia (Morning Glory)

Esta flor azul irradiante saúda cada dia com o desabrochar jubiloso de sua verdade elementar. Ao romper da aurora, quando o céu se abre para o Sol, ela ergue-se para saudar o milagre de cada novo dia. Com suas lindas flores de forma afunilada, pequenos megafones da Mãe Natureza, a ipomeia convoca a humanidade a prestar atenção, anunciando um novo dia para Sofia, a Deusa Tríplice da Verdade Infinita. Suas folhas em forma de coração refletem a intenção do amor que emana de sua mensagem. Trata-se de uma flor maravilhosa que é um reflexo puro da consciência sublime da Verdade Infinita.

Como essência floral, o elixir da ipomeia *(Morning Glory)* ajuda a clarear e a intensificar a autoexpressão. Também rejuvenesce a alma, ajudando a pessoa a "despertar" para a sabedoria e a verdade do Feminino Divino.

Mensagem da Alma

Nosso medo mais profundo não é o de sermos inadequados.
Nosso medo mais profundo é o de termos um poder extraordinário.
É a nossa luz que mais nos assusta. Perguntamos a nós mesmos:
"Quem sou eu para ser brilhante, deslumbrante, talentoso, admirável?".
De fato, o que é para você não ser? Você é filho de Deus.
Fingir que é pequeno não ajuda o mundo...
Quando nos libertamos do nosso próprio medo,
nossa presença libera automaticamente o dos outros.

MARIANNE WILLIAMSON

24. Potencial Infinito

A água simboliza o potencial na sua totalidade...
a fonte de toda existência possível.

MIRCEA ELIADE

Alquimia e Transformação

Potencial Infinito é o terceiro passo no caminho da evolução dado pelo aspirante depois de ter atravessado o limiar do Mundo ou da Afrodite

Desperta. Na carta número 22, a chama da bem-aventurança que envolveu o útero de luz deu forma ao êxtase da Bem-Aventurança Infinita. Essa presença divina abriu as passagens luminosas da mente para manifestar a visão da carta número 23, Verdade Infinita. Agora, na carta número 24, o milagre da Deusa retornou, trazendo no seu útero-lótus a dádiva do Potencial Infinito. Ondas vibrantes de energia se movem em harmonia rítmica, criando a personificação viva de sua forma, que contém todas as possibilidades.

Neste momento de exaltação, a pessoa pode ficar sensível a campos e vórtices energéticos, a linhas e pontos magnéticos no interior do corpo da Terra. O corpo humano, contendo o milagre do Feminino Divino, está de novo unido à Árvore da Vida que pariu o potencial do mundo. Consequentemente, o aspirante comprometido toma agora consciência de suas raízes, que atravessam as galáxias e vão ao centro do Útero/Estrela que continha as sementes originais da criação.

A mente superior dissolve-se na música do universo. A bela corrente sonora que emana dessa sinfonia cósmica abre os canais da intuição. Profecia, poesia, arte, ritual e comunicação milagrosa de todos os tipos são as dádivas da Deusa Tríplice manifestando-se em nosso cotidiano. A "Alma do Novo Mundo", em gestação no interior do útero de Potencial Infinito, é a joia que brilha no seu coração. Ao perceber isso, você se torna um vaso forte, um vaso cheio de amor infinito, de luz e sabedoria. Em suma, você conhece o seu próprio Potencial Infinito.

Despertar para o Arquétipo: Sheela Na Gig (A Mulher Verde)

Quando a carta Potencial Infinito aparece em uma consulta, a energia essencial de Sheela Na Gig, a Mulher Verde das antigas Irlanda e Grã-Bretanha, é invocada. Representada como uma mulher em sua fase Velha, enrugada, nua e com seios balançando, Sheela Na Gig costuma aparecer de cócoras exibindo seu útero de Deusa. Na Antiguidade, costumava-se encontrar gravuras em pedra de sua imagem na soleira das casas, simbolizando o espaço quase imperceptível entre a morte e o renascimento. Essas soleiras eram tanto construídas pelo homem, como túmulos e passagens, quanto pela natureza, como fontes sagradas, canais de nascimento do útero da Mãe Terra.

Sheela Na Gig personifica o conhecimento total e profundo da natureza tríplice do Potencial Infinito, pois ela é Mãe, Donzela e Velha – todos os três aspectos da Deusa Tríplice – numa única. O que ela nos ensina é que, sem a energia da morte da Velha, a Donzela não pode conceber e a mãe não pode dar à luz. Ela nos convida a entrar em seu útero/túmulo para podermos conhecer a alquimia misteriosa da morte e, com isso, dar à luz o Potencial Infinito de nossa alma virgem.

De acordo com sua mitologia, existe um grande "Poço de Sabedoria" no centro do "outro mundo" dos celtas. A antiga literatura irlandesa conta como a água desse Poço esguicha como um chafariz no quintal do palácio encantado. Cinco correntes jorram desse Poço de Sabedoria, simbolizando os cinco sentidos pelos quais o potencial de sabedoria do Poço se manifesta. As fontes sagradas da Irlanda e da Grã-Bretanha são consideradas meros afluentes desse Poço/Útero primordial.

Na tradição folclórica irlandesa, as fontes sagradas eram visitadas em épocas especiais do ano quando os portões do outro mundo eram totalmente abertos e as fadas se tornavam visíveis aos mortais. Os povos antigos visitavam as fontes para reverenciar a Deusa Tríplice em seus santuários naturais, mas também em busca das tradicionais virtudes da cura e da adivinhação. Sonhar nas fontes sagradas era um método de previsão do futuro, possivelmente um eco dos tempos pagãos, quando um oráculo feminino presidia o poço. Esses oráculos podem ter servido de inspiração para as "damas da fonte" que aparecem nos relatos medievais do Santo Graal. Em uma dessas versões, um rei perverso violenta uma das donzelas e rouba o "Cálice de Ouro". Em consequência disso, todos os poços secam e o país se torna uma terra devastada que só poderá ser redimida quando o Santo Graal – o Cálice de Ouro da sabedoria feminina – for encontrado.

Na Irlanda atual, as peregrinações a fontes sagradas continuam sendo uma parte importante do calendário cristão. Muitas dessas peregrinações coincidem com o Dia de Santa Brígida, em 1º de fevereiro. Santa Brígida é uma versão cristianizada da Deusa Tríplice Brígida, que parece ter uma forte semelhança com Sheela Na Gig. Por exemplo, muitas das fontes sagradas da Irlanda são dedicadas a ela, em sua forma menos ameaçadora como Santa Brígida. Brígida é também considerada a Deusa Tríplice da regeneração e da sabedoria, cujo "Caldeirão de Inspiração" é a fonte de adivinhação e profecia. É revelador o fato de existir na Catedral de Kildare, lugar sagrado estreitamente associado a Santa Brígida ao longo de toda a sua história, uma imagem de pedra de Sheela Na Gig.

Talvez a imagem mais antiga de Sheela Na Gig ainda existente seja a que pode ser encontrada no Pilar de St. Adamnan, na Colina de Tara. Observando-a de perto, claramente se percebe o vestígio de um sorriso misterioso em seus lábios pré-históricos. Mãe-Donzela-Velha, ela sorri através das eras, convidando-nos a entrar no Potencial Infinito de seu Útero de Deusa Tríplice.

Aplicações no Cotidiano

Você encontra a Deusa Tríplice do Potencial Infinito toda vez que concebe uma ideia ou emoção e a deixa amadurecer no útero da consciência pura antes de oferecê-la ao mundo. Você a encontra quando deixa que velhos hábitos e padrões morram naturalmente, abrindo espaço para a possibilidade de surgir uma nova pessoa em seu lugar. Você a encontra quando se permite descansar na condição de não saber e de incerteza, em vez de precipitar-se para dentro de falsas seguranças ou de soluções prematuras. Você a encontra quando, finalmente, entra em um estado de quietude capaz de proporcionar-lhe acesso ao seu próprio poço de sabedoria e saber profético e quando atravessa qualquer tipo de limiar.

Você cultiva o poder do Potencial Infinito na sua vida por meio da meditação e da reflexão silenciosa em lugares sagrados conhecidos como sendo passagens ou limiares para o outro mundo. Por que não considerar a possibilidade de fazer uma peregrinação a fontes sagradas e santuários de Sheela Na Gig na Irlanda e na Grã-Bretanha, por exemplo? Você cultiva seu poder quando se visualiza prenhe de todas as possibilidades ou realmente engravida. Ao atravessar uma porta, lembre-se de que toda morte é a passagem para uma nova vida. Estude a antiga arte da adivinhação. Abra os potenciais de sua psique. Confie em sua intuição. Lembre-se de que, sem a morte, não existe nascimento. Copie uma imagem de Sheela Na Gig de algum *site* da Internet e afixe-a no espelho de seu quarto. Olhe-se no espelho e dê um sorriso misterioso. Celebre a Trindade interior Mãe-Donzela-Velha.

Remédios Naturais: Lótus

No Oriente, o ciclo de vida do lótus é considerado um reflexo perfeito dos três estágios do processo de crescimento e evolução espiritual: ignorância, habilidades e iluminação. No primeiro estágio de sua vida, correspondente à ignorância, as raízes do lótus erguem-se do fundo lamacento do lago. No segundo estágio, que se refere às habilidades, o caule do lótus é acariciado e suportado pela água. Finalmente, no terceiro estágio, relacionado à iluminação, a flor de lótus rompe a superfície da água e desabrocha para a luz do dia.

No centro da flor, há uma vagem contendo milhares de sementes capazes de germinar depois de milhares de anos adormecidas. O corpo da Deusa na imagem do Potencial Infinito contém essa flor de lótus no ventre de sua perfeição. As pessoas que chegam a este nível de iniciação estão, como as sementes do lótus, preparando-se para assumir a totalidade de sua própria verdade perfeita para poder dar ao mundo o elixir perfumado de sua alma.

Mensagem da Alma

Se você é capaz de imaginar algo, é também capaz de criá-lo.
Se você é capaz de ter sonhos, é também capaz de realizá-los.
William Arthur Ward

Visão sem ação é devaneio. Ação sem visão é pesadelo.
Provérbio Japonês

Sua visão só ficará nítida quando você olhar dentro de seu coração. Aquele que olha para fora sonha. Aquele que olha para dentro desperta.
Carl Jung

25. A Trindade

Há dois modos de se viver a vida. Um deles é viver como se nada fosse milagre. O outro é como se tudo fosse milagre.
ALBERT EINSTEIN

Alquimia e Transformação

A quarta carta depois da Afrodite Desperta é a da Trindade. Com ela, a jornada espiritual alcança seu nível máximo de concretização. As três fases da Deusa Tríplice teceram a teia da vida que resultou na quintessência do renascimento. Isso é alquimia em sua expressão mais verdadeira, pois o ser de luz parido do Grande Útero do Potencial Infinito traz o código da sabedoria profética da Trindade. A mágica do poder do três manifestou-se, desta vez, como a Alma do Mundo desperta. Em *O Tarô da Deusa Tríplice*, o passo final no Caminho Régio da Sabedoria é representado pelo antigo símbolo conhecido como *"Vesica Piscis"*, no qual a área definida pelos círculos sobrepostos representa o útero primordial da vida eterna.

Na carta, aparece a imagem da Deusa Tríplice em sua autorrealização máxima. Note que os cabelos brancos da mulher sábia estão arranjados em forma de penas, representando o espírito. O penteado da mãe tem a forma de uma *yoni*, ou o portal sagrado do nascimento. O bebê emergiu puro e inocente da Matriz da Grande Tríade. Circundando os três aspectos da encarnação divina aparece a esfera celeste, na qual as nuvens formam um cobertor macio para acolher a nova vida. A Lua está cheia e radiante, porque contém todas as possibilidades. As camadas ondulantes de seu útero sagrado se abriram, mostrando-nos a verdade subjacente à nossa encarnação: da Mãe nós viemos; à Mãe retornaremos; na Mãe nós descansamos eternamente.

Despertar para o Arquétipo: Tara Verde

Quando a carta da Trindade aparece em uma consulta, é invocada a essência de Tara Verde. Tara obtém por merecimento a condição de Deusa Tríplice, pois ela é a soma total de todas as formas e os aspectos triádicos. Ela é a Tríplice Deusa Tríplice, uma passagem holográfica tríplice para o panteão de Deusas Tríplices e tudo que elas representam e personificam através do tempo, do espaço e além.

Quando você pede orientação, proteção e inspiração a Tara, é como ligar para o Serviço de Emergência da Deusa Tríplice. Qualquer que seja o aspecto da Deusa Tríplice do qual você esteja mais necessitando, ele virá

– e rapidamente! Em seu útero de Grande Tríplice Deusa Tríplice, Tara Verde engloba a Grande Rainha da Bem-Aventurança, Sofia, Sheela Na Gig, Brígida, Cerridwen, Íris, Fada Rainha, Gaia, Mulher Búfalo Branco, Mulher Alce, Ísis, Kunapippi, Atena, Virgem Maria, Shekinah, Afrodite, Mulher Pássaro, Parvati, Kali, Uma, Ishtar, Maat, Kwan-yin, Deméter, Anjos, Astarte, Athtar, Inanna, Attar-Samayin, Sarasvati, Durga, Dakinis, Hécate, Yemaya, e assim por diante.

Como vimos no Capítulo 3, a Tríplice Deusa Tríplice compreende uma série surpreendente de temas tríplices, entre eles: nascimento, morte e renascimento; Velha, Mãe e Donzela; passado, presente e futuro; Sol, Lua e Terra; corpo, alma e espírito; Mãe, Filha e Alma Santa; minguante, crescente e cheia; atração, aversão e modo intermediário; corpo, fala e mente; e Buda, *dharma* (ensinamentos) e *sangha* (comunidade). Tara Verde também representa a Trindade Divina de Buda, *Bodhisattva* e Dakini. Ela é Buda no sentido de que é um ser totalmente iluminado; *Bodhisattva* no sentido de que é um ser infinitamente compassivo, inteiramente presente no mundo, ocupada com proporcionar alívio ao sofrimento de todos os seres; e é Dakini no sentido de que dança livremente no Grande Céu do Útero da Sabedoria e exerce a função de guardiã dos antigos tesouros espirituais.

Conta a lenda budista tibetana que, quando Tara estava se aproximando do momento de despertar, ela fez o juramento sagrado de tornar-se inteiramente iluminada no corpo de uma mulher e de encarnar inúmeras vezes somente na forma feminina para contrariar as concepções errôneas predominantes e demonstrar a verdadeira capacidade, a dignidade e o valor das mulheres. Foi por essa razão que o Dalai Lama a definiu como "a primeira feminista", no melhor e mais correto sentido da palavra, pois suas atitudes em defesa das mulheres foram motivadas pelo amor por todos os seres e pelo desejo ardente de que todos se libertassem das visões e concepções equivocadas que causam tanto sofrimento.

Aplicações no Cotidiano

Para introduzir a presença da Tríplice Deusa Tríplice em sua vida cotidiana, arranje as 24 cartas do Baralho Alquímico de *O Tarô da Deusa Tríplice* em um círculo em volta de sua almofada de meditação. Coloque agora a carta número 25, a da Trindade, à sua frente, dentro do círculo. Você fica na postura sentada sobre a almofada, com a perna esquerda dobrada embaixo do corpo e a direita estendida. Deixe seus olhos descansarem por um instante em cada uma dessas imagens poderosas. Em seguida, feche-os e visualize a bela Tara de pele verde sentada sobre um trono de lótus no meio do grande oceano uterino, com a perna esquerda dobrada sob seu corpo e a direita estendida para o mundo dos seres sofredores.

No céu ao redor de Tara Verde, acima, abaixo e de ambos os lados, visualize todo o caleidoscópio de Deusas Tríplices, o maior número possível que conseguir reter em sua mente, seu coração e sua imaginação. Inale a essência das cores do arco-íris dessas imagens, levando-a diretamente para seu coração. Veja todas as imagens dissolverem-se em Tara que, por sua vez, se dissolve em você. Levante-se agora para enfrentar o dia, conhecendo sua verdadeira identidade e seu valor. Para todas as pessoas que você encontrar no decorrer do dia, deixe que as luzes das cores do arco-íris da Deusa Tríplice penetrem diretamente no coração delas. Envolva todos que encontrar em seu grande oceano uterino de sabedoria e compaixão infinitas. Mostre a verdade que, de fato, tudo na vida é um milagre. Revele o esplendor de seu ser de Tríplice Deusa Tríplice em cada pensamento, palavra e ação.

Remédios Naturais: Natura, a Alma da Natureza

A toda-abrangente Tríplice Deusa Tríplice Tara, simbolizada pela carta da Trindade, oferece a você as propriedades curativas de todo o reino da natureza. O verde de Tara é a cor da floresta Khandivari, um paraíso exuberante que é sua morada natural. Diz-se que seus dons especiais de cura provêm de seu parentesco com as coisas verdes da floresta. Cada folha de grama, cada flor, árvore, arbusto, cada moita e cada planta são uma expressão microcósmica de seu compromisso de libertar todos os seres por meio do poder da alma feminina. Seu verde é uma cor verdadeiramente mágica que acalma, conforta, protege e cura o mundo inteiro.

Mensagem da Alma

Das profundezas das estrelas às flores luminosas da natureza, o mistério da Trindade do Feminino Divino é ilimitado. No fundo da vastidão do universo... onde você vai encontrá-la. Aninhada na caverna de seu coração... é onde você vai encontrá-la. Permeando tudo e amando tudo, a beleza dela vive dentro de sua alma. Abra a vida para seu beijo de paz infinita.

Capítulo 6

As Cartas do Baralho dos Chakras: Sintonia com o Corpo e a Terra por meio dos Sete Chakras Sagrados

O *Tarô da Deusa Tríplice* inclui o Baralho dos Chakras, formado de sete cartas que correspondem aos chakras. Essas cartas juntam-se às do Baralho Alquímico em várias das disposições sugeridas para *O Tarô da Deusa Tríplice* e podem também ser usadas como um instrumento de cura à parte pelas pessoas que desejarem entender melhor os padrões energéticos do corpo humano. Cada carta tem relação com uma das sete rodas ou chakras – vórtices giratórios que contêm códigos de informação – que existem nos corpos emocional, astral, espiritual, mental e físico. É cada vez maior o número de pessoas que estão tomando consciência da existência desses centros sagrados de cura e da força vital inextricavelmente ligada a eles. Essa força vital – conhecida por diversos nomes, como Prana, Chi, Espírito Santo, Kundalini, Manna, Tao e Matriz do Corpo – pode ser trabalhada e cuidada como qualquer outra parte do corpo humano. Quando nos alinhamos com essa energia, nossa relação com a vida, a natureza e o corpo melhora.

Com o avanço da tecnologia, a exemplo do surgimento da fotografia Kirlian, os pesquisadores conseguiram apreender essa energia vital em filmes. Do ponto de vista do olho humano, o corpo parece ser sólido e imóvel, porém – quando fotografado por uma câmera especial de alta velocidade – pode-se detectar luz e energia em movimento dentro e ao redor do corpo humano. Certas câmeras conseguem detectar também frequências de cores. Essa energia vibratória é comumente chamada de "aura" ou "campo áurico". Por meio da fotografia Kirlian, ficou demonstrado que, quando uma pessoa é massageada ou tocada amorosamente, o campo de sua aura começa a emitir e vibrar uma energia cintilante. Por outro lado, quando uma pessoa está doente, aflita ou preocupada com alguma coisa, a luz que emana de seu corpo é opaca e obscura.

Imagens antigas dos chakras mostram a energia vital na forma de uma serpente enroscada na base da coluna. Vários exercícios e técnicas de yoga ajudam os praticantes a ativar essa poderosa energia espiritual. Os sete chakras estão localizados ao longo do canal central que corresponde à coluna do corpo físico. Esse canal energético é também conhecido como "arco-íris" – uma ponte viva que liga o Céu e a Terra. Quando saudável e alinhado, o canal central ajuda a pessoa a manter o equilíbrio entre os planos temporal e espiritual. Ter consciência desses centros de energia e identificar os padrões que eles retêm pode fortalecer a comunhão da pessoa com o corpo, o que, por sua vez, vai ajudar a recuperar e manter a saúde.

Os Sete Chakras

Os chakras aparecem em diversas tradições, mas foram estudados mais intensamente pelas escolas de yoga e tantrismo. Abaixo, relacionamos cada chakra com seu nome e seu significado em sânscrito, a cor correspondente do arco-íris, o elemento e a função sensorial, bem como outras funções psicológicas que desempenha para a pessoa. Esses sete centros sagrados de cura correspondem aos pontos do corpo humano na seguinte ordem:

Primeiro Chakra: Situa-se na base da coluna e na parte de trás dos joelhos. Seu nome em sânscrito é *Muladhara*, que significa "suporte básico". É associado à cor vermelha, ao elemento Terra e ao sentido do olfato. Este chakra liga a pessoa à terra e revela padrões relativos a problemas de insegurança, medo, ganância, necessidade de proteção e prosperidade.

Segundo Chakra: Localiza-se entre o osso púbico e o umbigo. Seu nome em sânscrito é *Svadhishthana*, que significa "morada do ego". Corresponde à cor laranja, ao elemento Água e ao sentido do paladar. Este chakra tem relação com os órgãos genitais, a pélvis, o sacro e as solas dos pés. Os padrões de desequilíbrio provenientes desse centro energético são: estagnação criativa, medo, esterilidade, luxúria, inércia e lembranças somáticas inconscientes.

Terceiro Chakra: Localiza-se no plexo solar, na coluna lombar e no umbigo. Seu nome em sânscrito é *Manipura*, que significa "cidade das pedras preciosas". Tem relação com a cor amarela, o elemento Fogo e o sentido da visão. Também está ligado à digestão. Os principais padrões de desequilíbrio são raiva, autonegação, falta de integridade, impotência, inércia e incapacidade para assumir liderança.

Quarto Chakra: Situa-se entre as escápulas, na região do coração e nas palmas das mãos. Seu nome em sânscrito é *Anahata*, que quer dizer "intocado". É também conhecido como Chakra do Coração. Corresponde à cor verde, ao elemento Ar e ao sentido do tato. Liga os sistemas respiratório e circulatório às emoções.

Os principais padrões de desequilíbrio associados a este chakra são: apego exacerbado e indigência, incapacidade de receber, paralisia emocional, sentimentos de abandono, insatisfação sexual e amor condicional.

Quinto Chakra: Localiza-se na região da nuca e da garganta. Seu nome em sânscrito é *Vishuddha*, que significa "puro". É também conhecido como Chakra da Garganta. Sua cor é o azul, o elemento é o Éter ou o Espaço e o sentido é a audição. Este chakra afeta os padrões de comunicação e fala. Entre os padrões de desequilíbrio, estão sentimento de perda não resolvido, medo de julgamentos, defeitos da fala e todos os tipos de dificuldades relacionadas com autoexpressão e inspiração.

Sexto Chakra: Situa-se na testa entre as sobrancelhas. Seu nome em sânscrito é *Ajna*, que quer dizer "domínio" ou "percepção". Essa região é também conhecida como Terceiro Olho. A cor referente a ele é o índigo-cobalto. Ele transcende os elementos e os sentidos físicos, pois abre o canal para a sintonia com o cosmos. Revigora o cerebelo. Entre os padrões de desequilíbrio, encontramos a falta de visão e imaginação, bem como a incapacidade de relacionar-se com devoção e amor mais elevado.

Sétimo Chakra: Localiza-se no alto da cabeça. Seu nome em sânscrito é *Sahasrara*, que significa "de mil pétalas". É também conhecido como Chakra da Coroa. A cor a ele associada é o violeta e ele ultrapassa as esferas do tempo e do espaço, para alcançar os planos mais elevados do infinito e eterno. Controla o córtex cerebral e abre a pessoa para vibrações espirituais extremamente elevadas. Entre os padrões mais comuns de desequilíbrio, estão o autoengano, o escapismo, a falta de clareza e uma tendência a exaltar o mundo espiritual ou perder-se no materialismo espiritual.

As Cartas dos Chakras e a Pessoa

Cada Carta do Baralho dos Chakras é uma obra-prima visual criada especificamente para este livro, a fim de ajudar você a entender a poderosa energia que existe em seu corpo e na Terra, bem como a entrar em contato com essa potência. Ao espalhar as sete cartas com as faces voltadas para cima à sua frente, observe como as bordas coloridas em torno de cada carta vão se tornando mais claras conforme o número da carta vai aumentando. Esse é o modo de a artista expressar o refinamento pelo qual o corpo vai passando à medida que a energia primária e crua do primeiro chakra sobe e procura harmonizar-se com os aspectos mais elevados da consciência.

A imagem central de cada carta do Baralho dos Chakras está cercada de correntes vibratórias de energia que foram pintadas para corresponder à energia do respectivo chakra. A primeira imagem aparece circundada por uma corrente de energia e raízes da terra. A segunda está envolta em correntes de água e ondas flutuantes de êxtase. A terceira aparece entre chamas da paixão e a luz do Sol. A quarta está envolta em formações de nuvens em espirais. A quinta está cercada de ondas vibratórias de som e energia. A sexta está envolvida em padrões de brilho estelar do céu noturno. Por fim, a sétima está circundada por pétalas iluminadas do lótus de mil pétalas conhecido na tradição budista tibetana como "A Grinalda de Pedras Preciosas".

A corrente de energia dinâmica move-se para cima e para baixo da coluna, ligando e equilibrando os chakras inferiores e superiores, ajudando a pessoa a manter uma relação saudável e equilibrada entre Terra e Céu. Com o corpo saudável e revigorado, torna-se mais fácil a sintonia com nosso destino e nossa criatividade. Estamos mais bem preparados para servir ao mundo circundante. As sete cartas que formam o Baralho dos Chakras em *O Tarô da Deusa Tríplice* constituem sua caixa de ferramentas energéticas, criada para ajudar você a recuperar e manter um estado perfeito de saúde e bem-estar tanto para si mesmo(a) quanto para os outros.

Sugerimos que você tire um tempo para se familiarizar com o Baralho dos Chakras. Na postura sentada, com as cartas espalhadas ao redor e com as faces voltadas para cima, deixe que a figura de cada carta penetre totalmente em seus sentidos. Note se uma ou mais cartas atraem sua atenção e estimulam sua imaginação. Examine atentamente suas figuras. Relacione cada uma das figuras com a área correspondente em seu corpo e leia o que o texto diz sobre o chakra. Isso vai ajudar você a entender quais partes de seu corpo estão especialmente necessitadas de amor e atenção. Talvez você queira tirar uma carta do Baralho Alquímico para cada carta do Baralho dos Chakras com a qual estiver trabalhando, como meio de entender a presença arquetípica que esteja relacionada com essa área de seu corpo. Em certos casos, é importante olhar-se realmente no espelho com as cartas do Baralho dos Chakras colocadas sobre as respectivas áreas do corpo e absorver a energia de cura que essas cartas oferecem.

Ao dispor as cartas do Baralho dos Chakras em linha vertical do primeiro ao sétimo chakra, observe como um ponto colorido, nas partes superior e inferior de cada carta, liga cada uma à seguinte. Por exemplo, na parte inferior da carta cor de laranja correspondente ao segundo chakra, uma pitada de vermelho indica a sua origem na carta correspondente ao primeiro chakra. Igualmente, na parte superior da carta relativa ao segundo chakra, uma pitada de amarelo indica o estágio seguinte do processo de ascensão da energia pelo corpo. Esse sistema cromático simboliza o fluxo contínuo de energia vital. Apesar de os sete centros, ou chakras, estarem girando e pulsando separadamente por todo o corpo humano, juntos eles formam um cordão umbilical místico ligando cada ser humano às esferas do Céu e da Terra.

As Cartas do Baralho dos Chakras e o Feminino Divino

Quando a Terra atinge um ponto crítico, como o que estamos enfrentando hoje, é fundamental recorrermos ao Feminino Divino em busca de ajuda para encontrarmos o caminho de volta à natureza e ao equilíbrio. Temos de voltar a abrir nosso coração para a Deusa e pedir que ela nos guie em direção a uma nova cosmologia e a um novo paradigma, que sirvam a cada ser vivo e ao planeta como um todo. Não podemos voltar atrás. Temos de seguir em frente. É premissa e intenção de *O Tarô da Deusa Tríplice* que olhemos para a frente e nos recriemos para podermos recuperar a riqueza e a beleza da natureza em nosso coração e nosso planeta. Temos de encontrar um jeito de equilibrar as tecnologias mais avançadas com as realidades e visões mais primitivas em nome de uma ecologia mundial que seja realmente sustentável.

Para os povos antigos, a Terra era um organismo vivo habitado por um espírito vital ou substância espiritual. Eles entendiam que a Grande Mãe Terra – que continha a vontade e a intenção de evoluir – era capaz de relações de reciprocidade com todas as criaturas que amava. A força da Terra é uma corrente magnética, afetada pelo movimento das estrelas, dos planetas, do Sol e da Lua. Por sua vez, ela é capaz de penetrar e afetar as células nervosas dos seres humanos, animais e vegetais. Ela move-se em ondas energéticas, perpendiculares à superfície da Terra. As ondas formam padrões espiralados baseados em múltiplos de sete, curiosamente como o sistema dos chakras no corpo humano. Isso porque o corpo físico é o microcosmos de todo o planeta, ou melhor, de todo o universo.

Certas regiões do mundo harmonizam-se bem com determinadas pessoas e não com outras, dependendo da sintonia de seus padrões energéticos. Algumas pessoas se sentem atraídas pelas Ilhas do Havaí, por exemplo, enquanto outras preferem regiões da América do Sul, México ou Peru. Nossos corpos percebem quando encontramos um lugar que esteja em sintonia com o ritmo de nossa alma e é nele que podemos sentir que encontramos nosso "lugar de renascimento", nosso verdadeiro lar.

Algumas pessoas são extremamente sensíveis a esses padrões e vórtices energéticos, conseguindo interpretá-los da mesma maneira que os terapeutas corporais leem o corpo humano. Sabe-se que os animais seguem as linhas magnéticas da Terra e as usam para encontrar os lugares apropriados para dormir e parir. Muitos antigos caminhos e lugares sagrados estavam em sintonia com essas linhas magnéticas e muitos peregrinos contemporâneos os procuram para cura e regeneração.

As cartas do Baralho dos Chakras constituem nosso modo de trazer de volta para o mundo uma ciência antiga, a fim de que possamos nos sintonizar com as vibrações do Feminino Divino. Elas podem nos ajudar no entendimento das razões pelas quais determinados lugares da Terra são mais atrativos ou aprazíveis do que outros e, portanto, de natureza mais curativa. Use as cartas para procurar entender a sabedoria da Terra, dispondo-as no chão. Escolha uma carta do Baralho dos Chakras e coloque-a junto ao chão. Saiba que a Terra está se comunicando com você e passando-lhe informações sobre esse lugar em particular.

Ao comprar uma casa, construir um jardim, montar um cantinho para meditação, participar de um rali ecológico, dar uma festa infantil ou simplesmente estar em comunhão com a Mãe Terra, sintonize-se com as cartas do Baralho dos Chakras para descobrir que energia a Terra está retendo na área em questão. Você pode comparar o campo energético predominante em um determinado lugar com o campo energético predominante em seu corpo físico e, então, aplicar seu entendimento da relação entre essas duas energias.

Por exemplo, se o Chakra do Coração, ou quarto chakra, é a influência principal da região, talvez você queira adornar a área com rosas artificiais ou verdadeiras, colocar uma estátua da Virgem Maria, Mãe do Céu e da Terra, ou pintar a sua superfície com uma linda tonalidade de verde. Se a energia de seu corpo vibra no ritmo do Chakra da Garganta, ou quinto chakra, é recomendável verificar o potencial de comunicação do lugar a fim de constatar se existe uma abertura para você cantar, movimentar-se, dançar e expressar a sua verdade. Esse seria um lugar para você escrever, ler ou estar em boas relações com os outros.

A imagem de cada carta está centrada dentro de uma forma conhecida como *Vesica Piscis*, ou "Passagem Sagrada". Ela surge da intersecção de dois círculos – formando um centro sobreposto que representa a *yoni* da Grande Deusa –, estendendo a Trindade Divina essencial de nascimento, morte e renascimento para cada pessoa que utiliza as cartas. Que elas sirvam de entrada para o centro místico do corpo da Deusa.

AS CARTAS DO BARALHO DOS CHAKRAS

As cartas do Baralho dos Chakras foram criadas com a melhor das intenções. Esperamos que ocupem um excelente lugar em sua vida. A apresentação de cada carta é composta de cinco partes, conforme a seguinte ordem:

1. *Descrição da Imagem do Chakra:* Essa parte descreve a imagem – e seu simbolismo – que ilustra a carta do respectivo chakra para ajudar você a entender a força da mensagem a ser transmitida.
2. *Atributos do Chakra:* Nessa etapa, são apresentadas as funções do chakra e suas correspondências em termos de cor, música, reino animal e uma variedade de meios de cura, como flores, ervas, alimentos e pedras preciosas.
3. *Essência Regenerativa do Chakra:* Essa parte descreve as áreas relevantes do corpo, bem como as qualidades emocionais, mentais e espirituais do chakra. Além disso, indicará os padrões kármicos que podem estar retidos em determinadas áreas do corpo e a forma como eles podem ser detectados e curados.

4. *Palavras-chave:* Essa parte contém uma lista de palavras para orientar a contemplação e a sintonização positiva em relação à dinâmica energética de cada chakra.
5. *Afirmações:* Nessa parte, são sugeridas afirmações para facilitar o processo de ativação da dinâmica de cura de cada chakra. A pessoa pode realizá-las sozinha, em grupos de ajuda mútua ou com outra pessoa.

DESCRIÇÃO DAS CARTAS DO BARALHO DOS CHAKRAS

Primeiro Chakra

Espalhe sementes e cubra-as.
Folhas brotarão onde você fizer seu trabalho.
Rumi

A semente nova é fiel.
Ela finca raízes mais profundas nos lugares
que estão mais vazios.
Clarissa Pinkola Estes

Descrição da Imagem do Chakra

A carta apresenta uma figura feminina, que pode ser de uma mulher aborígine, indígena americana ou africana. Sua ligação com a Terra é extremamente profunda, pois, em certo sentido, ela é Gaia, a própria Mãe Terra. Ela é tão forte e equilibrada em termos de energia terrena que aguenta o elefante branco – associado ao Chakra da Base devido à incrível força que tem para suportar seu próprio peso – sentado sobre seus ombros. Ela está na postura do parto, exibindo o símbolo terreno da romã, que representa a fertilidade e a abundância. Acima de sua abertura vaginal, há uma tartaruga, animal totem da terra. O poder da serpente, ou da Kundalini, vibra abaixo dela, atuando como um esperma cósmico. No interior desse vórtice de energia orgásmica de ligação com a terra, um broto cresce para cima, representando nova vida e recomeço. As mãos dela estão profundamente fincadas na terra, enquanto seus braços contêm o símbolo do cedro, que representa força e resistência. Sua boca está emitindo o som OM, que liga as forças da natureza às da alma humana.

Atributos do Chakra

Funções: Sobrevivência, ligação com a Terra
Cor: Vermelha
Nota musical: Dó
Flor curativa: Romã
Totens animais: Elefante branco, cobra e tartaruga
Alimentos: Proteínas
Erva: Cedro
Metal: Chumbo
Pedras preciosas: Granada, rubi e jaspe vermelho

Essência Regenerativa do Chakra

O primeiro chakra está localizado na base da coluna e controla todos os aspectos de ligação com a terra, segurança interna, sexualidade e problemas de insegurança trazidos da infância ou de vidas passadas. Nossa tarefa no primeiro chakra é desenvolver as raízes naturais com base em nossa natureza sexual, renovada e revitalizada e capaz de desfrutar os prazeres da vida terrena.

Em desequilíbrio, o Chakra da Base enfraquece e fica bastante parecido com uma flor não regada – emurchecida, de aparência débil e sem vida. A tensão prolongada nessa área, com o passar do tempo, vai acabar resultando em distúrbios adultos, como fome constante e medo da escassez, seja no plano físico ou no emocional. Esse desequilíbrio pode se manifestar como emoções frígidas, medo da intimidade, senso de pobreza, distúrbios alimentares e isolamento profundo.

Saudável e equilibrado, o primeiro chakra aumenta a capacidade da pessoa para estabilizar e enraizar os próprios talentos e sonhos. Tomar consciência do primeiro chakra a ajuda a entrar em contato com o profundo poder de afirmação da vida, uma torrente de força vital que sustenta e jorra em forma de orgasmo por todo o corpo humano.

Palavras-chave

Ligação com a Terra, Sexualidade, Afirmação da Vida, Fertilidade, Orgasmo, Estabilidade, Segurança, Prazer Corporal, Conexão, Base, Força, Solidez e Alicerce.

Afirmações

Eu sinto prazer em estar no meu corpo e em nutri-lo diariamente.

Eu estou ancorado na Terra; ela me oferece uma base segura para meu crescimento futuro.

Ando com os pés firmes no chão, com confiança e segurança.

Os padrões energéticos da Terra circulam pelo meu corpo, dando suporte a meu propósito de vida.

Eu manifesto. Eu confio. Eu acredito na minha abundância.

Segundo Chakra

Que todas as coisas se movam e sejam movidas em mim
e conheçam e sejam conhecidas em mim.
Que toda criação dance de prazer em mim.
Salmo Chinuque

Que a tua vida seja como uma flor silvestre, crescendo livremente
na beleza e no encantamento de cada dia.
Provérbio Indígena Americano

Descrição da Imagem do Chakra

Na carta, aparece uma figura de mulher, que tanto pode ser da Polinésia como de uma ilha tropical, movendo-se em uma dança fluida. A fluidez de seu enlevo é jocosa, graciosa, prazerosa e cheia de vida. Raios de energia criativa jorram para as águas infinitas da vida, onde os golfinhos, dançarinos do oceano, saltam de alegria e liberdade. Uma flor de hibisco – simbolizando fertilidade, paixão e criatividade – desabrocha no interior de seu útero, enquanto dois pares de braços irradiam para dentro e para fora a torrente energética de sua paixão. Em plena posse da intensidade de seus sentimentos, a mulher que aparece nesta carta representa a espiral do puro êxtase que concebe e gera riquezas, bem como as oferece à Terra desde o ventre do Seu mistério.

Atributos do Chakra

Funções: Desejo, prazer, sexualidade e procriação
Cor: Laranja
Nota musical: Ré
Flor curativa: Hibisco
Totem animal: Golfinho
Alimentos: Líquidos
Ervas: Gardênia e damiana
Metal: Latão
Pedras preciosas: Coral e cornalina

Essência Regenerativa do Chakra

No segundo chakra, nós nos relacionamos com o corpo por meio dos órgãos de reprodução. O baixo-ventre é o útero da energia vital, criador do ovo que gera a essência da vida. No homem, essa essência é, muitas vezes, chamada de "fogo na genitália" e, na mulher, é conhecida como "lugar de iniciação". Este centro regula a menstruação, a menopausa e o equilíbrio hormonal. A essência do chakra é a gestação e o fluxo, em equilíbrio entre o eu interior e o mundo exterior.

Em estado de desequilíbrio, o segundo chakra provoca estagnação e paralisia na vida emocional e na atividade criativa. Este costuma ser o lugar do corpo em que a energia, caso seja pouca, pode vazar fazendo com que a pessoa se sinta impotente e fora do comando de seu próprio destino e de suas riquezas. É a área de poder no corpo onde está localizada a energia universal Chi. Assim, quando essa energia se encontra em desequilíbrio, o sistema imunológico pode começar a enfraquecer, deixando a pessoa suscetível a doenças. Quando se trabalha com a Criança Interior ou qualquer outro método de cura profunda, essa é a área do corpo em que se deve prestar mais atenção. Ela é regida pelo elemento água. A água, por sua vez, guarda a memória emocional das feridas passadas e de possível abuso sexual. A cura pode ser processada através deste vórtice sagrado. Com muito amor e carinho, a pessoa tem a oportunidade de resgatar sua inocência e sua pureza eternas.

Quando o segundo chakra é saudável e equilibrado, a pessoa é capaz de abraçar inteiramente a vida e atravessar dançando, com facilidade e confiança, os obstáculos que possam surgir em seu caminho. Dança do ventre, dança havaiana, salsa e movimentos livres com os quadris são formas saudáveis de abrir os canais dessa área do corpo. A cor do mamão, do pêssego, da manga, bem como do nascer e do pôr do sol atravessa essa região do corpo. Quando este chakra está vibrante e luminoso, a pessoa é livre para dizer a verdade e encarar o futuro com grande aspiração, além de administrar recursos e responsabilidades com habilidade e confiança. A pessoa que tem o segundo chakra saudável é capaz de curar os relacionamentos, transformar emoções e mágoas profundas e recuperar o equilíbrio.

Palavras-chave

Energia Vital, Criatividade, Procriação, Fluidez, Dança, Movimento, Dar, Receber, Verdade Interior, Paz Jubilosa, Nascimento.

Afirmações

Eu tomo minhas decisões a partir de um centro de fé e esperança.
Eu sigo graciosamente os movimentos da vida.
Meu ímpeto criativo é forte e excitante.
Minha sexualidade é importante e gratificante.
Eu sou a vida.

Terceiro Chakra

Há uma força interior que lhe dá vida – Busque-a.
Em seu corpo, há uma joia preciosa – Busque-a.
Ó Sufi Errante, Se você está à procura do maior
dos tesouros, não olhe para fora,
Volte-se para dentro e busque-o.
Rumi

Assim como o Sol ilumina a Lua e as estrelas,
que nos iluminemos uns aos outros.
Anônimo

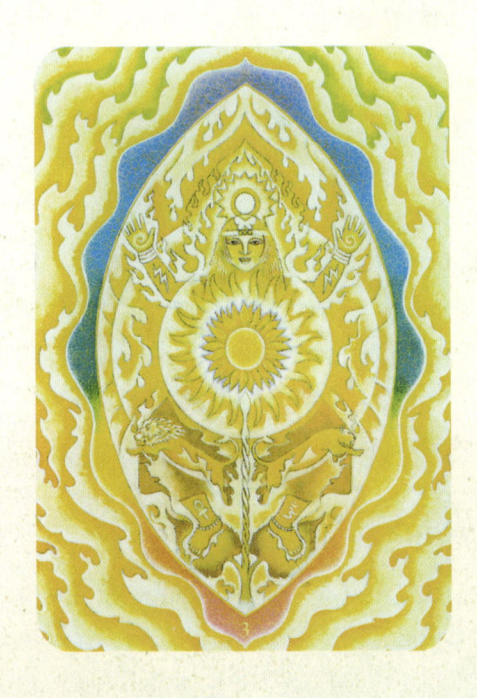

Descrição da Imagem do Chakra

Nesta carta, aparece a figura de uma Rainha Guerreira extremamente determinada, que tanto pode ser do Egito quanto da Grécia. De seu centro florescente emanam chamas que representam a luminescência de seu poder e sua confiança. A serpente Kundalini – que é também o caule do girassol – move-se para cima enquanto se apoia firmemente sobre as folhas dessa majestosa planta, simbolizando o equilíbrio entre a autoridade e o serviço. Dois leões suportam sua vida, um macho e uma fêmea. Eles representam o aprimoramento da primitiva força bruta que agora está completamente sob o seu controle. A faixa que circunda sua cabeça contém três círculos de luz, representando a clareza de visão que ela obtém ao assumir com firmeza o seu próprio poder. Raios irrompem de seus braços, enquanto seus pés são sustentados pela força terrena do girassol. Ela oferece sua plenitude ao mundo ao irradiar o êxtase da força de vontade despertada e abnegada.

Atributos do Chakra

Funções: Vontade, poder, riso, raiva e alegria
Cor: Amarela
Nota musical: Mi
Flor curativa: Girassol
Totens animais: Leão e tigre
Alimentos: Amidos
Erva: Cravo
Metal: Ferro
Pedras preciosas: Âmbar e olho-de-tigre

Essência Regeneradora do Chakra

O terceiro chakra está localizado acima do umbigo e corresponde ao plexo solar no corpo físico. Este chakra abre os canais do poder e age como um Sol brilhante, armazenando poder e energia para uso futuro. Essa é uma região vital e carregada de luz; ela tem o poder de promover a consciência e o autoconhecimento.

Quando este chakra está em desequilíbrio ou em estado de esgotamento, a pessoa luta com problemas de fracasso, rejeição, perda e inadequação. Se não conseguimos assumir a nossa verdade e o nosso valor, este chakra vai carregar a sensação ou dor de estar afundando. Se a pessoa mente ou não consegue viver com integridade, este chakra fica enfraquecido, e ela não tem nenhuma expressão de brilho. Seus talentos permanecem ocultos, e essa falsa personalidade acaba causando muito sofrimento.

Regida pelo elemento Fogo, esta área do corpo é voltada para a ação. Nosso terceiro chakra precisa ser saudável se quisermos realizar as tarefas que nos foram confiadas. Em condições saudáveis, essa área do corpo é elétrica, vital e inspirada. Sua luz irradiante gera a verdadeira determinação e boa vontade. Direcionando a força total de nossa intenção para nossos sonhos e metas, bem como movendo-nos com criatividade através da vida, deixamos para trás os aspectos restritivos de nossa infância. Somos transformados em guerreiros santos e pacíficos, capazes de aliar humildade e autoridade, vontade pessoal e vontade divina.

Palavras-chave

Liderança, Poder, Autoridade, Integridade, Consciência, Brilho, Coragem, Ação, Luz, Valor Próprio, Autorrespeito, Concentração.

Afirmações

Eu me respeito.
Eu ofereço minha luz e serviço ao mundo.
Eu dou luz a todos os outros chakras inferiores e superiores.
Eu sou o Sol que brilha.
Eu sou a força da luz manifestada.

Quarto Chakra

Um arrependimento, meu caro mundo,
Que estou determinado a não ter
Quando estiver no meu leito de morte
É o de
Não o ter beijado o bastante.
Hafiz

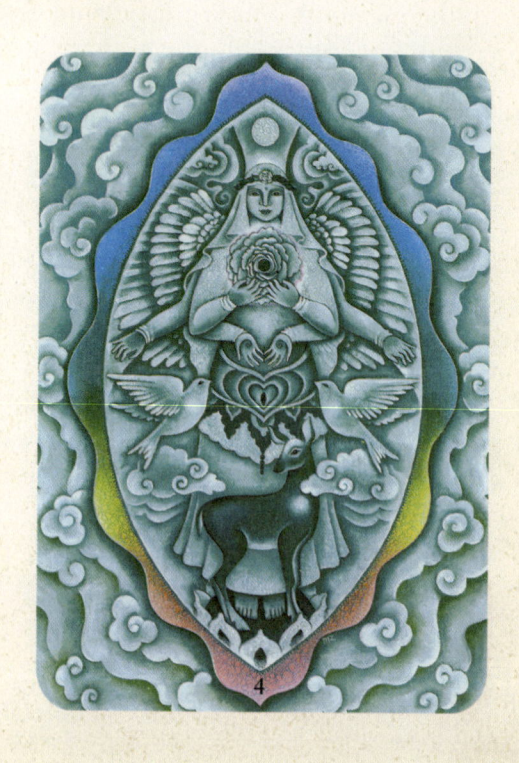

> O amor é paciente, o amor é complacente. Ele não tem inveja, não se jacta nem se orgulha, não é rude e não é interesseiro; não se irrita facilmente nem guarda na memória as falhas. O amor não se compraz com o mal, mas regozija-se com a verdade. Ele sempre protege, sempre confia, sempre tem esperança e sempre persevera. O amor nunca falha...
>
> Coríntios 13:4-8

Descrição da Imagem do Chakra

Na carta que representa o quarto chakra, encontramos a Deusa do Amor, uma mulher cujo coração reflete uma aura de delicados tons rosados. A esfera de luz radiante sobre sua cabeça representa uma relação de equilíbrio entre coração e mente, Céu e Terra, propósito e devoção. Ela está adornada com asas de anjo, pois é compassiva e amorosa. Associada com Nossa Senhora do Mundo, Mãe Maria ou Rainha do Céu, seu coração rejubila-se com a fragrância suave da rosa. O gamo a seus pés e o pombo a cada lado são agraciados pelo amor dela e ela pelo deles, já que, no fundo, todo ser vivo tem um coração puro e generoso. Em sua postura firme sobre o chão e cercada pelos primeiros botões da flor de lótus, ela toma para si o sofrimento do mundo, enquanto irradia amor e compaixão a todos. A luz do seu amor preencheu o céu, o espaço, as plantas, as árvores, os animais, os pássaros e todos os seres sensíveis e não sensíveis da Terra.

Atributos do Chakra

Função: Amor
Cor: Verde
Nota musical: Fá
Flor curativa: Rosa
Totens animais: Gamo e pombo

Alimentos: Vegetais
Ervas: Lavanda e jasmim
Metal: Cobre
Pedras preciosas: Esmeralda, malaquita e turmalina

Essência Regeneradora do Chakra

O quarto chakra está localizado na área do coração e entre as omoplatas. Essa é a área do corpo onde fica o amor, no fundo do coração. Em nossa cultura, a incidência de ataques cardíacos é extremamente alta; em muitos sentidos, carecemos de amor e devoção incondicionais. Um coração frio, fechado ou com medo é um coração em condições de ser atacado. Para curar-se, essa área do corpo precisa de exercícios respiratórios profundos e de carícias. Ela precisa de equilíbrio, pois é o centro de todo o corpo. Não existe nenhum elixir mais potente do que o amor puro emanando do quarto chakra, quando essa área do corpo é expandida pela luz e pelo perdão. Daí o ditado: "Coração dilacerado é coração aberto". Às vezes, temos necessidade de dor e sofrimento para conhecermos o amor puro e permitir que a cura aconteça. Tanto nossas tristezas quanto nossas alegrias são emoções que inspiram e afetam o coração. Vibrando no ritmo delicado de uma dança, essas polaridades se unem, proporcionando integridade, equilíbrio e compaixão a todos os seres vivos.

Quando este chakra está em estado negativo, a pessoa tem muito medo de abrir o coração e de sentir-se só e isolada. Sentimentos de apego, ciúme, inveja e desconfiança são males de um coração magoado. Pode ser muito difícil relacionar-se com uma pessoa que fechou a porta de seu coração para o mundo. Perdoar é preciso, assim como não esquecer que "O amor cura tudo".

A pessoa cujo quarto chakra está saudável e equilibrado tem integrados em si os dons da graça e da paz. O êxtase do amor nos ensina a entregar e confiar no mundo – buscando transcender o fogo da paixão sexual e esvaziar nossa vida, colocando espírito e espiritualidade no mundo. Servir nesse contexto é uma jornada de devoção que abre o caminho para a cura em escala planetária. Esse é realmente "um caminho que passa pelo coração".

Palavras-chave

Amor, Amor Incondicional, Entrega, Generosidade, Compaixão, União, Equilíbrio, Parceria, Lealdade, Perdão, Graça, Paz.

Afirmações

Amo incondicionalmente a mim mesmo(a) e aos outros.
Existe um estoque inesgotável de amor no mundo.
Eu confio no poder do amor.
Eu dou generosamente aos necessitados.
Eu sou amor.

Quinto Chakra

Eu oro para que a verdadeira natureza de cada ser humano seja revelada, para que cada um de nós veja com clareza a sua verdade intrínseca e se liberte das cadeias de sofrimentos e dificuldades impostas pelas limitações da nossa mente.
CHAGDUD TULKU

Palavras amáveis podem ser breves e fáceis de dizer, mas seus ecos são realmente infinitos.
MADRE TERESA DE CALCUTÁ

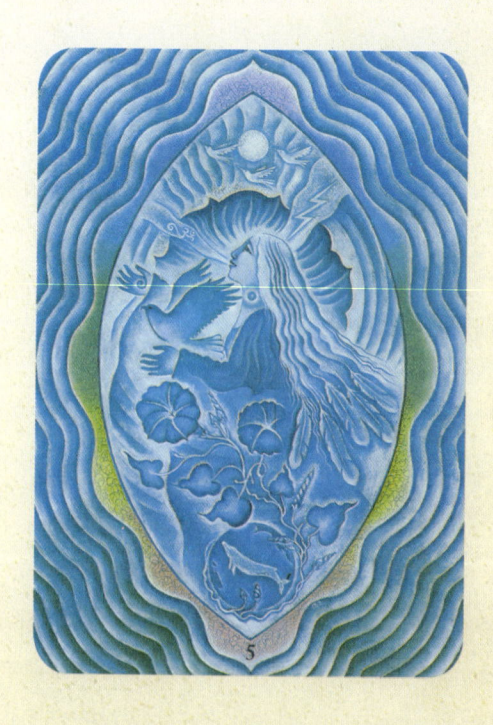

> Não existe nenhum travesseiro que seja mais macio
> do que uma consciência tranquila.
> PROVÉRBIO FRANCÊS

Descrição da Imagem do Chakra

Na carta correspondente ao quinto chakra, aparece uma mulher entoando o canto da alma por meio dos ecos claros do seu coração. Agora que o Chakra do Coração já foi aberto e curado, o Chakra da Garganta é um transmissor da verdade, da liberdade e da claridade. Ela está cercada de ipomeias, flores que despertam cedo pela manhã e erguem a cabeça para saudar o novo dia. O falcão está tocando o seu coração, simbolizando a união entre cabeça e coração. Por toda a volta, há vibrações sonoras de consciência limpa, fazendo ressoar uma nota de verdade. O cabelo dela está adornado com penas, pois ela é um aspecto da Mulher Pássaro, a energia arquetípica que pode ver longe e ter uma visão ampla. Os beija-flores representam a energia vivificada e a forte vibração que estão atravessando seu corpo. Nela, os sons estão vivos, e ela está livre para expressar a sua verdade. A Terra se ergue no seu interior e ela é apoiada pelo som profundo da baleia, o mamífero do fundo do mar que, segundo a mitologia, guarda os registros da memória de todo universo.

Atributos do Chakra

Funções: Comunicação, criatividade e conexão
Cor: Azul
Nota musical: Lá
Flor curativa: Ipomeia
Totens animais: Falcão, baleia e beija-flor
Alimentos: Frutas
Erva: Olíbano

Metal: Mercúrio
Pedra preciosa: Turquesa

Essência Regenerativa do Chakra

O quinto chakra está localizado na região da garganta e do pescoço, estendendo-se para cima de modo a abranger a parte inferior do cérebro e do córtex. Essa área do corpo físico contém o centro da comunicação. É o lugar da autoexpressão relacionada com a voz. Cantar, recitar, atuar e emitir sons são todas atividades que vibram a partir do Chakra da Garganta. Esse chakra também é considerado a passagem para os mundos interior e exterior.

Quando em estado de desequilíbrio, a região da garganta fica suscetível a doenças como laringite, bronquite e dor de garganta. A tensão nessa parte do corpo deve-se, muitas vezes, à falta de apoio nos primeiros anos de vida para a criança se expressar com liberdade. É típico da pessoa angustiada hesitar ou ainda não conseguir dizer suas verdades por medo de ser censurada, julgada ou até mesmo punida. Se você fica paralisado(a) diante da ideia de falar em público, tem medo de dizer o que pensa ou tem algum tipo de problema de fala, é recomendável que contemple o quinto chakra para descobrir que padrões restritivos ele pode estar guardando.

Com o quinto chakra saudável ou curado, a pessoa é livre para falar abertamente. Suas palavras são amáveis, refletidas, claras e verdadeiras. A voz é forte e viva, com muitos tons de expressão. Comumente, a pessoa tem facilidade para escrever, falar e trocar ideias com os outros. Essas pessoas são excelentes para ensinar e falar em público. Quando saudável, o quinto chakra não suporta nenhum tipo de mentira, coerção ou manipulação. Se essas tendências persistem, a pessoa acaba perdendo a credibilidade e sua voz não é respeitada nem devidamente ouvida pelo mundo. Essa área é também uma passagem entre a mente e o corpo. Por intermédio do Chakra da Garganta, a pessoa pode dizer verdades mantidas por muito tempo em silêncio sobre mágoas passadas e, nesse processo, encontrar paz interior e liberdade pessoal.

Palavras-chave

Verdade, Expressão, Vocal, Autoexpressão, Canto, Poesia, Clareza, Som, Comunicação.

Afirmações

Eu sou o mensageiro.
Eu emito os doces sussurros do coração.
Eu entoo o meu canto.
Eu expresso a minha verdade com clareza e coragem.
Eu sou a essência da vibração sonora.

Sexto Chakra

Conversar aumenta o entendimento, mas a solidão é a escola do gênio.
GIBBONS

A cura não vem de mais ninguém.
Você tem de aceitar a orientarão
de dentro de si mesmo(a).
UM CURSO EM MILAGRES

Descrição da Imagem do Chakra

Como imagem do sexto chakra constatamos a figura de uma Deusa visionária que parece ser tibetana ou da tradição hindu. Essas culturas estão calcadas na prática mística da meditação em quietude e silenciosa integração. Esta carta sintetiza o êxtase da visão e da percepção. A coruja representa o olho que tudo sabe de quem vê na noite estrelada com visão clara, pois a clarividência é a energia ativada no sexto chakra, conhecido como Terceiro Olho. A coruja vê aquilo que os outros não conseguem ver. Apesar de pousar sobre a terra, ela detém um conhecimento superior de seu *dharma*. Ela vê o mundo por meio das lentes da verdade universal e do amor incondicional.

O urso adormecido que aparece nesta carta está hibernando na caverna do centro da Terra e é uma representação da experiência indizível de tranquilidade e saber interior. Juntos, o urso e a Deusa simbolizam a morada dos sonhos, na qual todas as visões se manifestam. A tulipa estrelada na fronte da Deusa significa os aspectos elevados e magníficos da natureza. Com sua geometria ímpar e sua simetria perfeita, ela é um símbolo que convém à Deusa Tríplice do ciclo de vida, morte e renascimento, que está em harmonia com os aspectos mais sublimes da comunicação e da relação. A porta da Deusa é um limiar para a infinitude do cosmos, onde as estrelas são os olhos da noite, iluminando o caminho para aqueles que estão perdidos. Ela é vidente, profeta, visionária e curandeira. Tem seis pingentes nas orelhas, pois escuta com atenção para poder ouvir e saber tudo.

Atributos do Chakra

Função: Intuição
Cor: Índigo/cobalto
Nota musical: Som OM
Flor curativa: Tulipa estrelada *(Star Tulip)*
Totens animais: Urso e coruja

Alimentos: Que aumentam a frequência vibracional, como frutas e verduras frescas, cultivadas organicamente

Ervas: *Mugwort* e anis-estrelado

Metal: Prata

Pedras preciosas: Lápis-lazúli e quartzo

Essência Regeneradora do Chakra

O sexto chakra é identificado com o Terceiro Olho, localizado no meio da testa entre as sobrancelhas. Este chakra exige que a pessoa olhe para dentro de si, a fim de encontrar a sabedoria da alma. Ele afeta o cérebro e o sistema nervoso, que estimulam os sistemas endócrinos, especialmente o relacionado com a glândula pituitária. A principal função deste chakra é manter esses sistemas funcionando bem para que a pessoa possa se abrir para a orientação intuitiva e receber inspiração superior.

Quando este chakra está em desequilíbrio, a pessoa é incapaz de perceber e ouvir as orientações internas do seu poder superior. Se essa área que permite a assimilação profunda estiver bloqueada, a pessoa também terá dificuldades para se concentrar e estudar. Se a pessoa está sofrendo de dores de cabeça, sentindo-se confusa, desorientada e deprimida, essa área pode estar necessitando de atenção. A pessoa pode estar precisando descansar, relaxar e deixar que o mundo dos sonhos se manifeste mais claramente.

Quando este chakra está em equilíbrio, a pessoa é capaz de realizar seus sonhos, dando-lhes forma concreta. A imaginação é ativa e o gênio da alma pode trabalhar para transformar o mundo com novas visões e invenções. No nível máximo, quando este chakra está em conexão com o Chakra do Coração, o amor e a luz de Deus fluem para o mundo.

Palavras-chave

Visão, Ideias, Receptividade, Foco, Concentração, Tudo Vê, Visão Clara, Genialidade, Imaginação, Sonhos, Tranquilidade, Paz Interior.

Afirmações

Eu vejo a luz e ela ilumina meu caminho.
Eu escuto, eu ouço, eu expresso a minha verdade.
Eu ouço a voz do espírito.
Na minha quietude, eu vejo tudo.
Eu sou a visão.

Sétimo Chakra

Cada passo que você dá deveria ser uma oração.
E se cada passo dado fosse uma oração, então todo seu caminhar
seria um ato sagrado.
Santo Oglala da Tribo Lakota

É dentro de você que mora o Divino.
Joseph Campbell

Descrição da Imagem do Chakra

Nesta carta, encontramos a figura de uma Mulher Sagrada, cujo ser se transformou em um caldeirão de luz. Ela é dona do pico da montanha, que a águia sobrevoa. O mundo está contido em seu coração e ela reúne todo amor e toda graça divina no cálice de seu lótus regenerativo, o Santo Graal da Deusa. Esse é o reservatório de amor do mundo. Borboletas, representando a transmutação para um estado mais elevado de consciência, nascem de sua respiração, e suas mãos de cura e amor em prece estendem-se para abençoar a Terra. O lótus tem muitas pétalas, simbolizando a sabedoria infinita que impregna o espírito da humanidade. A tranquilidade perfeita e a graça divina irradiam-se dessa mestra totalmente desperta. Ela traz o saber do céu à Terra para que ele possa entrelaçar-se com o milagre da natureza.

Atributos do Chakra

Funções: Entendimento, conhecimento e bem-aventurança
Cor: Violeta
Nota musical: Som agudo
Flor curativa: Lótus
Totens animais: Águia e borboleta
Alimento: Nenhum – Jejum
Ervas: Lótus e *gotu kola*
Metal: Ouro
Pedras preciosas: Ametista e diamante

Essência Regenerativa do Chakra

O sétimo chakra está localizado no topo da cabeça e ergue-se na direção do céu. Ele é conhecido como Chakra da Coroa e considerado a passagem para o espírito divino. O sétimo chakra coloca a pessoa em sintonia com o céu aberto; ele tem de estar em equilíbrio e a energia tem de circular pelo corpo para que a ancoragem da bem-aventurança espiritual possa ser efetuada. Os grandes videntes e gurus têm uma coroa ou auréola dourada em volta do corpo todo. Isso também ocorre com os anjos. Quando a pessoa está em condições de honrar a sabedoria divina, ela é capaz de servir de ponte entre o Céu e a Terra, funcionando como um canal de luz viva.

Quando este chakra está negativo, a pessoa mantém ilusões de natureza espiritual. Ela pode ter experiências assustadoras de viagens para fora do corpo. Nesses casos, é importante invocar proteção para não se expor a situações arriscadas. Também é importante invocar proteção se o Chakra da Coroa da pessoa estiver aberto demais para o seu nível de realização espiritual, como é comum com bebês recém-nascidos. Isso ainda pode acontecer com pessoas que usam drogas psicodélicas ou mulheres na menopausa, por meio de repetidas experiências de ondas súbitas de calor semelhantes às da energia kundalini. Em qualquer uma dessas situações, é essencial que a pessoa seja cautelosa e saiba distinguir os aspectos de sua busca de sabedoria superior. Atualmente, muitas pessoas afirmam que recebem e canalizam mensagens de entidades superiores. Isso pode acontecer, mas é recomendável que se cultive a clareza e a capacidade de discernimento. Esse é um centro extremamente poderoso, que tem de ser purificado e revigorado com o máximo de atenção e concentração.

Quando este chakra está saudável, a pessoa pode realmente sentir o êxtase da iluminação. Trata-se de um campo extremamente vasto e luminoso de energia. O verdadeiro aspirante ancora essa energia de maneira a abranger o trabalho e o foco do cotidiano. Desse centro emanam o amor divino e o espírito de generosidade. A mensagem da águia desta carta é extremamente importante, pois ela lembra que o estado de graça é alcançado por meio do trabalho árduo. O iniciante neste caminho terá de completar as provas e iniciações terrenas se quiser obter o verdadeiro e duradouro poder. A sabedoria emana dos que percorrem o caminho espiritual com ambos os pés firmemente plantados no chão.

Palavras-chave

Iluminação, Bem-aventurança Divina, Meditação, Transformação, Divindade, Mestre Divino, Oração, Gratidão, Luz, Sabedoria.

Afirmações

Sou guiado pelo meu poder superior.
Sou guiado pelo saber superior.
Emano amor e gratidão e estou cercado de saber infinito.
Equilibro o Céu e a Terra dentro do meu corpo.
Estou desperto.

Epílogo

O que a Deusa Faria nesta Situação?

Por Tara McKinney, Ph.D.

Nestes dezesseis anos de nossa amizade, Isha e eu participamos dos inúmeros altos e baixos da vida uma da outra. Nessas situações, tem sido de grande vantagem poder contar com o grande conhecimento e o espírito inovador de Isha em áreas como astrologia, tarô, terapia floral e simbologia dos contos de fada. Diante de alguns dos maiores desafios que tivemos de enfrentar como pessoas, nos surpreendemos jogando o jogo "O que a Deusa faria nesta situação?". Com o passar dos anos, como tentativa de encontrar uma resposta própria para essa pergunta, cada uma de nós investigou a Deusa Tríplice em seus inúmeros disfarces culturais; Isha, mais as tradições ocidentais; e eu, as orientais.

Minha primeira aproximação com a Deusa Tríplice deu-se em 1984, quando, por acaso, encontrei um artigo acadêmico intitulado *Nondualism and the Great Bliss Queen*, de Anne Klein. Ali estava uma Deusa budista tibetana cuja verdade e cujo poder tríplices não haviam sido ofuscados ou obscurecidos pela passagem do tempo e pelas lentes distorcidas da História. Completamente iluminada – também inteiramente viva no corpo feminino –, a Grande Rainha da Bem-Aventurança deu forma física ao mundo do espírito, parindo-o de seu próprio útero cósmico. Esse fato foi simbolizado iconograficamente pela sobreposição de dois triângulos, um apontado para cima e outro para baixo, no interior do círculo do Grande Útero Primordial. Eis uma Deusa que ia além das ideias dualistas de passividade feminina *versus* agressividade masculina, sabedoria *versus* compaixão, espírito *versus* matéria etc. Fantástico! Fiquei tão encantada e inspirada que decidi fazer um curso universitário interdisciplinar abrangendo religiões comparadas e estudos femininos.

Muitos anos depois, numa livraria de Berkeley, Califórnia, eu descobri outra respeitável Deusa Tríplice do panteão budista tibetano, ou seja, Tara. Tradicionalmente, Tara é conhecida como tendo 21 formas, todas elas condensadas em sua forma de Tara Verde. Vinte e um é o número da carta relativa ao Mundo dos Arcanos Maiores do Tarô, simbolizando a plena encarnação da Deusa Tríplice no mundo material. Conta a lenda que Tara fez o juramento de encarnar somente na forma feminina em inúmeras vidas para desafiar a ideia equivocada de que o corpo feminino era um obstáculo para a iluminação. Tanta é a compaixão de Tara Verde que, mesmo sentada numa postura de meditação, sua perna direita está sempre estendida em atitude de prontidão para prestar assistência imediata a qualquer pessoa que estiver necessitada.

Desde esse bendito dia em Berkeley, a presença de Tara tornou-se cada vez mais importante em minha vida. Depois de a ter encontrado, eu não podia deixar que se fosse. Ou, quem sabe, ela é que não queria desgrudar-se de mim! De qualquer maneira, em 1997, eu concluí a dissertação na qual a Tara do budismo tinha um papel central, trabalhei com o pessoal de um retiro budista fundado em sua homenagem e mudei o meu nome para Tara, em reconhecimento ao fato de o meu mundo interior ter sido completamente transformado pela sua influência.

Então, no inverno do ano 2000, eu me vi irresistivelmente atraída para outra Tara, aparentemente sem relação com a primeira – a antiga e mágica Colina de Tara, na Irlanda. Lá, sentada debaixo de uma genuína árvore encantada no meio do que pode ser descrito apenas como um enxame de abelhas mágicas, eu compreendi que os pequenos e verdes Seres Mágicos da Irlanda nada mais eram do que a versão irlandesa das Dançarinas Celestiais, ou Deusas da Sabedoria, do budismo, das quais a mais importante é a Grande Rainha da Bem-Aventurança, ou Tara. Comecei a perceber que as fadas eram as guardiãs dos ensinamentos sagrados da antiga Irlanda – que mantêm sob sua proteção embaixo da terra –, assim como as Dançarinas Celestes do Tibete são consideradas guardiãs dos tesouros espirituais do seu passado ancestral.

Não é, portanto, de surpreender que num ponto crítico do processo de escrita de *O Tarô da Deusa Tríplice*, no inverno de 2002, eu tenha convidado Isha para me visitar na Irlanda e que nós duas tenhamos ido direto à Colina de Tara, ao encontro de qualquer inspiração que pudesse estar lá à nossa espera. Não nos decepcionamos! Com a ajuda de duas amigas muito especiais, fomos formalmente acolhidas no mundo feminino que tem muito a ver com os chakras e seus vórtices giratórios, redemoinhos cintilantes de luzes multicoloridas e ondas de energia vibratória, que estão entre os muitos tesouros escondidos do mais antigo lugar sagrado da Irlanda. Horas depois, saímos de lá certas de que a Deusa Tríplice continua bem viva na Colina de Tara. Ela é a própria Colina, mas também muito mais.

Nesse dia, na Colina de Tara, tomamos conhecimento da existência de outro antigo lugar sagrado conhecido como Uishneach, que é considerado o Chakra do Coração da Irlanda. Foi lá que, uma semana depois, Isha e eu usamos pela primeira vez o baralho de *O Tarô da Deusa Tríplice*.

Ajoelhadas no espaço em forma de vulva entre duas árvores encantadas, fizemos algumas preces pelo sucesso do projeto do tarô da Deusa Tríplice. Então – embaralhando o pequeno protótipo de baralho com as cópias xerocadas de suas ilustrações – nós pedimos para que nos fosse mostrada a natureza de nossa parceria nesse projeto voltado para a Deusa Tríplice. Entre gritos de alegria e encantamento, ambas tiramos a carta da Trindade, que é a última dos Arcanos da Deusa Tríplice. Em seguida, eu tirei a carta correspondente ao Chakra da Base, e Isha tirou a que corresponde ao Chakra do Coração, o que indicava que, juntas, por meio desse projeto, nos ajudaríamos a criar as bases para o surgimento de um novo amor pela Deusa Tríplice no mundo. No momento em que estou escrevendo este texto, *O Tarô da Deusa Tríplice* já completou um círculo – Do seu batismo com Isha e Mara nas águas do Pacífico da costa do Havaí, passando pelo ritual de iniciação entre as duas árvores mágicas no Chakra do Coração da Irlanda, até estes últimos retoques de acabamento.

Eu me sinto honrada e grata por ter tido um papel no parto de *O Tarô da Deusa Tríplice* e de fazer parte do trio de mulheres responsável por esse maravilhoso projeto. A experiência operou em mim uma cura mais abrangente do que eu sou capaz de descrever em palavras. A visão de Isha e as primorosas ilustrações da Deusa Tríplice feitas por Mara – somadas às minhas pesquisas, orações e meditações – ajudaram-me a me entregar mais profundamente aos fluxos e refluxos da vida feminina.

O Tarô da Deusa Tríplice é uma extensão natural do jogo "O que a Deusa Faria nesta situação?", que Isha e eu jogamos juntas e separadamente durante todos esses anos. Esperamos que este livro ajude você a encontrar a sua própria resposta para essa questão tão importante em inúmeras situações do cotidiano. Isso é o que lhe desejamos ardentemente.

Bibliografia

ALLIONE, Tsultrim. *Women of Wisdom*. Nova York: Arkana Press, 1984.

ANAND, Margot. *The Art of Everyday Ecstasy: The Seven Tantric Keys for Bringing Passion, Spirit and Joy into Every Part of Your Life*. Nova York: Broadway Books, 1998.

BARKS, Coleman; GREEN, Michael. *The Illuminated Rumi*. Nova York: Broadway Books, 1997.

BEYER, Stephen. *The Cult of Tara: Magic and Ritual in Tibet*. Berkeley: University of California Press, 1980.

BOUCHER, Sandy. *Turning the Wheel: American Women Creating the New Buddhism*. São Francisco: Harper & Row, 1988.

CADDY, Eileen. *Opening Doors Within*. Forres, Escócia: Findhorn Press, 1987.

CHRIST, Carol P. "Why Women Need the Goddess." In *Women and Values: Readings in Recent Feminist Philosophy*, organizado por Marilyn Pearsall. Belmont, Califórnia: Wadsworth Publishing Co., 1986, pp. 211-19.

FOX, Matthew (org.). *Hildegard of Bingen's Book of Divine Works with Letters and Songs*. Santa Fe, N. M.: Bear & Company, 1987.

FRANZ, Marie-Louise von. *Alchemy: An Introduction to the Symbolism and the Psychology*. Toronto: Inner City Books, 1980. [*Alquimia – Introdução ao Simbolismo e à Pscologia*, São Paulo: Editora Cultrix, 1986.] (fora de catálogo)

GALLAND, China. *Longing for Darkness: Tara and the Black Madonna – A Ten Year Journey*. Nova York: Viking Press, 1990.

Gross, Rita. *Buddhism After Patriarchy*. Nova York: State University of New York Press, 1993.

KONIG, Karl. *The Human Soul*. Edimburgo, Reino Unido: Floris Books, 1998.

MACY, Joanna. *World As Lover, World As Self*. Berkeley: Parallax Press, 1991.

MASCETTI, Manuela Dunn. *The Song of Eve: Mythology and Symbols of the Goddess*. Nova York: Fireside Books/Simon & Schuster, 1990.

McDERMOTT, Robert A. (org.). *The Essential Steiner*. Nova York: HarperSanFrancisco, 1984.

MILNE, Courtney; MILLER Sherrill. *Visions of the Goddess*. Nova York: Penguin Studio, 1998.

NICHOLS, Sallie. *Jung and Tarot: An Archetypal Journey*. York Beach, Maine: Samuel Weiser, Inc., 1987. [*Jung e o Tarô: Uma Jornada Arquetípica*, São Paulo: Editora Cultrix, 1988.]

NOBLE, Vicki. *Motherpeace: A Way to the Goddess through Myth, Art, and Tarot*. São Francisco: Harper & Row, 1983.

OMAN, Maggie (org.). *Prayers for Healing: 365 Blessings, Poems, and Meditations from Around the World*. Berkeley: Conari Press, 1997.

QUERIDO, Rene. *The Golden Age of Chartres: The Teachings of a Mystery School and the Eternal Feminine*. Hudson, N.Y.: Anthroposophic Press, 1987.

SHAW, Miranda. *Passionate Enlightenment: Women in Tantric Buddhism in India*. Nova Jersey: Princeton University Press, 1994.

WALKER, Barbara G. *The Woman's Dictionary of Symbols and Sacred Objects*. São Francisco: Harper & Row, 1988.

WALKER, Barbara G. *The Woman's Encyclopedia of Myths and Secrets*. São Francisco: Harper & Row, 1983.

WEHR, Gerhard. *The Mystical Marriage: Symbol and Meaning of the Human Experience.* Traduzido para o inglês por Jill Sutcliffe. Wellingborough, Reino Unido: Crucible/The Aquarian Press, 1990.

WILKINSON, Roy. *Rudolf Steiner: Aspects of His Spiritual World-View Anthroposophy, Volume* 1. Londres: Temple Lodge, 1993.